THE

PUBLICATIONS

OF THE

Lincoln Record Society

FOUNDED IN THE YEAR

1910

VOLUME 37

FOR THE YEAR ENDING 30TH SEPTEMBER, 1940

Visitations

IN THE

Diocese of Lincoln

1517—1531

EDITED BY

A. HAMILTON THOMPSON

C.B.E., M.A., D.LITT., LL.D., F.B.A., F.S.A.

Honorary Fellow of St. John's College, Cambridge

Volume III

Visitations of Religious Houses (concluded) by Bishops Atwater
and Longland and by their Commissaries
1517–1531

PRINTED FOR

THE LINCOLN RECORD SOCIETY

BY

THE HEREFORD TIMES LIMITED, HEREFORD

1947

(v)

PREFACE

The appearance of the present volume has been much delayed by the war of 1939–45 and the difficulties that have followed it, as well as by encroachments upon the editor's time which have made the compilation of the indexes slow work. The series of documents recording the visitation of religious houses is now completed, concluding with the long report of Longland's visitation of the college of the Newarke, Leicester, which is now bound up in a separate volume in the Diocesan Registry at Lincoln.

As in the last volume, special thanks are due to the sedulous care with which Miss Major has watched over the progress and production of this final section, during which her appointment as Reader in Diplomatic in the University of Oxford is a signal tribute to the value of her work upon the historic documents of the county and ancient diocese of Lincoln.

A. H. T.

January, 1947

TABLE OF CONTENTS

TABLE OF CONTENTS

TABLE OF CONTENTS

Visitations of Monasteries by Bishops Atwater and Longland (*contd.*)

XLII

LEICESTER, NEWARKE COLLEGE

1. A. fo. 27
2. L. fo. 28

1

Leicester

Visitatio collegii Noui Operis ibidem exercita per dominum
episcopum personaliter die Jouis xxvj[to] die Augusti
anno Domini m⁰ccccccxviij[mo] in domo capitulari ibidem
presentibus decano et . . . . .

Statutum xxvijj[mum] de presentia prebendariorum et vicariorum
in choro tempore [diuinorum] non obseruatur[1] / eo quod die Lune
vltimo tempore euangelii alte misse non fuit aliquis prebendarius
in ecclesia tempore diuinorum.

Statutum lxxxiij[um] de mulieribus in dictum collegium non
recipiendis absque licencia   non obseruatur.[2]

Statutum xlv[tum] / quod non sint canonici frequentatores tabernarum non obseruatur.[3]

Magister Gilbertus Becansaw[4] habet aduocacionem *vicarie*[5] de
Preston in *Andernes*[6] sub sigillo communi collegii, que aduocacio
nunquam fuit concessa neque sigillata de consensu alicuius
prebendarii illius collegii.

Dominus Petrus Gerard[7] transegit in causa beneficii versus
vicarium de Preston in Andernes, qui accepit quadraginta marcas
et dimisit titulum siue ius suum ad eandem post quam fuerat
[eidem per] collegium presentatus.

---

[1] For a translation and analysis of the statutes see Hamilton Thompson, *Hist.
of the Hospital and College . . . in the Newarke, Leicester*, 1937. The Latin statutes
are printed by the same editor, *Arch. Journ.* LXXV, 241–309, in their original
form and in the revised form issued by Bishop Russell in 1491. The official
numbering of the statutes, as in the text, does not exactly agree with the arrange-
ment of paragraphs in the versions in the Lincoln registers, which is unnumbered.
In *Hist. Coll. Newarke*, u.s. Stat. 28 as here numbered corresponds to 27 and 28
in Russell's revision (see p. 127 and cf. pp. 55, 56).
[2] Numbered stat. 84 in *Hist. Coll.* p. 133, and cf. pp. 71, 80.
[3] Numbered stat. 44 u.s., p. 129, and cf. pp. 61, 62.
[4] Prebendary of the fourth prebend 1502–1537. See u.s., p. 237, and note.
[5] Interlined above *ecclesie* cancelled.
[6] Amounderness. For the relations of the college with the church of Preston,
which formed part of the original endowment in 1355, but was not finally granted
till 1400, see references in index to *Hist. Coll.* u.s.
[7] Prebendary of the tenth prebend 1506–1528. See u.s., p. 247 and note.

Dominus decanus[1] *prout per statutum potuit* precepit magistro Thome Wigston[2] quod ipse in absentia illius decani gereret eius vices, qui magister Wigston hoc facere recusabat.

Dominus decanus vendicat concedere presentaciones beneficiorum, officia conferre et ad firmam dimittere per se pro termino vite sue sine consensu capituli / et pretendit quod capitulum non potest aliquid tale facere sine ipsius consensu . Et in huiusmodi concedendo idem decanus non vult aliquomodo adherere capitulo seu ipsius capituli desiderio annuere, sed hoc vult vt in huiusmodi collationibus siue concessionibus capitulum omnino[3] sibi adhereat et ipsius voluntatem perimpleat, et nedum contra[4] ordinationes ipsius collegii verum [eciam] laudabilem ipsius collegii consuetudinem hactenus inconcusse vsitatam, quia licet capitulum illius collegii vnanimi canonicorum consensu concesserit magistro Thome Babington ,[5] illius collegii speciali benefactori et amico precipuo , firmam rectorie de Duffeld in comitatu Derbie[6] / prout eam per nonnullos preteritos annos ad firmam habuit et redditus [eiusdem] fideliter persoluit / ipse tamen decanus contradicit in hoc ipsorum voluntati et voluit eandem firmam alicui non ipsius collegii amico dimittere.

[fo. 27*d*.]

Dominus decanus pretendit preficere in absentia sua ipsius locum tenentem aliquem ex canonicis ipsius collegii pro ipsius[7] libito[8] qui ipsius vices gerat et *animarum* curam eidem decano incumbentem subeat / absque aliquo stipendio seu remuneracione propterea percipienda, quia dicit quod potest quemcumque canonicum ibidem ad sic gerendum vices suas compellere / Et si fortassis[9] aliquis ex canonicis illius collegii voluerit ad ipsius rogatum eiusdem decani locum tenere , ipse decanus non vult apud huiusmodi suum locumtenentem dimittere claues suos[10] , videlicet communis sigilli et aliorum , seu aliquam ipsius auctoritatem eidem[11] suo loco[12] tenenti pro tempore committere / aut actis capitularibus per huiusmodi suum tenentem[13] et[14] capitulum expeditis parere aut obtemperare / Et sic cum ipse decanus absens fuerit a collegio predicto / si aliquod fuerit per capitulum et locum tenentem peragendum aut concedendum[15] *velit*[16] *ipse decanus quod*[17]

---

[1] George Grey, dean 1517–1530. See p. 233. He had now been dean for a little over a year, and it is obvious that he had already begun to provoke the opposition which broke out into open conflict ; as appears from the record of the Visitation of 1525.

[2] Prebendary of the thirteenth prebend 1501–1537. See u.s., p. 252 and note.

[3] *ad* cancelled.   [4] *s* cancelled.   [5] *firmam* cancelled.

[6] This rectory had formed part of the endowments of the hospital, founded in 1330–1, which preceded the foundation of the college. See references to Duffeld in index, u.s.

[7] *tece* cancelled.   [8] *absque* cancelled.

[9] *ipse aliquem* cancelled.   [10] *Sic:* for *suas.*   [11] *se* cancelled.

[12] *Sic:* for *locum.*   [13] *Sic :* for *locum* omitted.   [14] *locum* cancelled.

[15] *compelluntur* cancelled.   [16] *Sic :* for *vult.*

[17] *destinarent* (interlined) cancelled.

canonici *huiusmodi destinarent* speciales nuncios ipsi decano pro ipsius auctoritate et consensu habendis / et *quod* interim[1] expectarent aliquod tale querentes ibidem / nedum contra ordinationes et statuta illius collegii verum eciam contra laudabilem consuetudinem eiusdem vt in capitulo xxxiij^{cio} patet /[2]

Queruntur contra decanum quod sinistre interpretatur statuta diuersa contra mentem fundatoris et antiquam consuetudinem (quam estimant laudabilem). Ideo petunt quod reuerendus pater visitator[3] declarare voluerit / tria statuta / primum / de accessu mulierum in domos canonicorum et decani et ceterorum ministrorum [*decanus obligatur ad illud statutum sicut ceteri canonici*][4] Item declarare affectant secundo / statutum de[5] canonico eius vicem gerente, an videlicet possit decanus aliquem compellere eius vices gerere in eius absentia / tercio / an possit limitare potestatem[6] ipsius qui gerat vices eius in eius absentia / Item declarationem statuti de residentia decani petunt / Item quod iniungatur decano quod honeste tractet canonicos et quod honeste loquatur de eis in eorum absentia secundum quod tenetur ex statutis. /[7]

Iniungatur seruienti portanti virgam quod melius faciat officium suum, et quod non petat vltra[8] stipendium consuetum.[9]

Petitur quod dominus episcopus declaret statutum lxxvij^{mum} videlicet an singuli canonici teneantur ad hospitalitatem seruandam.[10]

Item declaret statutum xxix et xxx^{mum} videlicet an[11] canonici teneantur continue interesse horis canonicis sicut vicarii /[12]

Vicarii collegii non sunt diligentes in choro temporibus diuinorum neque intersunt in choro / et cum venerint in choro cicius recedant[13] / neque ibidem moram faciunt.

[fo. 28.]

Vicarii tenentur quotidie dicere ad altare dictum Symkyn altare[14] tres missas et tamen ita non faciunt. Sed credunt et dicunt sufficere dicere vno dies[15] duas et alio die terciam missas ad illud

---

[1] *compelluntur* cancelled.

[2] The obligation upon the dean to appoint a deputy in his absence, omitted from the earlier forms of the statutes (u.s., pp. 56, 57) was added in 1491 (p. 128). The handwriting changes at this point.

[3] *interpretari vol* cancelled.   [4] *secundum statut* cancelled.

[5] *de* cancelled.   [6] *ei* cancelled.

[7] The three statutes which required 'declaration' were 84, 33 and 23 in the 1491 revision. Stat. 23 (see pp. 124, 125 and cf. p. 53) had already been considerably enlarged by Russell from its brief original form.

[8] *de* cancelled.

[9] The first hand is resumed at this point.

[10] Stat. lxxvii had received some enlargement in 1491. See u.s., p. 132, and cf. p. 78.

[11] *s* cancelled.   [12] For stats. 29, 30, see u.s., p. 128, and cf. p. 56.

[13] *Sic :* for *recedunt*.

[14] See u.s., p. 141, and references to Symeon, Simon in index.

[15] *Sic :* for *die*.

altare et sic vtuntur facere / per se vel per alios ; et ipsi vicarii tenentur interesse in missa de beata Virgine , et licet ibidem intersint nolunt cantare , sed dicunt sufficere interesse.

Ex statutis collegii cauetur quod quotidie sit vnus vicarius presens qui[1] intitulatur ad celebrandum missam de beata virgine interesse et dicere matutinas de eadem beata Virgine cum choristis[2] collegii sub pena perdicionis vnius denarii[3] . Hoc tamen statutum non seruatur quia non sic intersunt vicarii cum choristis in matutinis , sed dicunt illud statutum eos non obligare , asserentes se illud statutum nunquam admisisse.

Choriste collegii commedunt in villa Leicestrie et non sunt in mensa aliquorum canonicorum collegii.

Vicaria de Landevalok[4] de patronatu collegii iam dudum cecidit in lapsum et ad collacionem ordinarii ibidem ex hoc quod decanus et capitulum super presentacione alicuius presbiteri dudum con-cordare noluerunt.

Vicarii haberent medietatem stipendii *et obituum* stalli cuiuscunque vicarii vacantis , et supportant onera in choro vicarii huiusmodi stalli et tamen *licet*[5] habeant *medietatem* stipendii huiusmodi non tamen medietatem obituum. /

xx⁰ die mensis predicti dominus in domo capitulari ibidem iudicialiter sedens visitationem suam vsque ad et in[6] festum Omnium Sanctorum proximum et quemlibet diem citra continuauit , canonicis consentientibus admittere . . . . exercendum et dissoluendum visitacionem et . . . . . .[7]

2

Leicester collegium (noui operis)

VISITACIO EXERCITA IN DOMO CAPITULARI IBIDEM XXV[to] DIE
SEPTEMBRIS ANNO DOMINI MILLESIMO QUINGENTESIMO XXVIIJ[uo]
PER DOMINUM CANCELLARIUM MAGISTRUM RAY[NES].[8]

Domino decano et alijs omnibus canonicis illius collegij in dicta domo capitulari capitulariter constitutis , dictus dominus cancellarius[9] articulos super quibus in huiusmodi visitatione erat inquirendum tunc ibidem exposuit . Non erat certificatorium factum in scriptis , nisi dumtaxat viue vocis oraculo presidentis ibidem , super executione mandati pro visitacione ordinaria eisdem

---

[1] *tenetur* cancelled.   [2] A word cancelled.
[3] This is drawn from statt. 25, 29 in the 1491 revision : see u.s., pp. 126, 128.
[4] Llandyfaelog in Carmarthenshire, dio. St Davids.   See references in index u.s.
[5] Interlined above *non* cancelled.   [6] *x* cancelled.
[7] The leaf is torn and some words are illegible.   Ff. 28d, 29, 29d are blank.
[8] Between the last visitation and this came the visitation in 1525, the process of which is printed separately at the end of this series of documents.
[9] *articl* cancelled.

directi / eo quod dictus dominus cancellarius preueniebat diem
pro huiusmodi visitacione prefixum , et eciam eo quod omnes infra
collegium existentes ibidem personaliter comparuerunt.

Decanus[1] . Dicit omnia bene.

Burton Edwardus[2] . Magister Robertus[3] Boone canonicus[4]
non est residens in collegio secundum statuta sed absens ab
eodem / quod nunquam prius erat vistum[5] . Domus mansionis
eiusdem magistri Boone et magistri Ricardi Brokesby[6] et magistri.
Henrici Ridying[7] et magistri Gilberti Becansawe[8] sunt aliqualiter in
decasu.

Ricardus Brokesby . Dicit omnia bene preterquam quod magister
Boone non residet , quod prius non est visum in illo collegio.

Petrus Swillington[9] . Dicit quod cotidie tempore misse de beata
Virgine duo vicarij cursorie[10] ambulant in naue ecclesie et non
cantant in eadem missa.

Dominus Ricardus Sutton vicarius domini decani[11] frequentat
domum cuiusdam Todd carpentarij et notatur cum vxore eiusdem
Todd.

Domus domini decani non bene reparatur / Domus magistri
Boone non bene reparatur.

Dicit eciam quod magister Boone contra statuta collegij non
residet , quod prius non est visum.

[fo. 28d.]

[Thomas Wi]gston[12] . Magister Robertus Boone canonicus non
residet sed est absens a collegio contra statuta collegij quod nunquam
erat prius visum.

Magistri Vincent[13] , Boone[14] Swillington non seruant hospitalitatem.[15]

[1] George Grey. See p. 2 above, note 1.
[2] Prebendary of the ninth prebend 1501–1547. See u.s., p. 247 and note.
[3] *Bne* cancelled.
[4] Prebendary of the fifth prebend 1526–1530 (u.s., p. 240). He succeeded Grey
as dean in 1530, and continued in office until the suppression of the college (u.s.,
p. 233).
[5] *Sic :* for *usitatum*, probably by confusion with *visum*.
[6] Prebendary of the sixth prebend 1519 : the date at which he left it is not recorded,
but it was after 1535. See u.s., p. 241.
[7] Prebendary of the eighth prebend 1514–1530. See u.s., p. 245.
[8] See p. 1 above, note 4.
[9] Prebendary of the seventh prebend 1518–1528. See u.s., p. 243 and note.
[10] *Sic :* for *cursorii* ; i.e. the two vicars whose turn it was to be present in their
' course '.
[11] Sutton is mentioned second among the vicars at the 1525 visitation.
[12] See p. 2 above, note 2.
[13] Prebendary of the tenth prebend 1528–1535 (u.s., p. 248) and of the seventh
prebend 1541 (u.s., p. 244).
[14] *Redyng* cancelled.
[15] *Hospitalitas,* a term to which unwarrantable interpretations are sometimes
given, is clearly shown in these visitations to mean the duty of boarding the vicars
incumbent upon the canons.

Gilbertus Becansawe . Magister Robertus Boone canonicus non residet contra statuta . Nunquam erat prius visum quod aliquis canonicus esset absens a collegio/

Vicarij non intersunt continue in choro temporibus diuinorum , sed statim et plerumque exeunt a choro.

[Henri]cus [Red]yng . Dicit omnia bene preterquam quod magister Boone non residet contra statuta collegij , quod non est prius vsitatum.

Johannes Vincent canonicus . Dicit omnia bene.

Willelmus Gillot canonicus[1] . Dicit quod magister Bone canonicus est absens a collegio , quod prius non est vsitatum / Vicarij non intersunt in choro temporibus diuinorum continue sed statim et sepius exeunt / nec sunt omnino ij vicarij presentes in choro temporibus diuinorum vt deberent esse /

Willelmus Masse vicarius[2] . Dicit omnia bene.
Thomas Bexwyk vicarius . Dicit omnia bene.
Thomas Readmayn vicarius . Dicit omnia bene.
Johannes Smyth vicarius . Dicit omnia satis prospere regnare.
Johannes Colyn vicarius . Dicit omnia bene.

[fo. 29.]

Johannes Dale canonicus . Vicarij non cantant deuote et deliberate nec morantur con[tinue] in choro per tempus diuinorum.

Magister Boone est absens a collegio , quod prius non est visum.
Johannes[3] Liderland vicarius . Dicit omnia bene.
Willelmus Harvy vicarius . Dicit omnia bene.
Willelmus Reade vicarius . Dicit omnia bene.
Johannes Capp vicarius . Dicit omnia bene.
Thomas Clark vicarius . Dicit omnia bene.
Ricardus Peerson vicarius . Dicit omnia[4] bene.
Johannes Heblen vicarius . Dicit omnia bene.
Ricardus Sutton vicarius . Dicit omnia bene.
Thomas Cowper cantarista[5] . Dicit omnia bene.
Johannes Wilson cantarista . Dicit omnia bene.
Willelmus Scott cantarista . Dicit omnia bene.
Nicholaus Haward cantarista . Dicit omnia bene.
Georgius Scarsbrig cantarista . Dicit omnia bene.

[1] Prebendary of the twelfth prebend 1515 to the suppression of the college. See u.s., p. 250 and note.

[2] Fourteen vicars, one in excess of the statutory number, are named here. Masse (Mosse), Readmayn (Rigmayden), Liderland, Harvy, Reade (Rede) and Sutton were vicars at the previous visitation in 1525, and John Dale may be identical with John Dalderby. Of the eleven named in 1525, John Bromehall, Richard Smyth, Thomas Hurderon, John Butchard and Richard Hardgrave had disappeared.

[3] *Liderland* cancelled.   [4] *bene* cancelled.

[5] Of the chantrists Cowper (Cooper), Scott, Haward (Haywarde), Williamson all appeared in 1525. John Wilson and Scarsbrig take the places of William Wilson and John Brewer.

Johannes Williamson cantarista . Dicit omnia bene.
Thomas Marshall cantarista . Dicit omnia bene.

[fo. 29*d*.]

. . . . . on clericus[1] . Dicit omnia bene.
. . . . Stephen clericus . Dicit omnia bene.
. . . . S . . . ypson clericus . Dicit omnia bene.

Qua quidem examinatione sic facta , dominus pro reformacione detectorum precedentium dominus[2] commisit potestatem domino decano quod . . id . .[3] reformationem vicariorum absentium a choro tempore diuinorum / et eciam duorum vicariorum ambulantium tempore misse de beata Virgine Maria /

[Dein]de dominus iniunxit magistris Brokesby, Becansawe et Ridyng quod ipsi competenter reparent edificia mansionum suarum , et remisit reformationem earundem domino decano iuxta statuta.

Deinde dominus iniunxit magistro Swillington et omnibus alijs canonicis amodo custodire hospitalitatem / et iniunxit magistro Swillington quod ipse circa festum Natalis domini proximum incipiet et deinde continuabit hospitalitatem / et iniunxit magistro Vincent quod infra annum incipiet et deinde continuabit hospitalitatem.

Et[4] deinde dominus iniunxit domino Ricardo Sutton vicario quod ipse amodo non accedet ad domum N. Tod suspisiose aliquo modo.

Et hijs iniunctionibus sic factis , dominus cancellarius visitacionem suam ibidem dissoluit ac ipsos decanum , prebendarios et vicarios , clericos et choristas in pace dimisit cum sua benediccione.

XLIII

LITTLE MARLOW PRIORY

L. fo. 68

Marloo par[ua]

VISITACIO EXERCITA IN D[OMO CA]PITULARI IBIDEM PER REUERENDUM IN [CHRISTO] PATREM ET DOMINUM DOMINUM [JOHANNEM D]EI GRACIA LINCOLNIENSEM EPISCOPUM [DIE] LUNE DECIMO DIE OCTOBRIS [ANNO] DOMINI MILLESIMO QUINGENTESIMO X[XX^{mo}].

Facto certificatorio per[5] priorissam sine scriptis ac facta exhortacione salubri per magistrum Coren[6] *et declaratis dicte visitacionis* [*articulis*] comparuerunt omnes mon[iales] subscripte videlicet.

---

[1] These names cannot be recovered from the record of 1525.
[2] *Sic :* repeated.   [3] *vic* cancelled.   [4] *dominus* cancelled.
[5] *priorem* cancelled.   [6] See vol. II, 91, note 1.

Domina Margareta Vernon priorissa[1]
Domina Katerina Pycard
Domina Constancia Hall
Domina Petronilla Grenefeld
Anna Roberdes
Agnes Dubbyll

Quibus sic comparentibus , dominus episcopus visis quibusdam munimentis ad examinacionem dictarum monialium processit et ipsas omnes examinauit , que detegerunt vt sequitur.

Domina Margareta Vernon priorissa di[cit] quod . . . senescallus monasterij nihil facit in [officio suo a]d commodum [monasterij] set pcius[2] est ad commodum[3] eius.

[fo. 68d.]

[Domina] Katerina Pykard[4] . N[ota de] magnitudine de le Rolle subdus[5] velum . D[icit quod] non habent suppriorissam.

[Consta]ncia Hall . Dicit omnia bene.
Grenefyld . Dicit omnia bene.
Roberdes . Dicit omnia bene.

Deinde dominus dissoluit dictam visitacionem et easdem in pace dimisit.

fo. 69.   PARUA MERLOO[6]

Priorissa . Dicit quod Wilcockes senescallus . . . tenet apud se instrumenta videlicet cortrolles[7] et rentrolles et non vult restituere , et magister Restwold tenet iniuste vnum molendinum . . . vocatum Mynchyn myll[8] alias Heddisore[9] myll.

We inigon[10] vnto you lady priores that ye cause euerych of your susters to were the lynnen of there heddes lower then[11] they haue vsed to do . . . . playn without rolle.[12]

XLIV

LITTLEMORE PRIORY

1. A. fo. 87.
2. A. fo. 83.

VISITACIO MONASTERIJ DE LITILMORE ORDINIS SANCTI BENEDICTI LINCOLNIENSIS DIOCESEOS EXERCITA IN DOMO CAPITULARI

---

[1] Apparently not otherwise mentioned.
[2] Sic : for pocius.   [3] monasterii cancelled.
[4] Dicit quod cancelled. The sentence which follows is a note by the scribe for the comperta, remarking the undue size of the roll or edging of the head-dress worn beneath the veil. See the injunction below.
[5] Sic : for subtus.   [6] Additional notes belonging to the same visitation.
[7] Court rolls.   [8] I.e. Nuns' mill.   [9] Hedsor.
[10] Sic : for inioyn.   [11] are wonte cancelled.
[12] Ff. 69d, 70, 70d are blank ; but there seem to be traces of writing, now quite illegible, on 70 and 70d.

IBIDEM DIE MERCURIJ XVIJ⁰ JUNIJ ANNO DOMINI MILLESIMO
QUINGENTESIMO XVIJ^mo PER MAGISTRUM EDMUNDUM HORDE
DECRETORUM DOCTOREM DOMINI WILLELMI ATWATER EPISCOPI
LINCOLNIENSIS AD HOC COMMISSARIUM.

Comperta in Visitatione predicta.[1]

Moniales ibidem dicunt Primis compertum est[2] quod priorissa[3]
iniunxit *monialibus ibidem*[4] sub virtute obediencie quod nichil
detegerent commissario[5] *comminando eis* si quicquid per eas fuerit
detectum , si ad eius noticiam perueniret[6] , *grauiter eas puniret* /
Johanna Bechaump fatetur istud articulum.[7]

Item est compertum[8] quod dicta priorissa *alit*[9] filiam suam[10] in
dicto monasterio *per incestuosum concubitum conceptam* et quod
dominus Richardus Hewes capellanus[11] *modo moram faciens in
Kancia* est pater illius filie.

Eciam dicunt quod dictus dominus Ricardus bis vel ter in anno
visitat hunc[12] monasterium , et cum venerit pernoctat cum dicta
priorissa in lecto vt vir cum vxore propria.

Eciam dicunt quod priorissa antedicta subtrahit ab huiusmodi
monasterio ad maritandum suam filiam antedictam / multa
vtensilia , videlicet pannes pottes candilstikes basynes schettes
pellous fedderbeddes etc.

Eciam dicunt quod dictus dominus Ricardus fuit cum dicta
priorissa citra festum[13] Purificacionis beate Marie vltimo preteritum
et noctanter concubuit in lecto cum eadem priorissa et , nisi fuisset
famulus dicti domini Ricardi scolaris Oxoniensis , assumpserant[14]
eos insimul in lecto iacentes in parlura dicte priorisse.

Eciam dicunt quod dicta priorissa dedit ipsi domino Ricardo
siphum[15] argenteum deauratum ad valorem quinque marcarum et
vltra.

Eciam dicunt quod multociens exhortauerunt dictam priorissam
abstinere se a societate dicti domini Ricardi / et respondebat quod

[1] This, with the corrections in the first two paragraphs, is written in a large
angular hand.
[2] This interlineation supersedes the words *Moniales ibidem dicunt,* which however
remain uncancelled.
[3] *ibidem* cancelled. [4] Interlined above *eis* cancelled.
[5] *et* cancelled. [6] *maxime puniantur* cancelled.
[7] The actual depositions are not given, but the name of the nun who furnished
the *detectum* on which this *compertum* was founded is noted here.
[8] Interlined above *Dicunt eciam* cancelled. The revision of the text of the
comperta is not continued after this paragraph.
[9] Interlined above *habet* cancelled. [10] *ibidem* cancelled.
[11] *manens in Kent* cancelled. As shown below, Hewes was a member of the
university of Oxford.
[12] *Sic :* for *hoc.* [13] Written *frm.*
[14] 'They would have taken them' (pluperfect indic: because the fact was positively
certain) 'had it not been that the serving-man of Richard was there.'
[15] *Sic :* for *cyphum.*

noluit / quiscumque contradict[1] , quia ipsum amauit et amare velit.

[fo. 87*d*.]

Item dicunt quod domina Juliana Wynter monialis huius domus peperit prolem per Johannem Wikisley de Oxonijs coniugatum , et credunt quod[2] fuit occasione male conuersacionis dicte priorisse.

Item dicunt quod domus patitur ruinam in omnibus suis edificijs.

Item dicunt quod dicta priorissa dimisit ad firmam duo tenementa sub sigillo communie[3] per spacium xx[tl] annorum et pro huiusmodi habuit magnos fines ad proprium vsum.

Item dicunt quod quasi omnia jocalia argentea sunt[4] impingnorata.

Item dicunt quod dicta priorissa maxime excedit in correctionibus , et presertim quando dicte moniales contradicunt malingnam conuersacionem suam tunc vult eas incarcerare videlicet in le stokes.

Item dicta priorissa ambulat in villa et campis sola et cum ea nisi puer ex etate septem vel octo annorum.

Item dicunt quod non habent victum nec vestitum neque stipendium.

Eciam dicunt quod vna puella fuit ibidem que intendebat intrare in religionem , et *quando*[5] videbat malam conuersacionem dicte priorisse[6] noluit moram ibidem facere sed recessit et publicauit conuersacionem suam in nonnullis locis.

Item dicunt quod dicta priorissa dedit Waltero Cursen vnum tenementum pro nutricione dicte filie sue durante vita naturali sua , quod est quasi ad terram[7] prostratum.

Item dicunt quod prefatus dominus Ricardus Hewes intendit reuertere[8] ad huiusmodi monasterium citra festum Vinculorum sancti Petri , vt patet per suas litteras dicte priorisse missas.

Et supplicant pro remedio infra breue : alias volent relinquere monasterium propter timorem correctionum dicte priorisse si peruenient hec ad eius noticiam.

---

[1] *Sic :* for *contradiceret.*   [2] *mal* cancelled.   [3] *Sic.*
[4] *pingnirat* cancelled.   [5] Interlined above *cum* altered and cancelled.
[6] *quod* cancelled.   [7] *prostrat* cancelled.
[8] *redire* interlined : *reuertere* left uncancelled.

2

COMPERTA ET[1] DETECTA REUERENDO IN CHRISTO PATRI DOMINO
WILLELMO DEI GRACIA LINCOLNIENSI EPISCOPO IN DOMO
CAPITULARI DOMUS MONIALIUM DE LITLEMORE DIE JOUIS IJ^{do}
DIE SEPTEMBRIS ANNO DOMINI MILLESIMO CCCCC^{mo} XVIIJ^{mo}
CAUSA REFORMACIONIS IBIDEM FIENDE IUDICIALITER SEDENTE.[2]

1. Domina Katerina Wellys priorissa[3] /
2. Domina Juliana Bechampe /
3. Domina Anna Willye.
4. Domina Juliana Wynter.
5. Domina Johanna Wynter.
6. Domina Elisabeth Wynter.

Domina Elisabeth Wynter non est obediens priorisse neque
voluit corrigi per priorissam licet deliquerit / ludendo et luctando
cum pueris in claustro , sed obstinaciter recusat corrigi.

Domina Elisabeth fuit mancipata cippis per priorissam propter
incorrigibilitatem , et statim domine Anna Willye, Juliana Winter
et Johanna Winter fregerunt ostia et claues parlure et domitorij[4]
et commiserunt cippos ignibus et noluerunt permittere priorissam
parluram illam intrare . Et tandem , cum ipsa priorissa miserat
pro seruientibus suis et alijs vicinis Oxonijs pro adiutorio et consilio ,
ipse quatuor moniales[5] fregit[6] quandam fenestram et clam in nocte
exiuerunt et ad quemdam[7] Inglyshe declinauerunt et[8] illic per ij
aut tres septimanas permanserunt apostasiam incurrendo.

Eedem quatuor moniales proxime prenominate lasciuo modo in[9]
ecclesiis temporibus diuinorum[10] ridendo tempore alte misse eciam
eleuationis eiusdem[11]; et ipse omnes sunt inobedientes et obstinate.

Domina Juliana Wynter impringnata per Johannem Wixeley
peperit prolem ad biennium elapsum , et adhuc habet communiter
colloquium cum laicis et viris nec vult abstinere a colloquio et
familiaritate cum viris licet sit monita per priorissam.

Domina priorissa comminatur iiij sororibus suis proxime pre-
nominatis nimis acriter pro eo quod ipse contra eam tempore vltime
visitacionis ordinarij querelabantur , et apud easdem habet verba
nimis acerba et comminatoria.

---

[1] *defect* cancelled.
[2] This visitation was held as a consequence of the first. It seems probable that
the state of things disclosed at these two visitations gave justification for the
suppression of the priory, which followed.
[3] Katherine Welles had been prioress as early as 1507, when she was already in
office. See *V.C.H. Oxon.* II, 77.
[4] *Sic :* for *dormitorii.*   [5] *clam exi* cancelled.   [6] *Sic :* for *fregerunt.*
[7] Blank left for Christian name.   [8] *se* cancelled.
[9] *ecclesia* cancelled.   [10] *ing* (?) cancelled.
[11] The sentence is without a finite verb : *se gerunt* may be supplied.

Domina Anna Willye fuit mancipata cippis per priorissam per vnam mensem continuo absque causa vt dicit infra annum[1] iam instantem.

Domina Juliana Bechamp retulit Anne Willye infra annum hec verba , videlicet J am ashamed to here off the evil ruele off my ladye.

[fo. 83d.]

Domina priorissa nimis excessiue et acriter verberauit quamdam Elisabeth Wynter in domo capitulari et in claustro in capite cum pungnis , et cum pedibus eandem subpeditauit immoderato modo corrigendo citra festum Pasche vltimum.

Domina priorissa vendidit totum boscum pertinentem prioratui.

Dominus Ricardus Huys capellanus , moram faciens in Kancia , fuit cum priorissa ibidem citra festum Pasche vltimum.[2]

XLV

MARKBY PRIORY

1. A. fo. 50.

2. L. fo. 13.

Markby prioratus

VISITACIO EXERCITA IN DOMO CAPITULARI IBIDEM DIE SABBATI XVJ[mo] DIE JULII ANNO DOMINI MILLESIMO CCCCC[mo] XIX[mo] PER[3] DOMINUM WILLELMUM DEI GRACIA LINCOLNIENSEM EPISCOPUM PERSONALITER.

Non seruatur silencium in claustro , dormitorio et refectorio , neque sedent canonici in refectorio more solito , hoc est diuisim et diuisis ferculis . Modo omnes insimul sedent.

Fratres domus non sunt certiores de statu domus / non redditur computus per priorem.[4]

Dominus prior aliquando concedit firmas sine consensu capituli siue conuentus sui / et ita proponit facere apud Strubby / Nam vult expellere quemdam qui stetit ibidem firmarius pluribus annis et dimittere illam firmam alteri / conuentu minime consentiente.

Stipendia canonicorum non soluuntur terminis consuetis.

Frater Thomas Well presbiter[5] dicitur esse minime litterature / Non intelligit vix legere nec vult dare operam litteris et ideo manet indoctus.

---

[1] *eta* cancelled.   [2] Ff. 84, 84d are blank.
[3] *domum ca* cancelled.
[4] The prior at this date was Henry Alford, elected 1508 (*V.C.H. Linc.* II, 175).
[5] Well appears to have left the priory before the visitation held by Longland's chancellor in 1525. See p. 14 below.

Lectiones et omelie temporibus matutinarum abbreuiantur et protunc quodammodo omittuntur / et quod tunc de eisdem omittitur deberet legi in mensa eodem die / Sed tam[1] hiis diebus nec in matutinis nec in mensa leguntur.

Nil aliud est prouisum pro infirmis fratribus quam pro aliis conualescentibus.

Ricardus Jolybrande seruiens huius domus prioris non censetur vtilis huic domui . Petitur vt amoueatur.

Solebat esse in monasterio clericus qui[2] secularis qui deberet pulsare, candelis[3] illuminare et canonicos tempore nocturno ad matutinas conuocare / Jam non est ibidem aliquis huiusmodi clericus / sed prior facit nouicios eius vices supplere.

Non inueniuntur in ecclesia temporibus diuinorum luminaria competencia vt solent ibidem.

[fo. 50d.]

Solebat ibidem esse communis[4] seruus pro conuentu et[5] dicebatur the farmary man qui ministrauit conuentui in refectorio , et iam non habent aliquem talem /

Fiat prouisio ne parrochiani ibidem ingrediantur ecclesiam parrochialem[6] per claustrum prioratus nec alias , nisi dumtaxat per portam occidentalem ecclesie ; nec intrent ipsi laici aliquo modo loca claustralia.

Prouideatur[7] quod statim post completorium omnes canonici dormitorium ingrediantur iuxta tenorem regule sancti Augustini nisi ex licencia speciali.

Fratres aliquando cantant completorium ante cenam contra regulam sancti Augustini que cauit[8] quod post completorium nemo loquatur etc.

Canonici sunt proprietarii . Iniungatur eisdem quod annuatim ostendant[9] statum suum[10] ad mandatum prioris et profundant pecunias suas coram eo.

Canonici aliquando absque licencia exeunt portas exteriores prioratus / necnon pauperes et mendici intrant vsque in aulam domus[11] / prouideatur igitur quod illa exterior porta custodiatur per janitorem et claudatur horis consuetis.

---

[1] *Sic :* for *tamen.*   [2] *Sic :* for *quidam.*
[3] *Sic :* for *candelas,* but possibly *canonicos* is intended to be the object of *illuminare* as well as of *convocare.*
[4] Altered from *conuentus.*   [5] *non* cancelled.
[6] Clearly the nave of the conventual church.
[7] *ne aliqu* cancelled.   [8] *Sic :* for *cauet.*
[9] *computum* cancelled.   [10] *et* cancelled.
[11] The ' hall ' of the house was presumably the frater.

2

Markeby

VISITACIO EXERCITA IN DOMO CAPITULARI IBIDEM IIIJ^{to} DIE JULIJ ANNO DOMINI MILLESIMO CCCCC^{mo} XXV^{to} PER MAGISTRUM JOHANNEM REYNE REUERENDI DOMINI JOHANNIS EPISCOPI LINCOLNIENSIS CANCELLARIUM.

Facto primitus certificatorio per priorem in scriptis sub sigillo officij sui comparuerunt personaliter hij sequentes canonici.

. Dominus Johannes Penley prior[1]
. Frater Henricus Griscrofte subprior
. Frater Johannes Louth tercius prior et magister nouiciorum
. Frater Robertus Alford precentor et custos capelle.
. Frater Willelmus Styrton infirmarius.
. Frater Willelmus Beuerley sacrista et parrochialis presbiter.
. Frater Robertus Horncastell.
. Frater Thomas Marome capellanus prioris.
. Frater Willelmus Jngolmels refectorarius.
. Frater Johannes Orby nouicius professus.
. Frater Michaell Sandon conuersus.[2]

Prior /[3]

Subprior / Dicit omnia bene.

Louthe . Omnia bene ait.

Alford . Rettulit omnia bene esse.

Styrton . Omnia bene.

Beuerley . Omnia bene.

Horncastell . Omnia bene.

Marome . Omnia bene.

Ingolmels . Omnia bene.

Orby . Omnia bene.

Sandon . Omnia bene.

Qua quidem examinacione sic facta , quia dominus visitator nichil comperit reformacione dignum , igitur visitacionem suam ibidem dissoluit ac ipsos omnes in pace dimisit.[4]

---

[1] The name written here ' Penley ' should probably be ' Penketh '. John Wattes, *alias* Penketh, was prior at the dissolution (*L. & P. Hen. VIII*, XIII (1), p. 575). He succeeded Thomas Kirkby, the successor of Henry Alford, prior at Atwater's visitation, but dates are uncertain (*V.C.H. Linc.* II, 175).

[2] Most of the names given here, probably including Griscrofte, are from Lincolnshire and are of places at no great distance from Markby. The prior, however, seems to have borne a Lancashire name, and Beverley and Sandon bore names from outside the county.

[3] *Vespere et completorium simul fiunt absque intervallo* cancelled. Nothing further given.

[4] Fo. 13*d* is blank.

XLVI

MARKYATE PRIORY

1. A. fo. 149*d*.

2. L. fo. 43d.

fo. 149*d*.[1]

Markyate

Visitacio exercita ibidem per dominum cancellarium in domo capitulari die Sabbati xv^{mo} Maij anno Domini millesimo ccccc^{mo} xviij^{imo}.

Exhibito certificatorio / comparuerunt omnes moniales / Et ipsis omnibus debite examinatis / nulla erant ibidem neque per dictam priorissam[2] neque per aliquam de sororibus suis detecta et ideo dominus vicarius generalis[3] visitacionem suam[4] dissoluit et ipsas visitatas in pace dimisit /

2

Markyate

Visitacio exercita in domo capitulari ibidem die Sabbati xiiij^{mo} die mensis M[aij] anno Domini millesimo quingentesimo xxx^{mo} per dominum cancellarium.

Facto certificatorio per priorissam sub sigillo officij sui , comparuerunt omnes moniales iste subscripte nominatim preconisate.

. Domina Johanna Zouche priorissa.[5]
. Domina Alicia Nasche subpriorissa.
. Domina Elizabeth Fox.
. Domina Rosa Marton.
. Domina Juliana Waterton.
. Domina Agnes Smyth.
. Domina Anna Elyott.
. Domina Elizabeth Slete.
. Domina Elizabeth Havys.
. Dorothea Redell nouicia.
. Elizabeth Johns nouicia.

Deinde dominus declarauit articulos visitacionis et visitacionem ibidem[6] inchoauit.

Priorissa . Dicit omnia bene.

Suppriorissa . Dicit dormitorium est ruinosum.

Fox . Dicit omnia bene.

[Marton] . Dicit omnia bene.

[1] Ff. 148*d*, 149 are blank.
[2] Joan Zouche was prioress 1508–1536 (*V. C. H. Beds* I, 361).
[3] *quam* cancelled.   [4] *dimisit* cancelled.
[5] Joan Zouche was prioress at the dissolution (*L. & P. Hen. VIII, XIII* (1), p. 576). Note 2 above.
[6] *inchoat* cancelled.

[Waterton] . Omnia bene.

[Smyth] . [Omnia be]ne.

[Elyott] . [Dicit quod plu]it in dormitorio , sinautem omnia bene.

[Slete] . [Dicit omnia] bene.

[Havys] . Dicit omnia bene.

[Redell] . Dicit omnia bene.

[Johns] . Dicit omnia bene.

Qua quidem examinacione facta nichil reperitur reformacione digna[1] dominus cancellarius visitacionem suam dissoluit.

---

fo. 44.[2]

Non vendidit prior tempore suo nisi duas acras silve.

Qua quidem examinacione sic facta dominus cancellarius visitacionem suam dissoluit.

XLVII

MISSENDEN ABBEY

1. A. fo. 136.

2. L. fo. 74.

3. L. fo. 77.

fo. 136.[3]

Myssenden

Visitacio exercita ibidem die Martis xx^{mo} die Aprilis anno Domini millesimo ccccc^{mo} xviij^{mo} in domo capitulari per reuerendum in Christo patrem dominum Willelmum Atwater Dei gracia Lincolniensem episcopum anno consecracionis ipsius reuerendi patris iiij^{to}.

Abbas et conuentus ibidem habent sibi appropriatas ecclesias de ⎱ Missenden magna / Chalfonte Petri / Kymbell magna

Ijdem sunt patroni ecclesiarum de Aldebury / et Huntingdon.[4]

---

[1] *Sic :* for *dignum.* The sentence should run *quia nichil* etc.

[2] The two paragraphs on this leaf appear to belong to another document, the rest of which is missing.

[3] Fo. 135*d* is blank.

[4] The three appropriated churches were Great Missenden and Great Kimble in the deanery of Wendover and Chalfont St Peter in the deanery of Burnham. Aldbury is in the deanery of Berkhampstead, Herts. ' Huntingdon ' is a curious error : Glatton, Hunts, in the deanery of Yaxley, is certainly meant. See *V. C. H. Hunts* III, 181, 182. To the appropriated churches should be added Caversfield and the chapel of The Lee, Bucks, in Buckingham and Wendover deaneries respectively, and Shiplake, Oxon, in the deanery of Henley. See *V. E.* IV, 247.

Canonici monasterij frequenter[1] transiunt[2] *in* villam de Missenden /
Dominus iniunxit abbati[3] et priori quod ipsi[4] deinceps nullo pacto
permitterent fratres suos exire in dictam villam de Missenden
absque speciali licencia / et quod ipsi non concedant leuiter
huiusmodi licencias.

Iniunctum fuit eciam abbati quod ipse faceret aliquam domum
honestam preparari pro canonicis in qua poterunt commedere et
lectiones habere / quousque refectorium fuerit separatum , et quod
quamcito commode poterit faciat refectorium honeste preparari et
reparari.

Iniunctum fuit abbati quod ipse statim post istam visitacionem
prepa*ra*ret domum et lectos pro canonicis infirmis in infirmaria /
atque alia necessaria pro eisdem infirmis omnibus temporibus
diebus et noctibus quotiens opus fuerit / durante infirmitate , et
ministros siue custodes pro eisdem.

Iniunctum fuit abbati quod ipse faceret numerum presbiterorum
ibidem augmentari , quia iam sunt ibidem nisi dumtaxat quinque
presbiteri.

Fiat prouisio quod assignetur aliqua domus infra monasterium
vbi canonici possunt commedere cum consanguineis et alijs
extraneis , si fortassis bis aut ter in anno illic accesserint , et
alijs amicis suis.

Dicitur quod dominus Johannes Johns nuper de Lisnes[5] iam
moras faciens in monasterio isto non est vtilis monasterio.

Ricardus Gynger nouicius[6] se dat nimium ocio : non studet nec
intelligit / nec vacat diuinis . Jniunctum fuit sibi quod deinceps
se in premissis reformet et laudabiliter se occupet /

Dominus iniunxit abbati quod ipse prouideret quod continuo
esset[7] quedam lampas seu aliquod aliud lumen ardens coram
sacramento infra ecclesiam conuentualem.

Pincerna monasterij non est paratus ministrare conuentui , sed
pluries se absentat et profert canonicis quandoque verba vituperiosa .
Iniunctum fuit abbati quod hoc faciat[8] emendari et quod omnes
seruientes monasterij se bene gerant canonicis et erga canonicos.

Iniunctum fuit abbati quod deinceps singulis annis reddat
computum administracionis sue et quod canonicos certiores faciat
de statu domus.

Eisdem die anno et loco dictus reuerendus pater in domo capitulari
iudicialiter sedens visitationem suam dissoluit.

---

[1] *s* cancelled.   [2] *de* cancelled.
[3] The abbot was William Smith, who died in 1521 (*V. C. H. Bucks* I, 375).
[4] Altered from *ipse*.
[5] The Augustinian abbey of Lesnes in Kent, near Woolwich.
[6] Subchanter in 1530. See below, p. 18.
[7] *quid* cancelled.   [8] *i* cancelled at end of *faciat*.

2

fo. 74.

Messyndyn

MESSYNDYN . DIE LUNE X^{mo} DIE MENSIS OCTOBRIS ANNO DOMINI MILLESIMO QUINGENTESIMO XXX^{mo} IN DOMO CAPITULARI MONASTERIJ DE MESSYNDYN CORAM MAGISTRO THOMA JACKMAN COMMISSARIO REUERENDI PATRIS LINCOLNIENSIS EPISCOPI IN HAC PARTE SPECIALITER DEPUTATO AUCTORITATE EIUSDEM REUERENDI PATRIS VISITANTE ET PRO TRIBUNALI SEDENTE COMPARUERUNT RELIGIOSI SUBSCRIPTI , QUORUM DICTA ET DETECCIONES SUBSEQUUNTUR.

Dominus Johannes Fox abbas[1]
Dominus Johannes Wedon prior
Dominus Johannes Ottewell vicarius
Dominus Willelmus London / cantor
Dominus Ricardus Gynger subcantor
Dominus Thomas Bernerd coquinarius
Dominus Rogerus Palmer refectorarius
Dominus Ricardus Hide sacrista
Dominus Johannes Slyther
Johannes Amery
Ricardus Est'
Johannes Westwyke   }   nouicij
Willelmus Waller
Willelmus Goddistowe

Dominus abbas dicit quod ecclesia , dormitorium [et] alia edificia sunt in decasu et indigent reparacione, acetiam firmaria.

Dicit etiam quod canonici simul sedent ad vnam mensam in refec[torio omni] tempore anni , exceptis aduentu et tempore quadragesimali et [non habent] lecciones scripturarum temporibus refeccionum nisi in illis temporibus [aduentus] et quadragesime.

Ostium infra nauem ecclesie et chorum non[2] clauditur , ita [quod extra]nei et laici possunt quum velint [ing]redi chorum.

Dicit preterea quod[3] domus oneratur [ere ali]eno ad summam qua . . . sexaginta librarum.

[fo. 74*d*.]

Dominus Johannes Wedon prior dicit quod edificia monasterij indigent reparacione.

---

[1] Fox was still abbot in 1535 (*V. E.* IV, 246). At the suppression he had been succeeded by Ottewell. Wedon was still prior and Bernerd (Barnardes) had succeeded Ottewell as vicar of Missenden. Palmer, Slyther (Slythurst) and Amery were still in the house. London, Gynger, Hide and four of the five novices were gone. There were four new names, Luffenham, Roberdes, Smyth and Shepherde, of the last of whom it is said that he was old and impotent (*L. & P. Hen. VIII*, XIV (ii), 98, no. 262).
[2] A word cancelled.   [3] *debet* cancelled.

Item quod non habent lecciones temporibus refeccionum , set ob paupertatem domus sedent . . . . quater . . . . . . famulis in refectorio.

Et quod abbas non . . . .

Dominus Johannes Ottewell dicit quod claustrum indiget reparacione.

Dominus Willelmus London dicit quod edificia monasterij indigent reparacione.

Dominus Ricardus Gynger dicit quod Johannes Compton preest canonicis[1] et est inutilis monasterio , et abscindit arbores in terris monasterij ad suum beneplacitum absque superuisione alicuius ex conuentu . Et abbas non contradicit sibi in aliquo.

Et quod canonici non cognoscunt fines et limites terrarum et possessionum . . . . nec aliquis eorum superuidit easdem[2] . Nec habent libellum siue rentale ostendens aut declarans easdem . Neque sunt presentes in cu[ria] senescalli et alijs.

Dominus [Johann]es Slythurste commisit crimen sodomiticum tempore domini Honour nuper abbatis[3] et soluit penas , ac eo non obstante , iamdudum commisit idem crimen cum Johanne Compton filio Johannis Compton de Messyndyn et . . . . . . vidit eundem colluctantem et osculantem eundem puerum super lect[um per fo]ramen in pariete , presente Johanne Amery et id per . . . . . . sante . . .

Dicit . . . . quod ipsemet dominus Ricardus Gynger fuit nuper sacrista et recepit . . . . et[4] ceram ad vsum ecclesie , et dominus abbas remouit eundem ab ipso officio . . . . receptis redditibus eidem officio spectantibus . . . . . . pretextu . . . . Roberti Hatosy pro premissis vj s. . . . . . . fab . . . . .[5]

Non habent lecciones temporibus refeccionum nisi in aduentu et q[uadragesima] . . .

. . . . . [in]digent reparacione.

. . . . . alium habet apparatum nimis . . . . atum.

[fo. 75.]

Dominus Rogerus Palmer dicit quod non habent lecturas temporibus refeccionum nisi ut prius.

Dominus Thomas Bernard dicit quod prior est remissus interdum in correccionibus faciendis et sero accedit ad completorium.

[1] Compton, who was ' over ' the canons, i.e. domineered over them, was bailiff of the monastery.

[2] I.e. has surveyed them.

[3] William Honour was Fox's predecessor as abbot from 1521 to 1528. Another Honour, Henry, also called Missenden, had been abbot as recently as 1503 (*V. C. H. Bucks* I, 375).

[4] A word cancelled.   [5] All this nearly illegible.

Dormitorium indiget reparacione.

Non habent lecciones nisi ut prius.

Dicit itaque[1] quod audiuit a domino Ricardo Gynger quod dominus Johannes Slyther commisit crimen sodomiticum cum filio Compton , et quod puer confessus est sibi illud idem flagitium.

Dominus Ricardus Hide dicit quod campanile , ecclesia et dormitorium indigent reparacione.

Dicit etiam quod dominus Johannes *Slyther*[2] est elate mentis et verbosus.

Dominus Johannes Slyther dicit quod omnia sunt bene.

Johannes Amery dicit quod Johannes Compton regit monasterium ut sibi placet.

Et quod canonici non superuident terras monasterij , sed sunt incerti de eisdem.

Dominus Johannes Slyther est rixosus et verbosus semina[tque] discordias inter fratres.

Idem dominus Johannes Slyther commisit crimen sodomiticum cum Johanne Compton puero in septimana quatuor temporum ante festum [sancti] Michaelis proxime preteritum , non obstante quod ante illud tem[pus] correctus fuit pro eodem crimine cum alijs ; adeo quod idem [puer] confessus est huiusmodi facinus matri sue et deinde d[omino Ricardo] Gynger , et domino Thome Bernard . Et scit premissa ut e[a] audiuit a Ricardo Gynger et Thoma Bernerd predictis.

Istis deteccionibus receptis , dominus commissarius fecit et dedit iniuncciones et . . . . . [se]quentes.

[fo. 75*d*.]

Inprimis iniunxit domino abbati ut quamcitius commode poterit repar[aret] seu saltem reparari faceret sufficienter ecclesiam , claustrum , dormitorium et infirmariam , et alia edificia monasterij.

Item iniunxit abbati et priori ac singulis canonicis monasterij predicti quod singulis prandijs etiam extra tempora aduentus et quadragesime habeant leccionem in pulpito infra[3] refectorium sub pena contemptus et quod canonici cursorie legant eandem leccionem publice[4] ut in temporibus aduentus et quadragesime legere solent , sub eadem pena.

Item iniunxit abbati et priori monasterij predicti quod ostium inter nauem ecclesie et [chor]um conuentualem decetero continue sit clausum nisi dumtaxat temporibus leuationis corporis Christi et alijs quibus canonici et ministri eiusdem ecclesie exeant et

---

[1] *Sic :* probably for *quoque.*
[2] Interlined above *Slithers* cancelled.
[3] *refectorarium* cancelled.
[4] *ad* cancelled.

ingrediantur per illud ostium , sub pena contemptus , ita quod extraneis aut laicis ad chorum huiusmodi nullus pateat accessus nisi pro causa per abbatem vel priorem huiusmodi imposterum approbanda Et quod sacrista sit diligens circa claustrum.

Item iniunxit priori ut de cetero sit magis diligens in correc-cionibus faciendis.

It[em iniunxi]t domino Johanni¹ Palmer ut deinceps non vtatur² apparatu . . . . sed reformet eundem in congruum et decentem . . . . [su]b pena iuris.

[fo. 76.]

Item iniunxit domino Johanni Slyther quod³ remaneat in custodia salua abbatis et prioris , nec exeat monasterium quousque secum fuerit dispensatum per dominum episcopum Lincolniensem , reseruando sibi potestatem imponendi alias penas prout reuerentie sue visum fuerit expedire.

Item iniunxit priori quod amodo et deinceps non permittat aliquem puerum secularem ingredi dormitorium aut vllam cellam canonicorum nec in aliquam cameram secretam cum aliquo canonico , sub pena contemptus.

Item iniunxit omnibus canonicis monasterij predicti quod decetero nullus canonicus admittat aliquem puerum secularem aut aliquos pueros seculares in dormitorium aut cellam suam vel in aliquam priuatam aut secretam cameram eiusdem monasterij , sub pena ieiunandi in pane et aqua duabus diebus immediate sequentibus pro q[ualibet] vice.

Iniunxit itaque antedictis abbati et priori quod secure custodiant an[tedictum] Johannem Slyther, nec permittant eundem exire monasterium quouispacto [donec] licentiatus fuerit per eundem reuerendum patrem Lincolniensem episcopum , sub pe[na] con-temptus.⁴

Datis iniunccionibus predictis dominus commissarius dissoluit huiusmodi visitacionem , reseruando potestatem antedicto reuerendo patri Lincolniensi episcopo reformandi et augmentandi huiusmodi iniuncciones aliasque faciendi ac⁵ ista alia in eadem visitacione detecta co[rrig]endi et reformandi p[rout] eidem reuerendo patri visum fuerit expedi[re] . . . si sibi placuerit.

---

¹ *Sic :* for *Rogero.* ² Two letters cancelled.
³ *singulis quartis ferijs per mensem ieiunet ad vnam refectionem in pane et potu, ac singulis sextis ferijs per idem tempus in pane et aqua Et quod* cancelled.
⁴ In spite of the heinous nature of Slyther or Slythurst's crime, he remained in the monastery till the dissolution. At the assignment of pensions, he was offered the curacy of The Lee, worth £8 a year, or, if he refused, £5 6s. 8d. (*L. & P. Hen. VIII*, XIV (ii), 98, no. 262).
⁵ A letter cancelled.

[fo. 76d.]

Johannes Artes S[enescallus] monasterij.[1]
Johannes Compton.
Willelmus Antony pincerna.
Ricardus Ottewell ⎫
Johannes Bradley ⎭
Robertus Jally puer.
Willelmus Wright.
Henricus [seruiens] abbatis.
Johannes . . . erike cocus.
Thomas . . . . . vndrecoke.
. . . . gardner.
Ricardus Slak . . . . seruing man.
Johannes . . . . .[2] recessit.
Johannes Carpenter carpentarius.
Robertus Wedon superuisor siue balliuus agriculture.
. . . . . Sprygons ⎫
Robertus Carter ⎪
Johannes Westwyke ⎬ bigarij
Johannes Blokley ⎭
Robertus Sheppard custos ouium.
Robertus[3] maltmaker.
Willelmus Ratcliff adiutor custodis equorum et le maltmaker.
Compton ⎫
. . . . . ⎬ pueri cantantes.
. . . . . ⎭
. . . . lyng.
Quatuor thres[hers].
. . . . lons.

[fo. 77.]

Dominus Johannes Wedon prior.
Dominus Johannes Ottewell vicarius.
Dominus Willelmus London.
Dominus Ricardus Gynger.
Dominus Thomas Barnard.
Dominus Rogerus Palmer.
Dominus Johannes[4] Hide
Dominus Johannes Slythurste.
[5] Johannes Amery.
Ricardus Est ⎫
Johannes Westwyke ⎪
Willelmus Waller ⎬ nouicij.
Willelmus Godstowe ⎭

[1] This interesting list of the lay officers and servants of the monastery is much defaced and legible only with difficulty.
[2] A cross against this name.   [3] Blank for surname.
[4] Sic : for Ricardus.   [5] Dominus cancelled.

3

Messyndyn . Decimo nono die mensis Junij anno domini millesimo
quingentesimo xxxj° reuerendus pater Lincolniensis episcopus ad
specialem visitacionem monasterij de Messyndyn descendit et
idem monasterium in refectorio eiusdem specialiter visitans et
[iudicialiter pro] tribunali sedens onerauit iureiurando dominum
Johannem Fox abba[tem eiusdem] monasterij coram se personaliter
constitutum de [vere respon]dendo certis [articulis] anime sue
salutem et vtilitatem dicti monasterij [concernentibus . Quibus]
perlectis ipse quod . . . . . respondit eisdem prout in ipsis
continetur . . . . . Lincolniensis diocesis . . . . dicti reuerendi
patris confessus est.[1]

Ad primum articulum respondet et fatetur.[2]

Ad secundum respondet et fatetur se diffamatum et . . . . ectum
esse . . .

Ad tertium respondet et negat ca[rnaliter cognouisse . .]la cum
eadem [tam antea] quam post . Et quo ad familiaritem dicit quod
. . . . eandem verbis et interrogacionibus . . . . ipsam
tamquam honestam [tractauit] et quod attemptauit eandem animo
carnaliter cognoscendi ipsam [negat].

Ad quartum respondet et negat singulos . . . . eiusdem . Et
dicit quod . . Rogerum Palmer et ei etiam prohibuit consorcium
dicte mulieris.

Ad quintum respondet et negat.

Ad sextum respondet et negat articulum , sed dicit [quod]
. . . . . mittit eidem . . . . . paruam portionem[3] cibariorum .
Et [dicit quod eadem] mulier ingred[itur claustrum] ad faciendum
linthiamina.

Ad septimum respondet et fatetur famam.

[fo. 77d.]

Ad octauum respondet et fatetur quod soror sua erat brasiatrix
infra monasterium , et sciuit filiam suam esse male conuersacionis
et eidem prohibuit ingressum monasterij et ab eodem remouebat.

Ad nonum respondet et fatetur quod vendidit boscum siue siluam
apud Chalfonte et alijs locis in terris monasterij ad summam
sexaginta librarum et quo ad decasum respondet negatiue.

Ad decimum respondet quod rectoria xij li. de Chalfonte sancti
Petri et duo[4] in villa de Messyndyn per copiam curie secundum
consuetudinem manerij vocata Arnoldes xx s. et Dyttinylles feldes

---

[1] The articles *contra abbatem* are below, pp. 26, 27.
[2] The distinction between the first and second articles is not clear, and it will
be noticed that there is an apparent omission from the list of articles.
[3] *ex* cancelled.
[4] *tenta* cancelled and *tenementa* written above but cancelled.

xxvj s. viij d. , que omnia erant locata sibi per predecessores huius respondentis.

Quibus responsionibus sic factis comparuit dominus Rogerus Palmer quem dominus iuramento onerauit de fideliter respondendo articulis sibi obijciendis . Ipseque iuratus respondit eisdem ut sequitur.[1]

Ad primum respondet et fatetur quod fuit familiaris cum Mergareta Byshope de eadem et in camera sua et in aula sua , et quod *fuit*[2] solus cum ea sola hora quinta post merediem die Sabbati ad septimanam proximo preteritam[3] in silua , vbi quidam White de Messyndyn et al[ij vid]erunt eos adinuicem , et quod ibidem referebat ipsi mulieri quod erat . . . . . suspecta , et quod tunc et ibidem attemptauit pudiciam[4] eiusdem . . . . . . terram prostituit mala intencione et animo carnaliter cognoscendi eandem . ac tandem visis hominibus predictis fugit ab eadem.

Dicit etiam quod abbas ibidem modernus fuit infamatus fuit[5] cum eadem Mergareta.

Ad secundum articulum respondet et fatetur articulum , et etiam quod nocte pecijt eandem domum ; et negat se vnquam carnaliter cognouisse eandem.

Deinde dominus Johannes Ottewell simili modo iuratus de fideliter detigendo reformanda infra monasterium dicit quod Johannes Artoys, famulus[6] monasterij et suus , apprehendit dominum Rogerum Palmer egredientem ex domo Thome Byshope de Messyndyn die dominica ante dies rogationum in media nocte , presentibus tunc ibidem cum prefato Johanne Artoys Johanne Garrett famulo[7] et Thoma Hodyndon Ac postea die eadem Sabbati ad septimanam iterum apprehensus erat cum eadem . Et[8] dicit quod habet claues adulterinos pro qualibet cera monasterij , ac etiam quod incedit nocturnis temporibus habitu laicali , et apprehensus erat noctu[9] predicta[10] in his doblett and a jerkyn with a swerde by his side , et quod ter [in se]p[t]i[m]ana tempore quadragesimali exijt monasterium tempore nocturno ut fertur.

Dicit insuper quod abbas excludit ipsum dominum Johannem Ottewell vicarium ab actibus capitalaribus monasterij , et a sigillacione locationum [fir]marum.

[fo. 78.]

Palmer . Dominus Johannes Wedon prior similiter iuratus dicit quod audiuit quod dominus Rogerus Palmer temporibus nocturnis

---

[1] For the articles see below, p. 26.
[2] Interlined above *erat apprehensus* cancelled.   [3] *in campo siluestri* cancelled.
[4] *Sic :* for *pudicitiam.*   [5] *Sic :* repeated.
[6] *s* cancelled : Artoys or Artes seems to have been steward of the house. See p. 22 above.
[7] *dom* cancelled.   [8] *qui* cancelled.
[9] *Sic :* for *nocte.*   [10] *habitu dobleto* cancelled.

exijt monasterium more laicali ad domum cuiusdam Byshope de
eadem et quod[1] vxor eiusdem Byshope est diffamate fame . Fatetur
etiam se audiuisse quod eadem mulier accessisse[2] ad consortium
abbatis eiusdem.

Palmer . Dominus Willelmus London eodem modo iuratus dicit
quod communis vox laborat contra dominum Rogerum Palmer
quod sit noctiuagus et captus exeundo domum Thome Bishope
circiter . . . . [horam] noctis circiter mensem preteritum , et quod
adinuicem visi fuerunt in silua iuxta monasterium predictum.

Dicit preterea quod statim postquam abbas modernus erat electus
vxor dicti Byshope accessit ad villam de Messendyn predicta et
ibidem cohabitauit.

Et confessus est quod exercet curam apud capellam de Lee[3]
cum dominus inhibuit ut amplius non exerceret eandem.

Palmer . Subinde antedictus dominus Rogerus Palmer confessus
est quod erat apprehensus iuxta domum antedicti Bishope circiter
mediam noctem . . . . . . eiusdem Byshope , et quod exijt
claustrum circiter horam decimam [ostiis] claustri adhuc apertis .
Confessus est etiam quod nocturnis [temporibus exiit] per ostia
ecclesie ad domum vxoris cuiusdam Poutrouse (domino Roberto[4]
presbitero seculari adtunc in dormitorio iacente huiusmodi ostia
aperi[ente]).

Qua confessione facta dominus iniunxit abbati ut secure custodiret
[dictum] dominum Rogerum in carcere nec dispensaret cum eodem
quousque idem reuerendus [pater] ipsum relaxauerit , nisi infirmitas
grauis expostulauerit vt in alio [modo] leuiori custodiatur.

Et subsequenter idem reuerendus pater eundem dominum
Johannem Fox abbatem propter culpam *et delictum alias per eum
apud acta confessatum ac*[5] negligentiam suam[6]   ab officio
suspendit ad beneplacitum eiusdem reuerendi patris.

Et decreuit vt dominus Willelmus[7] Ottewell vicarius esset vnus
ex conuentu et [interesset] in omnibus et singulis actis capitularibus
eiusdem monasterij sicut [canonicus] eiusdem et consilium suum
impertiret in . . . . . . et in . . . . canonicos et vtilitatem
illius monasterij , et quod ipse esset aliquo modo . . . . eijsdem.

Deinde iniunxit eidem abbati ut ab illo die non conueniret
. . . [dimis]sionem aut aliquod feodum sub sigilli suo aut sigillo
conuent[uali] monasterij absque speciali licentia eiusdem reuerendi
patris prius petita et ob[tenta].

Postea vero die et loco predictis dominus iniunxit dicto abbati
ut citra fe[stum] Michaelis proximum prouideret sufficientem

---

[1] *eisdem* cancelled.   [2] *Sic :* for *accessit.*
[3] The Lee, called in *V. E.* IV, 247, Lye et Brondes (i.e. Brownes in Aston Clinton).
See *V. C. H. Bucks* I, 346, 347.
[4] Surname blank.   [5] *pro* cancelled.
[6] Altered from *negligentias suas.*   [7] *Sic :* for *Johannes.*

[in]structorem grammatice . . . . grammaticam ibidem¹ sub pena
ca . . . . et . . . .

Iniunxit eciam sacriste ut ostia ecclesie in . . . . . non aperiantur
in aurora ante horam septimam , et post prandium claudantur
vsque [horam] vesperarum , ac finitis vesperis [ac] completorio
claudantur per totum [annum].

[fo. 78*d*.]

Admonuit etiam abbatem ut decetero nullus canonicus iaceat
extra dormitorium.

fo. 79.

Articuli contra dominum Rogerum Palmer canonicum de
Messyndyn.

Inprimis tibi obijcimus et articulamur quod nimiam familiari-
tatem cum Margareta Byshope vxore Thome Bishope de eadem
villa habuisti et cum eadem iam dudum infra parrochiam de
Messyndyn predicta solus cum illa sola deprehensus fuisti suspiciose.

Item quod consortium eiusdem mulieris sepius et iteratis vicibus
infra parrochiam predictam diuersis locis tam palam quam priuatim
frequentasti.

Contra abbatem . Inprimis tibi obijcimus et articulamur quod
tu de incontinentia cum [quadam] Mergareta Bushope vxore Thome
Bishope parrochie de Mes[syndyn] predicta per nonnullos annos
apud bonos at graues diffamatus [fuisti] et es in presenti.²

Item quod eandem Mergaretam antequam f[uerat nu]pta carnaliter
cognouisti postea carnaliter cognouisti ac per nonnullos annos
multum fa[miliaris] cum eadem fuisti.

[fo. 79*d*.]

4. Item quod lenocinium inter dominum Rogerum Palmer
canonicum tuum et dictam mulierem fouisti et foues in presenti
vt sic tua mala vita [minime] appareat.

Item quod tu misisti pro ea a Wicombe magna ut propius *et
iuxta* te m[aneret].

Item quod tu ex bonis monasterij foues eandem mulierem ad
magnum dampnum monasterij pariter et preiudicium , ac iuxta
idem monasterium tuo consilio manet et inhabitat.

Item quod de et super premissis in parrochia de Messinden
predicta et alijs locis vicinis laborarunt et laborant publica vox
et fama.

¹ *cont* cancelled.
² It would seem from the numerals 4 and 9 below and from the abbot's answers,
p. 23 above, that this first article was put to the abbot in two parts, possibly (1) Did
he know this Margaret ? (2) Was the defamation a fact ?

Item quod [culpa et] negligentia tuis mulieres accedunt ad et in cepta[1] monasterij adeo quod f[ili]a sororis tue infra idem monasterium iam dudum fuit impregnata.

[fo. 80.]

9. Item quod boscum ex quo fuisti abbas ibidem ad valorem centum marcarum vendidisti , ac tua incuria et negligentia cenobium huiusmodi decrescit tam in terris et d[ominiis] quam in redditibus eiusdem.

10. Item quod tu locasti ad firmam famulo tuo Compton nomine plures et optimas firmas illius monasterij , et quicquid pecierit idem famulus ex bonis et fructibus monasterij predicti non denegatur ei , et articulamur[2] . . . .[3]

XLVIII

NEWNHAM PRIORY

L. fo. 39d.

Newenham monasterium

VISITACIO EXERCITA IN DOMO CAPITULARI IBIDEM VIJ[mo] DIE MENSIS MAIJ ANNO DOMINI M[mo] QUINGENTESIMO XXX[mo] PER VENERABILEM VIRUM MAGISTRUM JOHANNEM RAYNE CANCEL-LARIUM ETC.

Facto certificatorio per dominum priorem in scriptis sub sigillo officij sui comparuerunt omnes canonici quorum nomina sequuntur.

Dominus Johannes Ashwell prior[4]
Dominus Johannes Loughton subprior

---

[1] Sic : for septa.
[2] Sic : possibly this and the illegible word which follows should have been cancelled.
[3] Ff. 80d, 81 are blank.
[4] Sixteen canons appear in the pension-list after the dissolution (L. & P. Hen. VIII, XV, 3, no. 11). Of these John Blakester alias Northamton and Harry Kerke alias Amtyll can be recognised in the present list. John Burne, the prior, may be identified with Ashwell, who was still prior in 1535 (V. E. IV, 187). The date of his accession is not recorded (see V. C. H. Beds, I, 387, where Ashwell and Burne are treated as separate persons). The list contains, in addition to the prior and Northampton, the same number of Johns (Poley, called in another version Thomas, Smyth, Buntyng and Forest), of Roberts (Gayton and Ray), one Eustace (Brewster), one William (Ward), one Richard (Gyie), one Simon (Leycester), one Henry (Walles or Walys) in addition to Ampthyll, but only one Thomas (Sterenger). Either Thomas Bydenham or Goldington has disappeared, and Gilbert Courtman takes his place. The place-surnames given here are all from Bedfordshire and neighbouring counties. From Bedfordshire are Biggleswade, Flitton, Biddenham, Dunstable, Goldington and Ampthill ; from Buckinghamshire Loughton and Olney ; from Hertfordshire, Ashwell and Baldock ; from Northamptonshire Desborough, Raunds and Northampton ; from Cambridgeshire Cambridge. Salpho is uncertain, but the name is indistinctly written, and is possibly ' Southo ', i.e. Southoe, Hunts, more likely than Silsoe (Syvelesho), Beds.

Dominus Johannes Bykleswade
Dominus Robertus Flytton sacrista
Dominus Eustachius Olney
Dominus Robertus Cambrydge
Dominus Willelmus Bydenham
Dominus Ricardus Salpho[1] celerarius
Dominus Simon Desborowe
Dominus Johannes Dunstaple
Dominus Henricus Rawnys
Dominus Thomas Bydenham
Dominus Johannes Northampton precentor
Dominus Thomas Goldington
Dominus Johannes Baldocke
Dominus Henricus Hampthyll

Deinde dominus cancellarius iudicialiter sedens articulos visitacionis publice declarauit [et] visitacionem suam inchoauit et *canonicos* examinauit vt sequitur.

[Prior.] Dicit omnia bene.
[Subprior. Dicit] omnia bene.
[. . . Dicit][2] omnia sunt perfecta.
[. . . Dicit] omnia sunt in bono statu.
[. . . Dicit] omnia prospere valent.

. . . . Dicit omnia bene / preterquam quod carent junioribus canonicis in ista domo.

[. . . . Dicit] omnia bene.

[fo. 40.]

Dunstaple Johannes . Dicit omnia bene.
Rawnys . Dicit omnia bene.
Goldyngton . Dicit omnia bene.
Byddenham . Dicit omnia bene.
Northampton . Dicit omnia bene.
Baldok . Dicit omnia bene.
Amptyll . Dicit omnia bene.

Qua quidem examinacione facta dominus cancellarius [continuauit visitacionem usque in] x^{mum} diem Maij , [quo die] iudicialiter sedens visitacionem suam [dissoluit ac] ipsos omnes in pace et caritate dimisit , [exhortatus eos] ad caritatem et perfectam religionis obseruanciam.[3]

---

[1] Uncertain. ? *Southo.*
[2] If the first two answers are those of the prior and subprior, the answers of two canons are omitted.
[3] Fo. 40*d* is blank.

XLIX

NEWSTEAD-BY-STAMFORD PRIORY

L. fo. 11*d*.

Newsted iuxta Stamford prioratus

Visitacio exercita in domo capitulari ibidem die Sabbati xx^mo die Maij anno Domini millesimo ccccc^mo xxv^to per magistrum Johannem Reyne domini Johannis episcopi Lincolniensis cancellarium.

Exhibito certificatorio in scriptis sub sigillo prioris conparuerunt hij subscripti.

Dominus Thomas Halam prior[1]
Dominus Edwardus Merston
Dominus Phillippus Gawdeby
Dominus Robertus Cokerell

Prior . Nichil detegit reformandum.

Merston . Nichil detegit reformandum.

Gawdeby . Omnia bene.

Cokerell . Omnia bene.

Qua quidem examinacione facta , quia dominus visitator nichil comperit reformandum , visitacionem igitur suam huiusmodi ibidem dissoluit et ipsos omnes in pace dimisit.

L

NOCTON PARK PRIORY

L. fo. 4.

Nokton

Visitacio exercita ibidem in domo capitulari xj^mo die Maij anno Domini m^mo ccccc^mo xxv^to per magistrum Johannem Reyne cancellarium domini Johannis episcopi Lincolniensis.

Facto certificatorio in scriptis et verbo Dei proposito , comparuerunt hij sequentes.

Dominus Johannes Fiskerton
Dominus Jacobus Butterwik
Thomas Lincoln

[1] Halam, as prior, signed the acknowledgement of the royal supremacy, 20 or 21 July 1534, with Philip Galand (? Gawdeby) and two others (*L. & P. Hen. VIII*, VII, 393, no. 1024.20). Richard Lynne was prior in 1535 (*V.E.* IV, 109). See *V.C.H. Linc.* II, 177.

Edward Nettilham

Thomas Bardeney

Dominus Ricardus Hantwourth prior ibidem.[1]

Prior dicit quod solebant esse ibidem aliquando duo , aliquando tres canonici et aliquando iiij et non plures ante ingressum suum. /

Fiskarton . Dominus Edwardus Nettiham[2] est mente captus et perturbat fratres suos /

Lincoln . Dominus Edwardus Nettilham fuit mente captus . Non est pacificus neque quietus inter fratres ; non surgit ad matutinas vt deberet /

Butterwik . Dominus Nettilham non est corrigibilis per fratres suos seniores.

Nettilham . Omnia bene.

Bardeney . Omnia bene.

Qua quidem examinacione sic facta et premissa quadam salubri exhortacione per dominum visitatorem omnibus canonicis , et presertim Edd' Nettilham et Thome Bardeney , dominus visitacionem suam ibidem dissoluit . Et dominis Edd' et Thome iniunxit quod quotidie missam deuote audiet[3] genuflectendo et deo deuote orando.[4]

LI

NORTHAMPTON, ST. JAMES' ABBEY

L. fo. 119

fo. 119.[5]

Monasterium sancti Jacobi Northamptonie

Visitacio exercita in domo capitulari ibidem vij^{mo} die Septembris anno Domini m^{mo} ccccc^{mo} xxx^{mo} per cancellarium.

Exhibito certificatorio per abbatem in scriptis sub sigillo suo officiali et illo per visitatorem recepto ac omnibus canonicis subscriptis ibidem nomine preconisatis et comparentibus prout notatur super eorum capita dominus visitator articulos visitacionis sue ibidem exposuit ac exhortacionem salubrem eisdem fecit.

---

[1] Thomas Hornell was prior at the dissolution (*L. & P. Hen. VIII*, XIII (1), 574). Robert Hanworth is said to have been prior in 1522 (*V. C. H. Linc.* II, 177, which gives the date of Hornell's accession as 1532); but ' Robert,' may be an error for ' Richard ' Hantwourth (i.e. Hanworth), prior at this visitation, who may certainly be identified with Richard, prior in 1529 (see *L. & P. Hen. VIII*, IV (iii), 2698, no, 6047). All the canons bore Lincolnshire names which, with the exception of Butterwick, are those of places within a few miles, Hanworth being no doubt the neighbouring village of Potter Hanworth.

[2] *Sic :* for *Nettilham*.   [3] *Sic :* for *audient*.   [4] Fo. 4d is blank.

[5] Fol. 118d is blank.

Dominus Henricus Cokes abbas[1]
Dominus Thomas Edward prior
Dominus Thomas Wytlesey subprior
Dominus Johannes Dessett senescallus
Dominus Ricardus Caley sacerdos
Dominus Ricardus Kylnar sacerdos
Dominus Willelmus Brokden
Robertus Lambe
Robertus Sher . . . .
[Johannes] Cotton
Willelmus Mylner

Deinde dominus processit ad examinacionem dictorum canonicorum qui singillatim examinati detegerunt vt sequitur.

Abbas . Dicit omnia bene.

Wytlesey . Dominus Ricardus Caley et Ricardus Kylnar
. . . . celebracionem diuinorum nec surgunt [ad matutinas] .
Dominus punibit eosdem.

Solebant plures fuisse . . . . mon' quindecim
canonici . . . . .

Dominus abbas habet frequenter in . . . . . . consortio . . . .
secum in mensa sedentes . . . . . .

Edward . Dicit quod domini Ricardus Caley [et] Ricardus
[Kylnar] . . aliq[uando] . . . matutinas nec sunt nimis diligentes
circa diuina.

Canonici ludunt pro pecunia ad tabulas et aliquan[do] . . . . .
verbis Dominus iniunxit quod decetero non ludent pro [pecunia]
sub pena[2] silencij, et quod non exeant[3] loca claustralia per quatuor
dies.

Johanna Bodyngton frequentat consortium abbatis . . . . . .
alibi et diffamatur monasterium de accessu eiusdem.[4]

[fo. 119d.]

Caley . Dicit canonici licet sedeant singulis diebus in refectorio
non sedent tamen bini et bini sed omnes simul sedent . Dominus
iniunxit quod decetero sedeant bini et bini ibidem more religiosorum
sub pena contemptus cum silentio et leccionibus.

[1] Only six canons are named in the pension list after the dissolution (*L. & P. Hen.* VIII, XIV (i), 597), viz. Brockden, then abbot, Edwardes, Kylner, Lambe, Cotton and Caley or Calley, all in this list. Cokes (Cockes) died in 1532, when royal assent to the election of John Dasset (Dessett in this list) was given on 8 June (*ibid.* V, 508, g. 1139.23). Dasset died 13 July, 1536 (*ibid.* XI, 41, no. 87). He was succeeded by Brockden, who, in a letter written 20 Jan., 1536–37, styles himself " master of St. James ", but is still called abbot elect on 9 July, 1537 (*ibid.* XII (i), 73, no. 168).
[2] *Suspen* cancelled.   [3] . . . . *dies* cancelled.
[4] *Nota* mark in margin.

Officia non distribuuntur singulis canonicis , sed aliquis vnus videlicet senescallus plura habet[1] officia videlicet celerarij, coquinarij etcetera.

Abbas non facit compotum . Dominus iniunxit eidem abbati sub pena suspensionis ab officio ut faciat compotum fidelem singulis annis, et quod declaretur compotus plene coram fratribus suis.

Brokden . Dicit silencium non seruari omnino in claustro sed . . . . non . . . .

Qua examinacione sic facta dominus cancellarius iniunxit dominis Caley et Kylnar quod ipsi surgerent singulis noctibus ad matutinas . Alioquin quod ipsi non surgentes jeiunabunt die sequenti pane et potu, et quod ipsorum quilibet perderet iiij d. de stipendio suo pro qualibet vice qua sic absens fuerit a matutinis sine causa rationabili.

Item dominus iniunxit quod nullus canonicus habeat puerum secum iacentem in dormitorio sub pena excommunicacionis.

Item quod abbas non haberet ad mensam suam mulieres aliquas sedentes[2] nisi extraneas generosas et alias mulieres honestas illic omnino ex causis [iu]stis et honestis aduenientes.

Item *iniunxit domino abbati sub pena excommunicacionis* quod Johanna Bodington lotrix monasterij deinceps non introibit illud monasterium[3] quoquo modo [post]quam compotum linthiaminum iam in sua custodia existentium reddiderit infra quatuor dies.

Item quod abbas fauet[4] reparaciones edificiorum monasterio pertinencium iuxta facultates suas.

Item quod ipse quamcicius poterit augmentabit numerum canonicorum illius monasterij, tres ad minus recipiendo.

Et hijs iniunccionibus factis dominus visitacionem suam ibidem dissoluit.[5]

LII
NORTHAMPTON, ST. JOHN'S HOSPITAL

1.　A. fo. 126

2.　L. fo. 123

fo. 126.

Norhampton hospitale sancti Johannis

VISITACIO EXERCITA IBIDEM DIE MERCURIJ XIIJ^{mo} JUNIJ ANNO 1520mo IN DOMO CAPITULARI IBIDEM PER MAGISTRUM RICARDUM ROSTON DECRETORUM DOCTOREM ETC. VICARIUM IN SPIRITUALI- BUS GENERALEM ASSISTENTE SIBI MAGISTRO JOHANNE BURGES

---

[1] *ben'* cancelled.　　　　　[2] . . . . . . *frequencia* cancelled.
[3] *nec frequentabit abbatem* cancelled.　　[4] *Sic* : for *foueat*.
[5] Ff. 120, 120d are blank.

DOMINI WILLELMI LINCOLNIENSIS EPISCOPI CAPELLANO IN LEGIBUS BACALLARIO.

Nomina fratrum

Magister Willelmus Atkynson magister hospitalis[1]
Dominus Johannes Calcote
Dominus Johannes Chadoke
Dominus Johannes Nycols
Dominus Thomas Stafford

Iidem habent

Ecclesiam de Piddington annui valoris x li.

Ecclesiam de Slypton annui valoris x s.

} et in terris et tenementis ac redditibus circiter lv li.[2]

Exhibito primitus per dictum magistrum hospitalis titulo incumbencie sue sub sigillo domini episcopi Lincolniensis moderni, idem magister illius hospitalis fundacionem eiusdem hospitalis exhibuit sub tenore sequenti[3] : Vniuersis sancte matris ecclesie filijs presentibus et futuris Willelmus archidiaconus Northamptoniensis salutem in domino . Sciatis me dedisse et presenti carta mea confirmasse Deo et beate Marie et beatis Johanni Baptiste et Johanni Euangeliste ac fratri Wymundo de hospitali beate Marie Magdalene capellano meo in liberam, puram et perpetuam elemosinam hospicium meum in Northamptonia cum tota area sibi pertinenti et redditum quinque solidorum de dono Ordineri Tyard ad construendum et fundandum hospitalem domum in receptionem et recreationem pauperum infirmorum ac orphanorum (perpetuo languidis et leprosis exceptis) eundemque Wymundum hospitalis mei predicti et confratrum suorum temporibus futuris sibi adherentium magistrum constituo et custodem, sibi ac successoribus suis similiter iniungendo quatinus infirmis pauperibus ibidem confluentibus humanitatis solacia impendant diligenter, pro me et parentibus meis ac benefactoribus suis et omnibus fidelibus viuis ac defunctis assidue exorent , michi dum vixero et post obitum meum domino Lincolniensi episcopo et suis successoribus tanquam predicti hospitalis vero et perpetuo patrono humiliter obediendo intendant . Valete . Et sigillatur sigillo adhuc integro existente.

Exhibuit idem magister librum statutorum ordinatorum, pro *vij* pauperibus ibidem exhibendis / aceciam bullam Nicholai pape

[1] Master 1514–1524 (*V.C.H. Northants II*, 159).

[2] Neither of these churches was appropriated to the hospital.   *V.E.* IV, 317, records a portion of £8 a year in Piddington and a pension of 20s. from Slipton, which appears to be the sum named here as 10s., with a pension of 40s. from the church of Helinden (*i,e,* Helmdon in Brackley deanery).

[3] No foundation charter is otherwise known : the account in *V.C.H. Northants* II, 156, leaves the facts of foundation in doubt. William, archdeacon of Northampton, may certainly be identified with William of St. Clare, archdeacon c. 1144–1168 (Le Neve II, 55).

tercij¹ super non exhibitione decimarum de noualibus et nutrimentis animallium suorum . Et sustentantur ibidem octo pauperes satis honeste² iuxta fundacionem eiusdem.

Dominus Thomas Stafford consocius ibidem non est diligens omnino in choro temporibus diuinorum, sed aliquando absentat se a choro et aliunde pro suo libito occupatur . Ipse dominus Thomas est senescallus et versatur in negocijs collegij / Dominus iniunxit quod deinceps quantum poterit faciat presenciam suam in choro / et quod expediat alia negocia quantum poterit alijs temporibus.

Non redditur ibidem annuatim computus³ , sed tamen omnes socij domus dicunt magistrum ibidem satis bene, vtiliter et prudenter gerere negocia illius monasterij⁴ / Nec unquam nouit aliquis ipsorum illud hospitale melius ordinatum siue gubernatum quam iam est / Dominus vicarius generalis voluit quod *socij*⁵ collegij per redditionem computus reddantur certiores de statu domus.

Socij hospitalis sunt crucesignati⁶ et ita in singulis suis vestibus exterioribus habent cruces superpositas Et dominus vicarius generalis iniunxit quod cruces ille sint affixe in locis patentibus nec cooperiantur capucio seu aliquo alio.

[fo. 126*d*]

Sunt in ipso collegio quatuor cantarie et obseruantur, vt dicit magister ; et omnes socij ita dicunt.⁷

Copia ordinationum factarum pro infirmis deberet semper pendere in aliquo loco patenti in infirmario hoc tamen nunc non obseruatur / Magister tamen ibidem dixit quod tabula super quam huiusmodi copia pendebat dudum erat fracta et quod quamcito commode poterit huiusmodi copiam ibidem rursus preficeret citra festum advincula sancti Petri /

Olim fuerunt ibidem magister et quinque fratres ; attamen⁸ ex fundacione non tenentur ad aliquem numerum nec vsum est a multis annis plures quam quatuor esse ibidem socij.

¹ Letters of Nicholas III (1277–1280), dated 9 Sept. 1278, warned the collectors of the tenth for the Holy Land not to suffer the master and brethren to be molested with regard to exemptions from the tenth. Similar letters were issued in favour of the hospitals at Brackley and at Ospringe in Kent (*C.P.L.* I, 455).
² *iuxf* cancelled.   ³ *nec* cancelled.   ⁴ *Sic.*
⁵ Interlined above *certiores* cancelled.
⁶ Ordinances issued by bishop Bokyngham prescribed a habit of one colour marked with a black cross (*V.C.H. Northants* II, 157). The cross was no doubt worn on the shoulder of the mantle.
⁷ One of these chantries was founded in 1329–30 by William Horkesle and Emma his wife (*C.P.R.* 1327–1330, p. 493), for whom a chantry came into existence in 1339 (*V.C.H. Northants* II, 157). In 1340 another was founded for John ' Dug-lington ' (*ibid.*). This was no doubt the chantry of John Dadlington mentioned below. The date of the foundation of the Tolouse chantry, also mentioned here, does not appear. For other alienations in mortmain to the hospital see *C.P.R.* 1292–1301, p. 403, and 1334–1338, p. 497, both referring to land in Piddington.
⁸ *ex* continuing *attamen* cancelled.

Quilibet socius ibidem habet annuatim xl s. pro camera et vestibus / ex statutis enim deberet quilibet socius habere xxvj s. viij. d. eisdem per manus alicuius fratrum ministratos . Jam habet quilibet socius xl s. per annum et contentatur magister bene quod soluantur per manus alicuius fratrum.

Est eciam ordinatum quod singulis annis quando ordinaciones cantarie Johannis Dadlington leguntur expresse specificetur quod ipsi magister et socij tenentur singulis diebus ad vnam cantariam cum nota pro anima Willelmi Tolouse / que cantaria pro anima Willelmi Tolouse quotidie obseruatur , tamen non legitur ita expresse annuatim in capitulo . Dominus iniunxit quod hec obseruacio deinceps obseruetur et magister collegij ita se facturum promisit.

Sunt in ipso collegio annuatim xxvj persone sustentate sumptibus illius collegij.

Et deinde xv^{mo} die eiusdem mensis dominus vicarius generalis in domo capitulari ibidem iudicialiter sedens presentibus magistro et omnibus socijs suam huiusmodi visitacionem dissoluit.

fo. 123.

2

Hospitale sancti Johannis Northampton

VISITACIO EXERCITA IN DOMO CAPITULARI IBIDEM DIE MARTIS VJ^{to} SEPTEMBRIS ANNO DOMINI MILLESIMO QUINGENTESIMO XXX^{mo} PER DOMINUM CANCELLARIUM.

Magister Johannes Arras magister illius hospitalis exhibuit litteras monitorias et certificauit viua voce executionem earundem . Deinde comparuerunt confratres subscrip[ti].

Dominus Johannes Calton confrater sacerdos[1]
Dominus Johannes Nicols sacerdos confrater[2]
Thomas Croft confrater clericus
Dominus Johannes Atkynson . . . .
Edmundus Curtasse confrater
Dominus Thomas Witlesey conductiuus

Deinde expositis articulis visitacionis dominus visitator processit ad examinacionem faciendam ; qui examinati detegerunt vt sequitur.

Arras . Dicit omnia bene.

Calton . Dicit quod stabulum hospitalis vnum paruum est collapsum [ad terram et tenementum quoddam monasterio sancti Andree pertinens in villa Northamptonie cecidit et secum traxit quamdam domum pertinentem huic hospitali contiguam.

[1] Called Calcote, p. 33 above.
[2] Nicols appeared at the 1520 visitation. The four remaining names and that of the master are new. Arras, the date of whose appointment is not known, resigned in this same year (V.C.H. Northants II, 159).

Edmundus[1] Curtasse clericus . . . . est . . . . . . disobediens et[2] [recusat] recedere . . . . . . ab hospitali.

Niccols[3] Dicit omnia bene.
Atkinson Dicit omnia bene.
Curtasse Dicit omnia bene.
Croft . Dicit omnia bene.

[fo. 123*d*.]

Deinde dominus iniunxit magistro et socijs vt fiant reparaciones tam [in] ecclesia quam in domibus et alijs tenementis eidem hospitali pertinentibus necessarie iuxta facultates eiusdem quamcito fieri poter[unt].

Quibus sic gestis dominus huiusmodi visitacionem dissoluit.

LIII

NUNCOTON PRIORY

1. A. fo. 54

2. L. fo. 14

Nuncottome

fo. 54 l.

VISITACIO EXERCITA IN DOMO CAPITULARI IBIDEM DIE SABBAT XXIIJ^{cto} JULIJ ANNO DOMINI MILLESIMO QUINGENTESIMO XIX^{no} PER DOMINUM WILLELMUM ATWATER EPISCOPUM LINCOLNIENSEM PERSONALITER.

Prouideatur quod cum consanguinei , affines seu alij quicunque extranei ad aliquas moniales illius domus quacunque de causa aduenerint , moniales ille nec loquantur neque bibant cum eisdem nisi in aliquo publico loco per priorissam ad hoc deputando et in presencia aliarum monialium.

2

Nuncotton prioratus

fo. 14.

VISITACIO EXERCITA IN DOMO CAPITULARI IBIDEM XXVJ^{to} JUNIJ ANNO 1525to / PER MAGISTRUM JOHANNEM REYNE REUERENDI DOMINI JOHANNIS EPISCOPI LINCOLNIENSIS CANCELLARIUM.

Exhibito primitus per priorissam certificatorio in scriptis sub sigillo officij sui , comparuerunt iste inferius nominate moniales.

---

[1] *S* . . . . cancelled. [2] A word cancelled. [3] *Croft* cancelled in margin.

. Domina Johanna Thomson priorissa.[1]
. Domina Mergareta Jonson subpriorissa.
. Domina Elianora Helyard.
. Domina Isabella Higdon.
. Domina Alicia Fiddyll celeraria.
. Domina Mergareta Kelke.
. Domina Alicia Colman sacrista.
. Domina Johanna Browyng precentrix.
. Domina Dorothea Buck.
. Domina Alicia Robynson.
. Domina Margareta Thomson.
. Domina Elisabeth Skypwith.
. Domina Mergareta Osteby.

Priorissa nichil detegit reformandum / Attamen dominus visitator, fide occulata prospiciens plures[2] operarios in claustro pro nouo claustro *ibidem* edificando laborare , firmiter iniunxit priorisse et subpriorisse ac omnibus monialibus quod nullo modo admittatur aliquis secularis ad loquendum cum aliqua moniali nisi in presentia ij aut trium monialium , et nullo modo aliquis extraneus ingrediatur cameram alicuius monialis nisi . . . . et tunc de licencia priorisse ac in presentia duorum[3] aut trium monialium / sub pena incarceracionis monialis delinquentis.

Jonson subpriorissa . Silencium non seruatur ita profunde vt deberet / Dominus iniunxit omnibus monialibus quod ipse deinceps silentium in locis debitis obseruent / iuxta regulam religionis.

Hilyard . Omnia bene ait /
Higdon . Omnia bene esse inquit /
Fyddyll . Asserit cuncta fortune regnare.[4]
Kelk . Satis prospere singula peraguntur /
Colman . In cenobio recte peraguntur queque /
Browyng . Vt decet optime omnia fiunt.
Buck . Tractantur vniuersa honeste negocia /
Robynson . Singula sane subsistere sperat /
Thomson . Mali in monasterio nichil nouit.
Skypwith . Nill reperit reformacione dignum.
Osteby . Singula bene se habere affirmat.

---

[1] Joan Tompson was still prioress at the dissolution. The date of her appointment is not recorded, and the list of prioresses (see *V.C.H. Linc.* II, 153) is very deficient. The pension-list contains thirteen other names, one more than in the present list. Of these Alice Colman, Eleanor Heliarde, Elizabeth Skypwithe, Alice Fedell, Joan Bruane, Dorothy Bucke, Alice Robynson, Margaret Tanson or Thompson and Margaret Hostybye remained from this date, Jonson, Higdon and Kelke have disappeared and there are four new names (*L. & P. Hen. VIII*, XIV (i), 563, no. 1280).

[2] *operar* cancelled.   [3] *Sic :* for *duarum.*

[4] *Sic.* An odd phrase : possibly *fortunate regi* was meant. The registrar on this occasion excelled himself in achieving variations on the simple *Omnia bene.*

Qua quidem *examinacione*[1] sic facta ac premissis iniunctionibus precedentibus , dominus visitationem suam ibidem dissoluit ac omnes moniales ibidem in pace dimisit.

LIV

NUTLEY ABBEY

A. fo. 44

fo. 44.   **Notteley**

VISITATIO EXERCITA IBIDEM IN DOMO CAPITULARI XIIIJ^{mo} MAII ANNO 1519mo PER DOMINUM W. ATWATER EPISCOPUM LINCOLNIENSEM PERSONALITER.

Ecclesia de Crendon cum capellis de }
   Winchendon et Charesey[2]
Chilton ecclesia cum capella de Burton
Ecclesia de Assendon   Buckinghamie
Ecclesia de Risborow principis   archidiaconatus.
Ecclesia de Hillesdon
Ecclesia de Chitwod vnita monasterio
Ecclesia de Cauersham cum capella ibidem } Oxon.
Ecclesia de Stoke Lyle
Prouideatur infirmaria pro infirmis.

Dominus abbas[3] non patifacit[4] statum domus fratribus suis neque reddit annuatim computum . Seniores non sunt scioli de statu.

Dominus abbas committit plura officia alicui vni eciam juueni spretis senioribus . Dominus Willelmus Hanfeld habet officia subprioris et coquinarii et deseruit apud Cherdesley[5] / Dominus abbas adheret nimium eius consilio omissis senioribus.

Prouideatur de instructore in grammatica pro canonicis.[6]

[1] Interlined above *iniunctione* cancelled.
[2] The churches in Buckingham archdeaconry are Long Crendon with Nether Winchendon and Chearsley, Chilton with Dorton (not as here Burton) and Ashendon in Waddesdon deanery, Princes Risborough in Wendover deanery, Hillesdon and Chetwode in Buckingham deanery. Barton Hartshorn, also in Buckingham deanery, is omitted, and may have been responsible for the confusion of Dorton with ' Burton '. Chetwode priory, to which the church of Barton was appropriated, had been united to Nutley in 1461, the letters patent granting it to Nutley bearing date 10 July in that year (*C.P.R.* 1461–1467, p. 137). The churches in Oxford archdeaconry are Caversham in Henley deanery and Stoke Lyne (of which Lyle is the proper form) in Bicester deanery. In none of these except Stoke Lyne was there a vicarage. After the dissolution of the abbey several of these churches were given to Wolsey's foundation in Oxford, now Christ Church.
[3] The abbot at this date was John Marston, elected in 1513. He resigned in 1528 (*V.C.H. Bucks* I, 380).   [4] *Sic :* for *patefacit.*
[5] Chearsley : the parish adjoined Long Crendon, in which Nutley was situated.
[6] Fo. 44*d* is blank. On fo. 45 is a heading of the visitation of a nameless monastery, which, from the date, was probably Thornholme priory in Lincolnshire. It runs as follows : VISITATIO EXERCITA IBIDEM IN DOMO CAPITULARI PER DOMINUM WILLELMUM EPISCOPUM LINCOLNIENSEM XXVIIJ^{uo} DIE JULII ANNO DOMINI MILLESIMO QUINGENTESIMO XIX^{no}.

LV
OSENEY ABBEY
1. A. fo. 89
2. A. fo. 122.
2a. A. fo. 85

fo. 89.

VISITACIO MONASTERIJ BEATE MARIE DE OSSENEY ORDINIS SANCTI
AUGUSTINI EXERCITA IBIDEM IN DOMO CAPITULARI DIE SABBATI
X^mo DIE JUNIJ ANNO DOMINI M^oCCCCC^moXVIJ^mo ET ANNO
TRANSLACIONIS DOMINI WILLELMI ATWATER EPISCOPI LIN-
COLNIENSIS IIJ^cio / PER MAGISTRUM RICARDUM ROSTON
CANCELLARIUM.

Non est aliquis instructor in gramatica pro junioribus canonicis /
est[1] iniunctum est abbati quod prouideat de huiusmodi instruc-
cione.

Petitur quod deputentur aliqui canonici ad studendum in aliqua
facultate liberali in vniuersitate Oxonie.

Robertus *Curtasse*[2] et Willelmus Hall habent acquietancias sub
sigillo communi monasterij , sed propter quid ipsas habuerunt
acquietancias dubitatur ab aliquibus.

Dominus abbas habet secum in monasterio et apud manerium
suum de Weston[3] plures de consanguineis suis sibi ministrantes
quibus vltra modum debitum favet in magnum dispendium
monasterij vt creditur.

Inquiratur quales litteras Robertus Curtasse et Willelmus Hall
habuerunt sub sigillo communi.

Magister [*blank*] Babyngton miles habet vt dicitur[4] terras et
tenementa monasterij pro perpetuo sibi et assignatis suis ad
valenciam lx. li. annuatim quas habuit pro cc. li. monasterio
mutuatis.

Abbas accepit a refectorio xij salsaria argentea et ex eis fecit
ciphos in[5] Anglice goblettes , quas iam habet et occupat in aula
sua in detrimentum conuentus.[6]

2

Osseney

fo. 122.

VISITACIO EXERCITA IN DOMO CAPITULARI IBIDEM PER REUERENDUM
IN CHRISTO PATREM DOMINUM W. ATWATER DEI GRACIA
LINCOLNIENSEM EPISCOPUM PERSONALITER DIE MARTIS , VIIJ^uo
VIDELICET DIE MENSIS MAIJ , ANNO DOMINI MILLESIMO
QUINGENTESIMO XX^mo.

---

[1] *Sic : Ini* cancelled.　　　　[2] Interlined above *Stane* cancelled.
[3] Weston on the Green, 9 miles north of Oxford.
[4] *lx li* cancelled.　　　[5] *Sic.*　　　[6] Fo. 89d is blank.

In primis magister Ricardus Mabot in sacra theologia bacallarius[1] dicti reuerendi patris capellanus familiaris verbum Dei in sermone latino sub hoc themate Obedite prepositis vestris[2] publice ibidem proposuit.

Et deinde exhibito certificatorio in scriptis sigillato per dominum abbatem et illo publice perlecto per me notarium publicum de mandato dicti domini episcopi , ac omnibus canonicis illius monasterij nominatim preconisatis et illis omnibus comparentibus , dominis Nicholao Bryan qui vt dixerunt fratres stetit in cella ipsorum in Hibernia / et Willelmo Taunton , tunc infra dictum monasterium incarcerato , exceptis . / Ipse tamen Willelmus Taunton statim adductus fuit et comparuit coram domino . / Dominus episcopus quamdam exhortacionem saluberimam tunc ibidem eisdem partim latine partim vulgari eloquio fecit . D[3]

Nomina fratrum[4].

Dominus Willelmus Barton abbas
Dominus Johannes Grauntepond prior
Dominus Johannes Togull subprior
Dominus Ricardus Columbyne
Dominus Thomas Wale
Dominus Johannes Belgrave
Dominus Willelmus Pytt
Dominus Thomas Sadler
Dominus Ricardus Berford
Dominus Henricus Hopper
Dominus Johannes London
Dominus Johannes Eton
Dominus Johannes Stowe
Dominus Willelmus Taunton incarceratus
Dominus Johannes Loughborowe
Dominus Willelmus Oxford
Dominus Georgius Warham
Dominus Johannes Cudlington
Dominus Ricardus Boteley
Dominus Nicholaus Bryan est in Hibernia
      Nouicij
Frater Johannes Gloucetour.
Frater Ricardus Evesham
Frater Ricardus Brommesgrave
Frater Johannes Hedendon

---

[1] Richard Mabbot, prebendary of All Saints Thorngate in Lincoln 29 July 1520–1530 (*Lincoln Chapter Acts* 1520–1536, pp. 130, 131). See *Reg. Univ. Oxon* (Oxf. Hist. Soc.) I, 65, 66.
[2] Heb. xiii, 17.   [3] *Sic :* left uncancelled.
[4] Barton, elected 1504–5, resigned in 1524. John Burton, his successor, was the last prior of St Frideswide's, Oxford, and Barton's resignation may have been forced to make room for his translation to Oseney.

Frater Thomas Latton.
Frater Robertus Holywell

Appropriationes[1]

Iidem habent ecclesias ⎫ videlicet de
eisdem appropriatas ⎭

Weston	Vicaria de Hok	Cudlington vicaria
Hampton Gay	Norton	Cowley
Barton magna	Burton	Marie Magdalene
Waterpery	Watlington	Oxon.[2]
Sancti Thome Oxon.	Cleydon	Forsthyll
Stowe /	Stone	
Hooke Norton	Cuddlington ecclesia	

Valo[3] terrarum . Iidem habent in terris tenementis et redditibus ad summam annuam circiter[4] vij^c xxx li.

Munimenta . Exhibuit dominus abbas appropriaciones ecclesiarum et vicariarum predictarum ac confirmaciones plurimorum episcoporum , ac eciam priuilegium papale pro mitra et baculo pastorali[5] / et pro collacione minorum ordinum confratribus suis , ac eciam pro vsu amisie nigre / exhibuit litteras[6] domini Johannis Chedwourth[7] . / Ac eciam exhibuit licenciam domini episcopi Lincolniensis pro capella ante januam illius monasterij edificanda pro diuinis officijs seruientibus et parochianis in confinio ibidem manentibus celebrandis et sacramentis ministrandis , ac eciam libros computorum de annis x^mo et xj^mo per auditorem factorum.

Dominus Johannes Stowe magister nouiciorum est nimis seuerus inter nouicios et alios fratres suos et facit rixas inter[8] abbatem et fratres.

Iidem[9] dominus Johannes protulit nonulla verba contumeliosa aduersus dominum episcopum Lincolniensem et officiales suos , dicendo in Anglicis that he caryd not a torde for ther malice.

[1] The churches mentioned in the archdeaconry of Oxford are those of St Mary Magdalene and St Thomas in Oxford ; Watlington in Aston deanery ; Weston on the Green and Hampton Gay in Bicester ; Hook Norton in Chipping Norton ; Waterperry, Cowley and Forest Hill in Cuddesdon ; Black Bourton in Witney ; Steeple Barton and Kidlington in Woodstock. Those in the archdeaconry of Buckingham are Steeple Claydon and Stowe in Buckingham deanery ; Stone in Wendover. There were no vicarages in St Thomas', Oxford, Hampton Gay, Cowley and Forest Hill ; at Hook Norton and Kidlington the vicarages were merged in the rectories. In this and in similar lists names of appropriated churches outside the diocese are not given, as the bishop's ordinary jurisdiction did not extend to them.
[2] *Cestreton in Henmershe* cancelled. There is no church of Chesterton in Henmarsh, the tract of land on the borders of Gloucestershire and Oxfordshire from which Moreton-in-the-Marsh takes its name. Probably Chastleton, a church in the gift of, but not appropriated to Oseney, was meant.
[3] *Sic.*   [4] *ec* cancelled.
[5] The privilege was granted by Sixtus IV in 1481 (*V.C.H. Oxon* II, 91–92).
[6] *apostolicas* cancelled.   [7] Bishop of Lincoln 1452–1471.
[8] *m et* cancelled.   [9] *Sic.*

Et deinde dictus reuerendus pater die predicto in domo capitulari ibidem antedicta iudicialiter sedens . presentibus ibidem domino abbate et conuentu predicto ad minus xxij de canonicis predictis , ffacta eisdem exhortacione quadam saluberima visitacionem suam in dicto monasterio inchoatam et pendentem[1] vsque et in diem Sabbati primum diem Decembris proxime iam sequentem et dictam domum capitularem et quemlibet diem iuridicum citra in loco predicto . Et monuit eosdem omnes de capitulo predicto , eciam dominum abbatem , ad comparendum coram eo aut commissario suo dicto die Sabbati in domo capitulari predicta visitacionem huiusmodi subituros et vlterius in eadem procedi visuros , presentibus magistro Johanne London legum doctore et me Edwardo Watson.[2]

Fo. 122d.

Die et loco retroscriptis coram domino episcopo adhuc iudicialiter ibidem sedente post huiusmodi visitacionis continuacionem genuflectendo dominus Willelmus Taunton qui alias fuit per dominum abbatem ibidem incarceratus[3] et pecijt quatinus dominus episcopus secum misericordiam perageret et ipsum a carceribus liberaret / dicendo quod ipse infirmatur et vestibus caret necessarijs/ nec necessaria habuit esculenta . / Vnde dominus voluit et dixit quod ipse pendente sua visitacione a carceribus huiusmodi liberaretur et quod per idem tempus necessaria tam in vestibus quam esculentis et poculentis ab ipso monasterio haberet , ac quod eciam per idem tempus ipse Willelmus Taunton religiose ibidem persisteret onera sibi ibidem in choro capitulo et alibi pro posse suo peragendo et religiose supportando , presentibus ibidem domino abbate , xxij canonicis predictis , domino doctore London et me Edwardo Watson.[4]

2a
[Oseney][5]
[fo. 85.]

Dominus Johannes Grauntepound prior dicit quod ipse credit quod abbas obedierat domino episcopo Lincolniensi . Dicit eciam quod abbas annuatim computat et illum computum potest patefacere fratribus suis : non tamen fatetur quod ita fecit abbas . Dicit eciam quod abbas vendidit boscum et emit boscum / Dicit quod non habet conuentus inuentarium jocalium monasterij . Dicit quod nescit an abbas concessit xxtl marcas annuas priori sancti Johannis[6] : neque scit aut[7] aliquas pecunias propterea recepit , nec vult aliquid ad hoc dicere . Dicit quod scit in villa Oxonie domus et edificia

[1] continuauit omitted.
[2] Watson's parafe between Christian name and surname.
[3] comparuit omitted.
[4] Watson's customary parafe as before.
[5] This fragment appears to belong to the visitation of 1519.
[6] I.e. the prior of St John of Jerusalem.　　　　[7] Sic : for an.

pertinencia monasterio in quibus non sunt aliqui commorantes tenentes , nec haberi poterint[1] tenentes.

Dominus Johannes Trickyll interrogatus que nouerit corrigenda , dicit quod dominus abbas respondebit / Dicit eciam quod Taunton fuit aliqualiter eleuatus mente contra dominum abbatem , vnde dominus abbas ipsum aliqualiter correxit et tandem ipsum in Hiberniam[2] destinauit ; qui reuersus per aliam viam Londonijs se transtulit.

Dominus Ricardus Columbine dicit quod frater nomine Taunton fuit in domo capitulari ibidem per dominum abbatem propter contumaciam excommunicatus , videlicet postquam transsiuerat Londonijs ad dominum episcopum Lincolniensem , eo quod ante iuit ad Burton[3] et alia loca contra assensum abbatis / Dicit eciam quod quidam juuenes canonici non sunt obedientes abbati . Dicit quod monasterium tempore introitus moderni abbatis fuit indebitatum in viij[l] li.

Dominus Thomas Saddeler tercius prior dicit quod tempore introitus abbatis moderni fuit indebitatum in ccccc li . Taunton noluit surgere ad matutinas vix semel in mense . Pluries fuit correctus , noluit se emendare / est omnino necligens . Walterus Box comminatus fuit huic deponenti cum gestro euaginato et ita pluries fecit . Est eciam omnino irreligiosus / pluries induebatur armis inuasiuis / est communis[4] suscitator rixe et iurgiorum inter confratres et abbatem / est omnino litigiosus.

[fo. 85d.]

Dominus Henricus Hopper dicit quod est obediens abbati et . . . . .[5] domini episcopi non obediens[6] domino episcopo / Postea se ipsum correxit et fatebatur se obedientem domino episcopo.

Dominus Johannes London dicit quod per aduentum domini ad dictum monasterium et excommunicationem abbatis dishonestatur monasterium , et quod dominus episcopus iam non potest visitare , eo quod anno vltimo elapso visitauit / Dicit eciam quod dominus episcopus noluit permittere abbatem corrigere subditos suos eo quod (vt ipse eciam dixit) dominus episcopus induxit secum Taunton[7] . Dicit eciam quod ipse Taunton querit assistenciam a domino episcopo /[8]

---

[1] *Sic :* for *potuerunt.*
[2] For the Irish property of Oseney in co. Wexford see *Visit. of Relig. Houses* II, 263 *n.* As the church of Kildavin was habitually served by canons (*V.C.H. Oxon* II, 91) it is probable that Taunton was sent there.
[3] I.e. Black Bourton.   [4] *S* . . cancelled.
[5] The word looks like *orator,* but the sense is not clear.
[6] *abbati* cancelled.   [7] *dicit eciam* cancelled.   [8] Ff. 86, 86d are blank.

LVI

OWSTON ABBEY

1. A. fo. 141
2. L. fo. 19*d*

Oselveston

fo. 141.

VISITACIO EXERCITA IBIDEM IN DOMO CAPITULARI XVJ° JULIJ ANNO
DOMINI 1518mo PER MAGISTRUM THOMAM SWAYNE COMMIS-
SARIUM DOMINI LINCOLNIENSIS EPISCOPI.

Fiat iniunctio quod[1] canonici statim post completorium
ingrediantur dormitorium a potacionibus et garrulacione abstinendo /
et quod temporibus diuinorum postquam venerit hora et cessauerit
campana omnes insimul ingrediantur ecclesiam.

Item quod non fiant communicationes aut garrulaciones aliqualiter
in atrio prope claustrum vocato the parlure dore / ne ex hoc
perturbentur fratres claustrales.

Frater[2] dominus Johannes Pikwell prior[3] dicit ut supra quod
post completorium fiant[4] potaciones , et tempore diuinorum sunt
sompnilentes[5] in ecclesia.

Frater[6] dominus Willelmus Sutton dicit quod abbas reddit
compotum[7] citra festum sancti Michaelis.

Frater dominus Johannes Olueston receptor redditus conuentualis
dicit quod omnia sunt consona.

Frater dominus Robertus Bukmynster.

Frater dominus Thomas Leycestur.

Abbas et conuentus ibidem habent ecclesiam de Slawston ,
ecclesiam de Norton[8] et ecclesiam de Oselveston atque vicariam
de Oselveston sibi appropriatas , sic quod licet eis facere dicte
ecclesie de Oselveston deseruiri per capellanum ammotiuum
secularem vel regularem.

Sunt eciam ipsi patroni ecclesiarum de Borow / de Tikencote /
de Knossington / et de North Northon / et de Withcocke.[9]

---

[1] *monachi* cancelled.   [2] Written in margin.
[3] The abbot is not mentioned : at this date he was John Belton, who resigned
in 1520, John Pyckwell being then subprior (*L. & P. Hen. VIII*, III (i), 360, 375,
nos. 983, 1020).   The canons, with the possible exception of Sutton, all bore local
surnames.   Olveston = Owston.
[4] *Sic :* for *fiunt.*   [5] *Sic :* for *sompnolentes.*   [6] Written in margin.
[7] *inf* cancelled.
[8] Norton (King's Norton) by Galby.   All three churches are in the deanery of
Gartree.   There were vicarages in Norton and Slawston.
[9] Burrough-on-the-Hill and Withcote in Framland deanery ; Knossington in
Gartree ; Tickencote in Rutland deanery (archdeaconry of Northampton).   ' North
Northon ' is an error for North Witham in Beltisloe deanery (archdeaconry of
Lincoln).

Habent ijdem in ecclesia de North Northon pensionem xl s. , in ecclesia de Tykencote xxvj s. viij d. , in ecclesia de Withcok , in ecclesia de [Borow] xiijs. iiijd.[1]

2

[Oselue]ston

fo. 19d.

Visitatio exercita [in domo] capitulari ibidem die Jouis XXIIJ^cio Julij anno Domini m^occccc^mo XXVIIJ^uo per cancellarium.

Exposito verbo dei per magistrum[2] Cleyton vicarium de Buckmynster[3] et facto certificatorio per abbatem in scriptis sub sigillo officij sui , comparuerunt isti canonici hic subscripti.

. Dominus Johannes Slawston abbas[4]
. Dominus Robertus Buckmynster subprior
. Dominus Johannes Wolston
. Dominus Thomas Leicester sacerdos
. Dominus Robertus Vppingham precentor
. Dominus Willelmus Wolston pietantiarius
. Dominus Willelmus Tilton subsacrista
. Dominus Johannes Langam nouicius
. Dominus Robertus Burton nouicius
. Nicholaus Okeham nouicius

Istis istic personaliter constitutus[5] , dominus cancellarius visitator exposuit eisdem articulos visitationis , et deinde processit ad examinacionem eorundem vt sequitur.

Ipsi abbas et conuentus habent ecclesias parrochiales de Oselveston / Est Norton[6] et Slaweston.

Dominus abbas[7] . mulieres accedunt ad monasterium / Dominus iniunxit abbati quod amodo mulieres non ingrediantur loca[8]

[1] The pensions from North Witham, Tickencote and Burrough appear in V.E. IV, 158. There was none from Withcote and probably the words in ecclesia de Withcok should have been cancelled.
[2] Blank: supply Johannem.
[3] John Clayton was vicar of Buckminster, a church appropriated to Kirkby Bellars priory, in 1526 and 1535. Probably he was John Clayton of Lincoln college, Oxford, B.A. 1508-9, M.A. 1511, D.D. 1515 (Reg. Univ. Oxon I, 63).
[4] Slawston succeeded John Belton as abbot in 1520 (royal assent 12 Oct., temporalities restored 5 Nov., L. & P. Hen. VIII, III (i), 375, 382, nos. 1020, 1039). He was the last abobt. The surnames are all local, John Wolston being no doubt the John Olueston of the previous visitation. William 'Woston' was subprior in Sept. 1534 (ibid. VII, 472. no. 1216 (18). Burton probably came from Burton Overy. Uppingham, Langam and Okeham are names from Rutland, Langham being a chapelry in the parish of Oakham. No prior is mentioned Pikwell, prior in 1518, and William Sutton are not named. From the subsidy of 1526 it appears that Thomas Leicester was then serving the parochial cure of Owston.
[5] Sic : for constitutis.
[6] Twyford cancelled. Twyford, in the deanery of Goscote, was appropriated to Kirkby Bellars priory. 'Est Norton' is an error, for East Norton, in the same deanery, on the road from Leicester to Uppingham, was a chapel of Tugby, which was appropriated to the Premonstratensian abbey of Croxton. Norton by Galby is meant.
[7] Hand changes.   [8] tur added and cancelled.

claustralia nec infirmariam aliquo modo / exceptis consanguineis de licentia ingredientibus /

Subprior . Non habent presbiteros nisi quatuor ad omnes missas celebrandas in dicto monasterio . Dominus iniunxit abbati quod citra festum Omnium Sanctorum proximum augmenter[1] numerus canonicorum et iiij alios fratres admittat /

Dominus Thomas Leceter . Mulieres accedunt ad monasterium.

Dominus Willelmus Wolston . Supprior non jacet in dormitorio /

Dominus Willelmus Tilton est inobediens et non vult pati magistrum nouiciorum[2] corrigere novicios . Iniungatur eidem Tilton quod deinceps sit obediens et quod nullo modo refutet correcciones sibi imponendas.

Dominus Robertus Vppingham . Omnia bene.

Dominus Willelmus Tilton . Dominus Thomas Lecetur minatur verberare hunc deponentem.

Laici ludunt in orto cum canonicis.

[fo. 20.]

Dominus Johannes Langham diaconus . Dicit quod subprior est nimis molestus sibi et plerumque . . . . istum deponentem sine causa / et cum abbas aliquod sibi mandat in cantando / ipse subprior ipsum propterea se[3] corrigit.

Dominus Johannes Wolston . Dicit omnia bene.

Robertus Burton nouicius . Omnia bene.

Nicholaus Okeham nouicius . Aliquando sunt verba opprobriosa inter subpriorem et dominum Thomam Lecetur.

Sunt quidam qui consueti sunt reuelare secreta capituli et correcciones fratrum.

Laici ludunt in orto *ad speculas*[4] *cum fratribus* et fratres juniores non habent solacium ibidem.

Dominus iniunxit domino Thome Leicester sub pena excommunicacionis quod ipse decetero sit obediens / et bene charitativeque et modeste se gerat erga fratres suos et a comminationibus abstineat omnino.

Dominus iniunxit domino abbati sub pena juris et eciam subpriori quod ipsi non permittant laicos ludere in ortis canonicorum cum canonicis / sed quod ortus seruetur dumtaxat pro canonicis /

Dominus iniunxit subpriori quod ipse sit indifferens inter fratres corrigendos nec imputet eisdem coram laicis aliquo modo.

---

[1] *Sic :* for *augmentetur.*   [2] *sic* cancelled.
[3] *Sic :* for *istum.*   [4] *Sic :* for *spiculas,* the game of darts.

Dominus iniunxit omnibus canonicis quod nullus eorum reuelet aliquod actum capitulare vllo modo /

Et hijs iniunctionibus sic factis , dominus visitationem suam ibidem dissoluit.

LVII
OXFORD, ST. FRIDESWIDE'S PRIORY
1. A. fo. 90
2. A. fo. 119*d*

fo. 90.

VISITACIO MONASTERIJ SANCTE FRIDESWIDE OXONIENSIS EXERCITA IBIDEM PER MAGISTRUM RICARDUM ROSTON DOMINI WILLELMI ATWATER LINCOLNIENSIS EPISCOPI CANCELLARIUM DIE LUNE XVmo DIE JUNIJ ANNO DOMINI 1517mo.

Dicitur quod Ricardus Taunton non est obediens priori nec vult ipsius parere licitis mandatis / sed inuito priore egreditur septa monasterij eciam in villam Oxonie et ibidem vagat et diebus et noctibus in scandalum monasterij . Non est corrigibilis nec vult penitencias sibi per priorem vel subpriorem iniunctas perimplere vllo modo / Nichill considerat ea que ad religionem suam spectant / sed ipsis omnibus omissis fratres vilipendit et vituperat / ac sue libito voluntatis inhians nedum substancialia[1] sed eciam ceremonias et laudabiles consuetudines ipsius religionis et illius monasterij paruipendit et dispernit.

Iniunctum fuit priori quod prouideat instructorem in gramatica pro canonicis junioribus instruendis.

2

fo. 119*d*.   **Frideswide**

VISITACIO EXERCITA IN DOMO CAPITULARI IBIDEM DIE SABBATI Vto DIE MAIJ ANNO DOMINI 1520mo PREUENIENDO DIEM ALIAS PREFIXUM / PER DOMINUM WILLELMUM LINCOLNIENSEM PERSONALITER.

Exhibito primitus certificatorio per priorem in scriptis et illo publice perlecto ac omnibus illius domus canonicis preconisatis nominatim et comparentibus / idem dominus episcopus quamdam exhortacionem saluberrimam eisdem tunc ibidem fecit / et salubriter eosdem hortatus est /

Nomina canonicorum[2]

Dominus Johannes Burton prior ⎫
Dominus Thomas Pyne subprior ⎬
Dominus Robertus Justice ⎭

---

[1] I.e. the substantial vows of poverty, obedience and chastity.
[2] The prior, John Burton, elected 1513 (*V.C.H. Oxon.* II, 100), surrendered the priory on 24 April 1524 to the bishop of Lincoln, in preparation for its transformation into the college founded by Wolsey (*L. & P. Hen. VIII.* IV (i), 501, no. 1137). He became abbot of Oseney in the same year.

Dominus Franciscus Oxford
Dominus Georgius Whyte
Dominus Johannes Cooke
Dominus Robertus Ruthyn
Dominus Johannes Stafford
Dominus Johannes Harvy

Canonici beneficiati

in archidiaconatu Oxon.
Dominus Willelmus[1] Wircetur de Churchehyll.
Dominus Johannes London vicarius de Merston et Halingdon.[2]
Dominus Robertus Brice vicarius Fryttewell[3]
    In archidiaconatu Bucks
Dominus Johannes Clark de Ocley
Dominus Johannes Wendilbury de Ouer Winchindon[4]
Dominus Thomas[5] Oxford de Wormenhall[6]

Ecclesie appropriate[7]

Fretwell   Ouer Winchendon
Wormenhall   Churchehyll
                      Ocley   Ellisfeld
                      Merston cum Hedington

Ijdem habent . Redditus et tenementa ad valorem annuum cccc marcarum vel circiter.

Dominus prior non reddit computum annuatim administrationis sue / et si aliquem computum huiusmodi fecerit auditori ille tamen computus non manifestatur fratribus suis / sed secrete fit inter priorem et auditorem . Iniunctum est priori quod deinceps reddat computum et illum patifiat[8] coram fratribus suis /

Fratres non sunt certiores de statu domus , nam non est aliquis canonicus qui aliquid nouit de statu domus , quia non sunt de

[1] *Churchehyll* cancelled. The Subsidy of 1526 shows that, after the suppression of the priory, one of the canons, Robert Ruthyn, was vicar of Churchill.
[2] *Sic :* for *Hedington*.
[3] It is highly probable that Robert Brice, vicar of Fritwell in 1526, is the same man who in 1528 was prior of Bicester and was appointed abbot of Nutley, dying in 1529 (*L. & P. Hen. VIII*, IV (2), 1850, no. 4187; IV (3), 2609, no. 5828).
[4] John ' Wendelbroghe ' was still vicar of Over Winchendon in 1526.
[5] *Off* cancelled.
[6] Oxford was still vicar of Worminghall in 1526.
[7] Of the churches named, Fritwell was in Bicester deanery, Churchill in Chipping Norton, Marston with Headington in Cuddesdon. Oakley, Over Winchendon and Worminghall were in Waddesdon deanery (archdeaconry of Buckingham). In all these there were vicarages served by canons of the house : the vicarage of Elsfield, in Cuddesdon deanery, seems to have been served by a secular. The custom of serving appropriated churches by canons had been constantly observed at St Frideswide's as at Nutley and Chetwode.
[8] *Sic :* for *patefaciat*.

consilio in negocijs domus . Promisit prior hoc emendare vt supra , et requirere eorum consilium in causis domus.

Dominus prior habet in suis manibus omnia officia monasterij / et si aliqua officia aliquibus commiserit , non vult permittere eos quibus huiusmodi officia committuntur aliquid commodi seu emolumenti sed dumtaxat onus reportare / Iniunctum est priori quod committat officia fratribus suis magis aptis cum omnimodo emolumento et proficuo ipsorum officiorum . Sacrista monasterij nichil habet pro exercicio officij sui et ideo ipse non dat magnam diligenciam in ipso officio / cuius pretextu ornamenta ecclesie non bene custodiuntur . Dominus iniunxit quod deinceps ipse sacrista habebit pro laboribus suis / et quod diligenciam faciet /

Dominus *prior*[1] est nimis elatus et seuerus in fratres suos / et pro minima offensa increpat et vilipendit eos vltra modum / Dominus iniunxit priori quod ipse deinceps se exhibeat patrem mitem et pium fratribus suis.

Dominus prior non vult permittere subpriorem vti officio suo vt deberet neque corrigere neque licencias neque gracias ex causis arduis concedere vt deberet / sed omnimodam illius potestatem et libertatem huiusmodi licencias concedendi restringit / Dominus episcopus voluit quod ipse subprior haberet libertatem officij sui et auctoritatem eiusdem.

Pietancie canonicorum non sunt sufficientes et aliquando habent carnes et pisces non salubres / et habent fercula nimium diminuta / incuria senescalli vt creditur . Dominus iniunxit quod hoc emendetur vt decet /

Dominus prior fecit venditiones boscorum excessiuas et ad magnas pecuniarum summas . Prior hoc negauit.

Dominus prior dimisit rectorias et maneria monasterij ad plures annos / et accepit vt dicitur magnas fines . Prior hoc negauit.

[fo. 120.]

Creditur quod dominus prior locupletauit[2] seipsum et non tantum habet aspectum ad vtilitatem monasterij vt deberet / et hoc fuit ex hoc quod ipse sperat se recessurum . Prior hoc negauit.

Dominus prior in negocijs arduis non requirit consensum fratrum suorum sed ea omnia per se expedit pro libito suo / Iniunctum est priori quod in arduis negocijs requirat consensum fratrum suorum.

Deberet esse quoddam lumen continue ardens coram sancta Frideswida / propter quod dominus[3] rex contulit monasterio x marcas annuas per manus vicecomitis Berkes' annuatim solutas . Iniunxit dominus priori quod hoc obseruetur.

---

[1] Interlined above *abbas* cancelled.　　[2] *mon'* cancelled.　　[3] *Red* cancelled.

D

Dominus prior fregit pannos anglice Sayes qui solebant pendere in ecclesia[1] videlicet per totum chorum : qui eciam ad illum vsum dati fuerunt / et iam habet eosdem pannos suos in camera et eis vtitur pro le hangynges /[2] Conuersi sunt in vsum meliorem quia fuerunt veteres , confracti nec honesta vti in ecclesijs /

Idem prior fregit quamdam pelvem argenteam que solebat semper occupari in ecclesia : fregit et de ollis fecit cocliaria pro camera sua . Prior hoc negauit.

Item prior accepit duos ciphos anglice Masers et ij zonas que solebant occupari in domo capitulari et date fuerunt ea intentione vt apud conuentum remanerent / et vnam illarum zonarum priori[3] dedit sorori sue (que eadem vtitur) et de alijs pro suo libito disposuit / Prior hec negauit /

Dominus prior facit preparari pro fratribus suis de peioribus esculentis videlicet[4] humeris vitulorum collis[5] ouium et[6] alijs similibus et hoc quotidie / Iniunctum est quod deinceps fratres habeant salubria cibaria et sufficientia /

Dominus prior anno preterito[7] vendidit diuersa et fere omnia animalia monasterio pertinencia exceptis paucis ouibus / Dominus prior habet staurum et vult alia animalia emere /

Dominus prior dimisit fratri suo decimas de Merston et Hedington pro pluribus annis et permittit orrea in quibus ille decime solebant reponi ruere.[8]

Et eciam dimisit ad firmam fratri suo et magistro Camby firmam vocatam Bynsey condicionaliter sub sigillo communi , et ipse indenture adhuc remanent in custodia prioris et timetur quod ipse vult illas litteras deliberare condicione non implet[9] , et ideo petitur quod ipse littere restituantur / Dominus prior non dimisit ex istis nisi ea que solebant dimitti /

Et deinde die Mercurij nono die mensis predicti idem reuerendus pater in dicta domo capitulari iudicialiter sedens , presentibus coram eo priore et conuentu predictis , facta eisdem per eundem dominum episcopum exhortacione saluberima / atque reformacione facta per eundem de et pro compertis antedictis suam visitacionem dissoluit , reseruata sibi potestate transmittendi iniuncciones pro premissis et eadem corrigendi et reformandi.[10]

---

[1] *et qui ad* cancelled.
[2] The sentence which follows is the prior's answer. ' Says ' were fine cloths used in this case for hangings and probably embroidered.
[3] *Sic:* for *prior.*   [4] *shulders* cancelled.   [5] Something cancelled.
[6] *s* cancelled.   [7] *fecit* cancelled.
[8] Against this and the next paragraph is written in the margin: *ista nunquam solebant dimitti nisi iam dudum.*
[9] *Sic :* for *impleta.*   [10] Fo. 120d is blank.

LVIII

OXFORD, BRASENOSE COLLEGE

1. L. fo. 168

2. L. fo. 166

Brasynnose Oxon

fo. 168.

VISITATIO AULE REGIE SIUE COLLEGIJ DE BRASYNNOSE INFRA
VNIUERSITATEM OXON. FACTA XX^{mo} DIE MENSIS SEPTEMBRIS
ANNO DOMINI MILLESIMO QUINGENTESIMO XXX^{mo} PER
VENERABILEM VIRUM MAGISTRUM JOHANNEM RAYNE IN
VTROQUE JURE PROFESSOREM , REUERENDI IN CHRISTO PATRIS
ET DOMINI DOMINI JOHANNIS PERMISSIONE DIUINA LINCOLN-
IENSIS EPISCOPI VICARIUM IN SPIRITUALIBUS GENERALEM AC
OFFICIALEM PRINCIPALEM SUFFICIENTER CONSTITUTUM ETC.

In primis lecta commissione dicti reuerendi patris Lincolniensis
episcopi principali et consocijs eiusdem Aule Regie alias directa
per Edwardum Standissh scribam in hac parte assumptum et
debita¹ certificatorio per predictum principalem introducto cum
nominibus et cognominibus consociorum et scolarium omnium et
singulorum in eadem degentium ac sermone Dei in lingua anglicana
per magistrum Hawarden² celebrato , deinde idem venerabilis
magister Rayne ad huiusmodi visitacionis negocium procedendum
fore decreuit modo et forma sequentibus etc.

Vestimenta . Magister Matheus Smyth principalis³ dicit quod
est quoddam statutum nouiter editum per Ricardum Sutton
alterum fundatorem concernens apparatum et vestimenta consociorum , videlicet quod habeant togas clausas a parte anteriori
et quod vtantur le chamleto aut velueto neque serico , [sed] quidam
sunt magistri qui fuerunt socij ante [statutum] qui recusant contenta
in eodem obserua[re et quidam] alij socij post statutum admissi
contenta in eodem nolunt obseruare.⁴

---

¹ *Sic.*
² John Hawarden, founder's fellow (from Lancashire), B.A. 1515 M.A. 1520 ;
B.D. 1529 ; principal of Brasenose 1548–1565 ; resigned 21 Jan. 1564–5. Rector
of Steeple Aston, Oxon., in 1535 and 1548. (*B.N.C. Reg.*, p. 3 ; *V.E.* II, 184.)
³ Matthew Smyth, first principal of Brasenose hall 1510 and college 1513 (?)–
1548 ; B.A. 1505, fellow of Oriel 1506 ; M.A. 1514 ; B.D. 1519 ; D.D. 1519. His
kinsman bishop Smith, the co-founder of the college, gave him in succession the
prebs. in Lincoln of Centum Solidorum 2 Oct. 1508, Biggleswade 16 Jan, 1508–9,
and Banbury 2 Dec. 1512. He died 6 Feb. 1547–8, and is buried in St Mary's,
Oxford. (*B.N.C. Reg.*, p. 1 ; Le Neve, *Fasti* II, 130 etc.)
⁴ *Nota* mark in margin. For the alterations introduced by Richard Sutton in
1521–22 into the statutes as previously issued by bishop Smith see *B.N.C.
Quatercent. Mon.*, vol. II (i): details of the special statute named here are given
there, pp. 36, 37.

Sutton . Item dicit quod magister Sutton socius[1] non attendit lectur[is] suis sicut tenetur ex[2] statutis et parum proficit in[3] sciencia , et vtitur venacionibus et frequentat tabernas sed non cum suspectis personis . Est satis obedie[ns] et exhortatur alios ad lecturas et scienciam et est satis tractabilis.[4]

[fo. 168d.]

Magister Johannes Hawardon *iuratus*[5] interrogatus an socij et scolares proficiunt in sciencia dicit quod magister Sutton non multum proficiebat in tempore preterito , sed nunc emit libros et diligencius attendit libris et leccionibus quam antea . Vtatur[6] aliquando venacionibus et taberna sed cum honestis personis sed bene exhortatur scolares ad studendum et corrigit delinquentes , quia est magister aule et habet regimen legentium ibidem.[7]

Statutum pro vestimentis nouiter editum per Ricardum Sutton non obseruatur.

Et dicit quod socij et scolares bene proficiunt et melius nunc quam antea proficiebant in scientia.

Cantaria fundata per quandam magistram Morton[8] non obseruatur quia terre pertinentes dicte cantarie fuerunt et sunt in magna contencione et collegium fecit magnas expensas pro defencione earundem . Ideo non habent sacerdotem celebrantem in eadem.

Magister Simon Starkey[9] *iuratus* interrogatus dicit quod omnes socij et scolares sunt obedientes et corrigibiles per principalem et alios superiores.

Magister Willelmus Sutton *iuratus* dicit quod statutum de vestimentis non seruatur vt habeant togas clausas a parte anteriori , quia sunt quidam socij antiqui qui erant recepti ante hoc statutum et asserunt quod non astringuntur ad obseruacionem eiusdem , cuius pretextu alij socij post statutum admissi non habent togas clausas iuxta [fo. 169] statutum nec obseruant hoc statutum.[10]

Dicit quod socij et scolares bene proficiunt in sciencia . Dicit tamen quod ipse non adeo diligenter ascultabat libris sicut debuit , sed nunc emit libros et intendit de cetero magis diligenter attendere

---

[1] William Sutton, founder's fellow, M.A. 1525. (*B.N.C. Reg.*, p. 4.)
[2] *staut* cancelled.   [3] *eijsdem* cancelled.   [4] *Nota* mark in margin.
[5] Interlined above *dicit* cancelled.   [6] *Sic :* for *utitur.*
[7] *Nota* mark in margin.
[8] *Sic :* for *magistra Morley*, as rightly given below.   Elizabeth Morley of Westminster, widow, gave the college, 27 Nov. 1518, the manor of Pynchpolles in Chipping Faringdon, Berks., with lands in Faringdon and Westbrook near Faringdon, for the yearly celebration of her obit in the college and for a sermon, preferably by a priest-fellow of the college, in St Margaret's, Westminster.   See *B.N.C. Mon.* I, iv, 8.
[9] Simon Starkey, founder's fellow (from Cheshire), B.A. 1514, M.A. 1518.   (*B.N.C. Reg.*, p. 2.)
[10] *Nota* mark in margin.

studio . Et dicit quod aliquando bibit in villa , sed in honestis locis et cum honestis personis . Dicit eciam quod aliquando venacione *vtitur* cum alijs honestis scolaribus causa recreacionis tantum.

Cantaria . Item non habent sacerdotem celebrantem pro magistra Morley , quia terre dicte cantarie minuuntur et collegium fecit magnas expensas pro defensione et recuperacione dictarum terrarum et . . . . de Bewley[1] intrauit dictas terras et occupat magnam partem earundem , et nescit quantam pecuniam collegium recipit de ipsis terris dicte cantarie etc.

Dominus Robertus Cotton , *anno probacionis*[2] , *iuratus* interrogatus dicit quod reformaciones fiunt debito modo in collegio et omnes proficiunt [vt] sibi videtur.

Dominus Robertus Moore socius[3] *iuratus* dicit quod omnes socij et scolares sunt reformabiles et corrigibiles per principalem et alios superiores et proficiunt in sciencia secundum ipsorum ingeniorum capacitates.

Dominus Hugo Godygar socius[4] *iuratus* dicit quod scolares bene attendunt libris suis et bene proficiunt . et omnia bene ordinantur in domo ut sibi videtur et socij et scolares sunt obedientes etc.

[fo. 169*d.*]

Dominus Georgius Breche , in anno probacionis[5] , dicit quod omnia bene ordinantur infra collegium ut ipse credit.

Lectores . Dominus *Thomas*[6] Tippyng , in anno probacionis[7] , quod[8] bacallarij deputati ad legendum in aula sunt negligentes in aula tempore lecturarum et in sophismatibus in dubijs et in recitacionibus[9] quia paciuntur quosdam negligenter agere *et* arguere in sophismatibus premissis et non corriguntur negligentes . Ideo moniatur magister vt diligencius faciat bacallarios legentes et

---

[1] Unidentified.
[2] Robert Cotton, founder's fellow 1527, B.A. 1527, M.A. 1532. (*B.N.C. Reg.,* p. 4.)
[3] Robert More, founder's fellow 1529, B.A. 1529, M.A. 1532. (*B.N.C. Reg.,* p. 5.)
[4] Not in *B.N.C. Reg.* Hugh Goldicar (Guldygare, Godycar) was B.A. 1529, M.A. 1532. (*Reg. Univ. Oxon.* I, 154.)
[5] George Bruch or Breche (with other forms), founder's fellow 1529, B.A. 1529, M.A. 1532, B.D. 1540. Allowed, 8 Oct. 1548, as infirm and impotent, a grant of 40s. from the goods of the college, and further grants, if alive, of 20s. in each of the two following years. (*B.N.C. Reg.,* p. 5.)
[6] Interlined above *Hugo* cancelled.
[7] Thomas Tipping, founder's fellow 1529, B.A. 1529, M.A. 1532, B.D. 1544 (*ibid.*). Apparently rector of Sibson, Leices., in 1543 (Nichols, *Hist. Leices.* IV, 955), probably the benefice noted in *B.N.C. Reg.* u.s.
[8] *Sic : dicit* omitted.
[9] *Sophismata* were disputations held in the faculty of arts on miscellaneous themes, chosen at random, like the *quodlibeta* in the faculty of theology. *Dubia* were *quaestiones* raised for discussion in the form of doubts. (See Rashdall, *Med. Universities*, ed. Powicke and Emden, I, 495, 496). *Recitationes* were repetitions, as the word implies, of them prepared for discussion in the schools.

scolares se habere in premissis et defendere bacallarios legentes et corrigentes et adiuuare eosdem in premissis.[1]

Robertus Hulme[2] , in anno probacionis , dicit habent[3] lecturas correcciones etc. et quod omnia bene ordinantur quantum ipse nouit etc.

Thomas Siblysshe , in anno probacionis[4] , dicit quod omnia bene.

Magister Thomas Lee artium magister[5] dicit quod omnia bene.

Magister Daniel Andrewes artium magister[6] dicit quod omnia bene.

Venacio . Magister Balthazar Butler artium magister[7] dicit quod canes intrant multotiens collegium.[8]

Magister Nicolaus Pryce artium magister[9] dicit quod scolares haberent cocum , mancipium et lotricem sumptibus[10] collegij et non habent.[11]

Adhuc Brasynnose
[fo. 170.]

Dominus Thomas Clere artium bacallarius[12] dicit quod socij et scolares sunt satis studentes et diligentes ac corrigibiles etc.

Thomas Hawarden socius[13] dicit quod omnia bene fiunt.

Dominus *Johannes*[14] Leche artium bacallarius[15] , quod non habent lotricem *pincernam* et mancipium sumptibus collegij iuxta statuta etc.[16]

(Nota : *lusores*) Sunt quidem[17] scolares qui non attendunt libris videlicet Johannes Gerarde Ricardus Rumsey et ludunt communiter ad alias pro pecunijs.[18]

[1] *Nota* mark and hand in margin.
[2] *socius* cancelled. Robert Hulme or Holmes, founder's fellow. According to *B.N.C. Reg.*, p. 5, he was adm. fellow in 1531–2. Probably B.A. 1532, M.A. 1535. Curate of Cold Norton 1549, with a yearly allowance of 10 marks from the college.
[3] *Sic : quod* omitted.
[4] Not in *B.N.C. Reg.* Thomas Sybblys or Sybles was B.A. 1532.
[5] Neither Lee nor the four following persons are in *B.N.C.* Reg. Lee is probably Thomas Lee or Ley, B.A. 1522, M.A. 1525. (*Reg. Univ. Oxon.* I, p. 126.)
[6] Daniel Androws (Androys, Andros), B.A. (David) 1520–1, M.A. 1526 (*ibid.*, p. 116). Rector of Hadleigh, Essex, 1530 ; res. 1532. (Newcourt, *Rep.* II, 290.)
[7] Balthazar Boteler (Butteler), B.A. 1525, M.A. 1528 (*Reg. Univ. Oxon.* I, p. 138.)
[8] *Nota* mark in margin.
[9] Nicholas Pryce, B.A. 1526, M.A. 1529. (*Reg. Univ. Oxon.* I, 141.)
[10] *ecclesie* cancelled.   [11] Two *nota* marks in margin.
[12] Thomas Clare, B.A. 1526, M.A. 1531–2. (*Reg. Univ. Oxon.* I, 142.)
[13] Thomas Hawarden, founder's fellow 1530, B.A. 1530, M.A. 1534–5. (*B.N.C. Reg.*, p. 5.)
[14] Interlined above *Henricus* cancelled.
[15] John Leche, founder's fellow (from Cheshire), probably B.A. 1528, M.A. 1531–2. (*B.N.C. Reg.*, p. 5.)
[16] *Nota* mark in margin.   [17] *Sic :* for *quidam.*
[18] *Nota* mark in margin. One John Gerard was adm. B.A. in June 1531. (*Reg. Univ. Oxon.* I, 164) ; but there is no such record of Richard Rumsey.

Suspicio . Dicit quod dominus Hugo Godygar socius frequenta-
bat suspiciose domum cuiusdam Catisby in Chepingnorton in
nocte.[1]

Seniores bacallarij asserunt quod deberent habere electiones
camerarum et tamen juniores alijs preferuntur.[2]

Goddard[3] . Dominus Godygar non habet se caritatiue apud
scolares infra collegium.

(*Canes.*) Dominus Johannes Adams artium bacallarius[4] *dicit*
quod omnes socij et [scolares] sunt satis studentes et corrigibiles
et quod aliquando canes intrant collegium sed nescit ad quem
[per]tinent.

Dominus Fargallus Keyring artium bacallarius[5] dicit quod
omnia [sunt bene].

Dominus Humfridus Hawfeld artium bacallarius[6] dicit quod
non habent mancipium , cocum , pincernam et lotricem sumptibus
collegij iuxta statutum.[7]

Dominus Ricardus Palmer artium bacallarius[8] dicit quod omnes
sunt studentes . et satis obedientes preposito collegij.

Dominus Johannes Man artium bacallarius[9] concordat cum
proximo superius.

Deinde dominus judex quasdam iniuncciones fecit pro reformacione in forma verbaliter quousque dominus episcopus melius
prouideret.

[fo. 170*d*.]

Deinde judex continuauit istam visitacionem ordinariam vsque
in vigiliam sancti Thome appostoli iam proximo futurum et in
quemlibet diem juridicum infra cum continuacione eiusdem si
necesse fuerit etc.[10]

---

[1] *Nota* mark in margin.   [2] *Nota* marks in margin.   [3] *Sic.*
[4] Possibly John Adams, B.A. 1528, M.A. 1531, fellow of Oriel 1531.   (*Reg.*
Univ. Oxon. I, 151.)
[5] Fergall Keyryng, B.A. 1528, M.A. 1533 (*ibid.* I, 152).
[6] Humfrey Hawfeld, B.A. 1529, M.A. 1532 (*ibid.* I, 156).
[7] *Nota* marks in margin.
[8] Richard Palmer, B.A. 1526, M.A. 1533. (*Reg. Univ. Oxon.* I, 140.)
[9] Apparently John Man, B.A. 1530, B. Can. L. 1535 (*ibid.* I, 160).   But Man
appears to have been a fellow of New College at this date.
[10] Of the fellows present at this visitation, John Hawarden, Starkey, Sutton,
Godygar and Cotton had disappeared from the list of names returned in 1535 (*V.E.*
II, 272).   Leche (vice-principal), More, Bruche, Typpyng, Thomas Hawarden,
Hulme and ' Syblyshe ' remained from the present list.   There were only two new
names, both B.A. 1531–2, Hugh Charnoke and Matthew Smyth, a namesake of
the principal.   *See B.N.C. Reg.*, p. 5.

2

¹ Brasynnose hall

ACTA IBIDEM CORAM VENERABILI VIRO MAGISTRO HENRICO MORGAN
LEGUM DOCTORE COMMISSARIO UT SUPRA IN NEGOCIO VISITA-
CIONIS DIE SABBATI XXVIJ⁰ DIE MENSIS MAIJ ANNO DOMINI
SUPRADICTO.²

Quibus d[ie et loco in] capella alta ibidem omnibus [et] singulis
saltem . . . . comparentibus et interessentibus judex
. . . . [iniu]ncciones . . . . . exhibuit / [fo. 166] ac
easdem legit palam et publice et cum principali dimis[it] , eidem
iniungendo sub pena in eisdem limitata quatinus in execucione
earundem diligens sit ; ac ipsi easdem humiliter receperunt quatinus
de iure obligantur ac magister principalis easdem cum omni
diligencia executurum promisit , saluis tamen correccione et
execucione domino Lincolniensi episcopo si sibi visum fuerit
oportunum.³

LIX

OXFORD, LINCOLN COLLEGE

1. A. fo. 121*d*

2. L. fo. 156

Collegium beate Marie Lincolniensis in vniuersitate alma Oxoniensi

fo. 121*d*.

VISITACIO EXERCITA IBIDEM IN CAPELLA COLLEGIJ DIE LUNE VIJ^mo
MAIJ ANNO DOMINI MILLESIMO CCCCC XX^mo PER DOMINUM
EPISCOPUM LINCOLNIENSEM PERSONALITER DIEM ALIAS PRE-
FIXUM PREUENIENDO DE CONSENSU CAPITULI.

Nomina sociorum

Magister Johannes Cottisford rector⁴

Magister Martinus Lyndesey⁵

---

¹ *Aula domini domini Regis* in separate line cancelled.
² The year is 1531. This is the sequel to the previous visitation, which was evidently adjourned for a period much longer than was previously contemplated, the original date being 20 Dec. 1530.
³ Fo. 166*d* is blank; on fo. 167 are the words *Brasynnose Oxon*,; fo. 167*d* is blank.
⁴ John Cottysforde, B.A. 1505, M.A. 1510, D.D. 1525; elected rector of Lincoln 2 March 1517–8, res. 7 Jan. 1537–8 (*Reg. Univ. Oxon.* I, 39; Le Neve III, 557); preb. of All Saints Hungate in Lincoln 1538 (Le Neve II, 101).
⁵ Martin (or Marmaduke) Lyndesay, B.A. 1508–9, M.A. 1511, D.D. 1525, d. 2 March 1554 (*Reg. Univ. Oxon.* I, 59; Foster, *Alumn. Oxon.*).

Magister Willelmus Hodgeson[1]
Magister Thomas Wadluff[2]
Magister Johannes Clayton[3]
Magister Nicholaus Kyme[4]
Magister Robertus Taylour[5]
Magister Robertus Campyon[6]
Magister Johannes Trevet[7]
Dominus Johannes Hydes[8]
Dominus Johannes Byard[9]
Dominus Ricardus Doughty[10]

Conducticij capellani

Magister Johannes Gille[11]   } Ministri in collegio
Dominus Johannes Bradeley   }
Thomas Sayll
Willelmus Jaye
Ricardus Bukerfeld

Appropriate iidem[12] ecclesie   Omnium Sanctorum Oxon
Sancti Michaelis

---

[1] William (or John) Hogeson, B.A. 1507, M.A. 1511, B.Can.L. 1511 (*Reg. Univ. Oxon.* I, 46). One William Hodgeson was vicar of Bloxham in 1526 and 1535 (*Subsidy*, p. 270; *V.E.* II, 164).
[2] Thomas Wadelow (Wadeloff, Wodlowe), B.A. 1508–9, M.A. 1511, D.D. 1515 (*Reg. Univ. Oxon.* I, 61). Foster identifies with Thomas Wadilove, rector of Dengie, Essex.
[3] John Clayton, B.A. 1508–9, M.A. 1511–12, D.D. 1515 (*Reg. Univ. Oxon.* I, 63). Probably rector of Buckminster, Leices., in 1526 and 1535 (*Subsidy*, p. 98; *V.E.* IV, 155).
[4] Nicholas Kyme, B.A. 1511, M.A. 1515 (*Reg. Univ. Oxon.* I, 78).
[5] Robert Taylour, B.A. 1513, B.D. 1529–30; sub-rector of Lincoln (*Reg. Univ. Oxon.* I, 85). Foster gives the date of his will as 4 July 1527.
[6] Edmund (not Robert) Campyon, B.A. 1514–15, B.D. 1525, D.D. 1528 (*Reg. Univ. Oxon.* I, 94). Foster identifies him with E. C., rector of Great Easton, Essex, 18 July, and of St Mary-at-the-Walls, Colchester, 30 Dec. 1531. He res. St Mary's and was inst. to the vicarage of Althorne, Essex, 16 May 1532, which, with Great Easton, he vacated by death before 27 July 1536.
[7] John Trevett, B.A. 1505–6, M.A. 1516–17, B.D. 1532 (*Reg Univ. Oxon.* I, 38). Identified by Foster with J. T., rector of Butleigh, Somerset.
[8] John Hyde or Hydis, B.A. 1515, M.A. 15 July 1520, B.Can.L. 1522 (*Reg. Univ. Oxon.* I, 95).
[9] John Bayerde, B.A. 1515–16, M.A. 15 July 1520, B.D. 1529, sub-rector 1530, dispensed 1531 as having a benefice, and 1532 as chaplain to a magnate in distant parts (*Reg. Univ. Oxon.* I, 96). In 1535 he was rector of Norton-juxta-Twycross in Leicestershire (*V.E.* IV, 180). In the same year one John 'Bayer' was rector of St Stephen's, Ipswich (*ibid.* III, 448).
[10] Richard Doughty, B.A. 1519, M.A. 1522 (*Reg. Univ. Oxon.* I, 105).
[11] Not under recognisable form in *Reg. Univ. Oxon.* I. Of the other chaplains, Sayll and Bukerfeld are also unrecognisable. Bradeley is probably John Brodley, B.A. 1516, M.A. 15 July 1520 (*Reg. Univ. Oxon.* I, 98). Jaye may be William Jay, B.A. 1523, M.A. 1527 (*ibid.* I, 124), whom Foster identifies with William Jay, rector of Holy Trinity, Colchester, 18 March 1530–1.
[12] *Sic :* for *eidem*. No vicarages were ordained in the three Oxford churches, Longcombe in Woodstock deanery, or Twyford in Buckingham deanery.

Sancte Mildrede Oxon.   Twyford.[1]
de Combe in Archidiaconatu   Cantaria in ecclesia
     Oxon.   Omnium Sanctorum.[2]

Valor . Iidem in tenementis et redditibus vt apparet circiter[3] cxl li.

Magister Doctour Drax[4] debet collegio xv li. / Dicitur per societatem quod ipse dudum promisit easdem xv li. collegio satisfacere /

Et hijs premissis sic gestis ac facta quadam salubri exhortacione , dominus visitacionem suam dissoluit , reseruata sibi potestate transmittendi iniunctiones.

Memorandum pro abbate Dorchacestrie contra rectorem de Baldington[5] . Quod abbas Dorchacestrie soluit annuatim xiij s. iiij d. abbati et conuentui de Osseney pro porcione decimarum eorum[6] abbatis et conuentus de Osseney in Baldington /

2

fo. 156.

VISITACIO ORDINARIA COLLEGIJ LINCOLNIENSIS INFRA VNIUERSI-
TATEM OXONIENSEM FACTA DIE JOUIS XXIJ^{do} DIE MENSIS
SEPTEMBRIS ANNO DOMINI MILLESIMO QUINGENTESIMO XXX^{mo}
PER VENERABILEM VIRUM MAGISTRUM JOHANNEM RAYNE IN
VTROQUE JURE PROFESSOREM UT SUPRA.

Magister Johannes Cottisford sacre theologie professor , rector *collegij*[7] Lincolniensis predicti , *iuratus* dicit quod magister Willelmus Hynkerseld[8] artium magister iurauit coram socijs se nunquam

[1] *in* cancelled.
[2] The chantry in All Saints' was that founded in 1350 and ordained 26 June 1351 in the chapel of St Anne and known as ' Burchester's chantry '. See Wood, *City of Oxford* II, 107, 108 ; III, 74. The licence for its foundation, mentioned by Wood with a reference to ' Pat Roll 24 Edw. III, m. 13 ', does not appear in *C.P.R.* for that year. At the foundation of the college in 1429 bishop Flemyng intended to annex the chantry to it, but this was not done till the time of bishop Rotherham, 1 May 1475. In 1535 the chantry was held by Henry White, Dec. Doc., with a salary of £5 6s. 8d. yearly (*V.E.* II, 176).
[3] *lxxx li.* cancelled.
[4] Thomas Drax, D.D. 1509–10, rector of the college 22 Aug. 1503, res. 20 Feb. 1517–18 (Le Neve III, 557). Preb. of Stotfold 30 July 1504, of Gaia Major 31 March 1507, both in Lichfield (*ibid.* I, 607, 627). Rector of Dean, Beds., in 1526 (*Subsidy*, p. 208).
[5] This memorandum is added on fo. 121*d.* The place referred to is Marsh Baldon in Woodstock deanery. A pension of 13s. 4d. paid by the abbot and convent of Dorchester to the parson of ' Grett Baldon ' is mentioned in *V.E.*, II, 170, this being apparently covered by a similar sum paid to Dorchester by the abbot and convent of Oseney out of their property in ' Baldyngton ' (*ibid.* II, 222). This seems to represent a settlement of the dispute.
[6] *sic :* for *eorundem.*
[7] Interlined above *ecclesie* cancelled.
[8] The name is so written throughout the MS., not as Hynkerfeld. But see *Reg. Univ. Oxon.* I, 132, where it appears as Hynckersfylde or Ynckerfelde. He was B.A. 1523–4, M.A. 1528. The name seems to come from Inkersall in Nottingham-shire or Derbyshire, and such old forms of this name as are known do not seem to warrant the -feld termination. If this termination is right, Englefield in Surrey is a possible origin.

facturum aliquid boni in dicto collegio neque in commodum eiusdem in futurum.

Non proficit in scientia quia caret principijs , et non vigilat studio , nec attendit lecturis.

Est multum negligens in seruicio Dei et officijs diuinis in diebus festiuis . Et est vagans in patria et pecunijs acquirendis nimis petendo et quasi mendicando suffragia populi in dedecus socerdocij[1] et collegij . Habet tamen adhuc duas c[antarias] vnam in ecclesia Omnium Sanctorum et aliam in ecclesia [sancti Michaelis borialis contra disposicionem jur[is].[2]

Magister doctor Lyndesey habet pensionem qu[in]q[ue librarum annuatim] quod videtur non stare cum statutis . . . . . .

Magister Campion[3] frequentat . . . . quia habet stabulum et equos ibidem stantes.

Socij solent sedere in promptuario et in [camera] magistri doctoris Lyndesey tempore refeccionum ta . . . . . iniuncciones in contrarium ad diuersas vices . . . . .

[fo. 156d.]

(C.) Magister Johannes Bayarde[4] in sacra theologia bacallarius subrector *iuratus* dicit quod magister Campion frequentat domum suspectam videlicet Alicie Clerk , et erat sibi iniunctum in vltima visitacione quod abstineret a dicta domo et a consorcio eiusdem , et abstinuit pro tempore et nunc habet communem accessum ad dictam domum etc. cuius pretextu alij juniores socij et scolares frequentant dictam domum[5] . Eciam dicta mulier est multum suspecta ; est tamen lotrix eiusdem magistri Campion et quorundam aliorum etc.

(K.)

Dominus Knyght artium bacallarius[6] eandem domum frequentat et nunc absentat se multotiens a studio racione familiaritatis in villa.

(Nota . H.)

Magister Hinkerseld *non* proficit in studio nec dat operam lecturis , et absentat se a studio quasi vagans in patria pro acquisicione pecunie quasi singulis septimanis , et multociens absens per duas septimanas continuas / et *habuit*[7] duas cantarias ut supra et isto anno habet tantum vnam.

Habent sex composiciones vel plures pro obsequijs mortuorum .

---

[1] *Sic :* for *sacerdocii.*
[2] For the chantry in All Saints see p. 58 above, note 2.
[3] *freq* cancelled.　　　　[4] See p. 57 above, note 9.
[5] The records of the ' last visitation ' here mentioned no longer exist.
[6] This may be either John Knight, B.A. 1528–9, or John Knyght, B.A. 13 July 1530 (*Reg. Univ. Oxon.* I, 145, 160).
[7] Interlined above *habet* cancelled.

Socij non sedent in mensa vt debent sed quidam eorum frequentant promtuarium tempore refectionum.

. . . . . . Rector est remissus *non* puniendo socios delinquentes.

Doctor Lyndesey vt dicitur habet pensionem quinque librarum annuatim ad terminum vite sue , quod videtur non stare cum societate[1] et statuto collegij , et vt dicitur non juridice admissus est ad illam nisi per ordinariam[2] taxata fuit.

[fo. 157][3]

Magister Byard non erat electus in exhibitionem magistri Fyndryth[4] secundum tenorem et formam composicionis sue . Nec idem ipse magister Byard seruauit compositionem eiusdem magistri Fyndryth ex quo fuerat fraudulenter electus . Nam astringitur iuramento corporali et secundum compositionem obligatur sub pena periurij toties quoties ut alibi non celebret infra Oxoniam preterquam in ecclesia Omnium Sanctorum vel in capella collegij nostri Lincolniensis , quod tamen ipse non fecit , quia multotiens celebrauit apud Brasynose et apud ecclesiam sancti Michaelis pro pecunijs in obitibus defunctorum . Et cum dominus episcopus iam dudum iniunxisset rectori nostro quod immediate post iniunctionem sibi exhibitam eligeret sacerdotem idoneum in eandem exhibitionem iuxta formam et tenorem compositionis , preterea idem magister Byard perseuerans in sua malicia dixit coram rectore et socijs presentibus quod adhuc non [intendit] dimittere illam exhibitionem iniunctione episcopi facta in oppositum non obstante , et [iniunctione] episcopi cassata et ab eodem disp . . . ta , predictus magister Fyndryth hucvsque defraudatur suis suffragijs in magnum periculum animarum nostrarum.

Preterea idem magister Byard fuit absens a collegio ab inicio quadragesime vsque ad diem [ultime] visitacionis nostre et abhinc vsque ad capitulum nostrum in die sancti Leonardi[5] celebratum ; quo celebrato immediate iterum recessit , sic quod onera collegij non subijt iuxta tenorem statuti vbi fundator voluit quod si quis sociorum collegij nostri beneficiatus gauderet societate sua per medietatem anni postquam fuerat sic promotus vel per annum integrum secundum voluntatem rectoris , quod[6] tunc deberet ferre et subire omnia onera collegij ; quod tamen ipse . . . . . . spa . . . . fa . . . . proponit vsque ad festum Annunciationis beate Marie virginis.

Preterea cum contigit eundem magistrum Byard gracia suffragandi in electionibus nostris . . . . venire , quolibet die quo presens fuit frequentat sperulas[7] pro pecunijs et iuniores socios collegij ad eundem ludum prouocat atque inducit ; et tam ipse quam plures

[1] I.e. with a fellowship.　　　　[2] *Sic :* for *ordinarium*
[3] Hand changes to a very regular hand which appears nowhere else in the MS.
[4] *Sic :* for *Fyndern.*　　[5] 6 Nov.　　[6] *Sic :* repeated.
[7] I.e. bowls.

illorum perdiderunt vesperas in Sabbato et dominica proximis post vltimam visitacionem nostram alijsque diuersis temporibus.

Item predictus magister Byard noluit celebrare obitum domini Audley Sarisbiriensis episcopi in vigilia sancti Bartholomei anno 1529º secundum formam et tenorem composicionis eiusdem episcopi[1] nec infra sex dies proximo sequentes in absentia rectoris ad maximam infamiam collegij [nostri , et in] eadem vigilia qua missa celebratur pro dicto reuerendo episcopo affuerunt quidam . . . . domini volentes offerre in eadem missa pro anima dicti patris et domini sui , qui pro [fo. 157d] parte domini sui exclamabant aduersus collegium nostrum , dicentes dominum suum per nos miserabiliter esse deceptum ; addentes in istos ' sperauit viuens , mortuum tamen iam deceperunt eum' cum multis alijs verbis scandalosis.

Item magister Lacy[2] nouiter in subrectorem (nescio qua iuria[3]) electus disputaciones nostras in primo vel secundo argumento dissoluit bis ut ad cartas in publica alla[4] se transferret , et ibidem publice lusit pro pecunijs , cuius pretextu iuuenes etiam scholastici puplice in aula ludebant [sic] vt qui in nostro collegio forma esset virtutis iam factus est magister maximi erroris.

Preterea idem magister Lacy sciens scholarem suum extraxisse cultellum ad percutiendum biblio[thecarium] disimilauit factum et scholasticum suum non correxit.

Item magister rector quotidie violat iniuncciones domini episcopi sibi factas eo quod neque placitat versus doctorem Drax[5] pro pecunijs collegij nec procedit ad eleccionem capellanj magistri Fyndryth iuxta iniuncciones in hac parte sibi factas.

Preterea rectoria de Twyfford[6] est in magna ruina in tan[tum] quod xl li. non sufficiunt ad [ipsam] reparandam et rector nostri[7] qui pro tempore fuerit tenetur ex statuto ipsam sufficienter reparare suis proprijs sumptibus.

Preterea rector extraxit thesauros , cartas et munimenta diuersa de turri nostro[8] que apud se retinet nec dum restituit nec restituere proponit.

Magister Jay[9] limitatus ad intendendum facultati sacre canonum minime intendit sue facultati , nec vnicam lectionem audiuit in

[1] Edmund Audley, B.A. 1462–3 (Reg. Univ. Oxon. I, 36), consecrated bishop of Rochester 1 Oct. 1480, translated to Hereford 1492, to Salisbury 1502, died at Ramsbury, Wilts., 23 Aug. (St Bartholomew's eve), 1524. He had licence to found chantries in Hereford and Salisbury cathedrals, 10 Dec. 1516 (L. & P. Hen. VIII, II, 832, no. 2660): chapels for these were built, both of which remain. The patronage of the chantry in Salisbury was given to Lincoln college, to which he was a considerable benefactor, and where, as noted here, his obit was kept.
[2] Dunstan Lacy, B.A. 1524, M.A. 1528–9 (Reg. Univ. Oxon. I, 134).
[3] Sic : apparently for quo iure.   [4] Sic : for aula.
[5] See p. 58 above, note 4.
[6] Twyford in Buckinghamshire, appropriated to the rector of Lincoln.
[7] Sic : for noster.   [8] Sic : for nostra.   [9] See p. 57 above, note 11.

eadem ex quo per biennium fuerat electus , nec vnquam profec[turu]s
est in eadem , quia indies frequentat villam et secreta colegij nostri
opidanis patefacit.

Preterea idem Jay pranssus est in promptuario 19º die Nouembris
et ibidem communias accepit contra iniunctiones domini episcopi.

[fo. 158.]

VIGESIMO PRIMO DIE MENSIS OCTOBRIS ANNO DOMINI MILLESIMO
QUINGENTESIMO XXXº IN QUADAM CAPELLA INFRA COLLEGIUM
LINCOLNIENSE OXON. SITA CORAM MAGISTRO DOCTORE MORGAN
LEGUM DOCTORE PRO TRIBUNALI SEDENTE , IN PRESENCIA MEI
WILLELMI WALKER NOTARIJ PUBLICI IN ABSENCIA MAGISTRI
EDWARDI STONDYSCHE[1] IN ACTORUM SCRIBAM HAC IN PARTE
PER JUDICEM ASSUMPTI.[2]

Quibus die et loco idem magister doctor Morgan (conuocatis
rectore et omnibus et[3] singulis socijs prefati collegij) legebat quasdam
iniunctiones per reuerendum in Christo patrem dominum Johannem
Lincolniensem episcopum illius loci fundatorem[4] et ordinarium
factas , in pergameno conscriptas et sigillo suo sigillatas , rectore
et socijs predictis tunc presentibus / ac easdem rectori ibidem
tradidit precipiendo eidem et ceteris socijs quatinus in omnibus
perimpleantur / qui quidem rector easdem recepit quatenus de
jure tunc[5] tenetur non aliter neque alio modo.

Officium domini contra doctorem Lynseye[6]

Prestito prius per eundem magistrum doctorem Lynsey ad
fideliter respondendum capitulis / judex obijciebat[7] ei quod habet
quamdam pensionem vel perpetuitatem siue annualem redditum
ad valorem quinque vel quatuor librarum / Ad quam quidem
obiectionem respondebat[8] habuit in modum , sed lis pendebat
inter istum et doctorem Marmadewkum Walbye[9] circa beneficium
quoddam vocatum Swabye Lincolniensis diocesis / et tandem
compromiserunt in certos arbitros , qui dederunt laudum quod
iste haberet xij^{cem} libras quas recepit / et alias quinque libras
annuatim durante vita sua naturali pro expensis suis in prefata
lite factis ; quas quinque libras secundum laudum debitas recepit
pro vno anno vltimo elapso et quia . . . . instantis anni
ad huc non labitur vltra / quoniam supra dixit . . . . . tamen
obligatum militem quemdam et heredes suos . . . .

---

[1] Stondysche may be Edward Standish, fellow of Brasenose, B.A. 1518 or 1519,
or Edward Standyche, also of Brasenose, M.A. 1505 (*Reg. Univ. Oxon.* I, 40, 350).

[2] The small handwriting of ff. 158, 159 is that in which the Oxfordshire parochial
visitations are written throughout.

[3] *omnibus* cancelled. [4] I.e. founder by right of succession.

[5] Apparently this is the word : *tantum* is probably meant.

[6] The present visitation was a continuation of the last one, involving the
examination of individuals against whom charges had then been brought.

[7] *ur* at end of word cancelled. [8] *quod* omitted.

[9] See *Memorials of Ripon* (Surtees Soc.) II, 209.

pro solucione predictarum quinque librarum / Et dicit . . . .
totum impletum / quia *doctor Walby*[1] huiusmodi promisit
se . . . . saltem aliquod collegium seu monasterium
obligaretur pro [solucione dictarum] quinque librarum et quia in
ea parte *Walby*[2] predictus suam pro[missionem] rupit / intendit
agere aduersus illum pro eo quod non satisfec[it] . . . . /
Dicit tamen quod non intendit repetere prefatas quinque libras
[annuas] per laudum predictum sibi concessas sed renunciat juri
suo in hac parte.

Item judex interrogauit eum an vnquam habuit aliquam licenciam
a domino episcopo Lincolniensi ad communicandum de pensione
predicta et ad recipiendum dictas summas quas dicit se recepisse /
Respondit et dicit quod nullam habuit licenciam / quippe nullam
pecijt , sed se recepisse pecuniam predictam secundum laudum et
arbitrium superius latum super lite predicta in actione Quia
impedit.

[fo. 158*d*.]

Item obijciebatur ei quod habet ferculum suum , esculentum
videlicet et poculentum , quotidie in camera sua / Dicit quod sic
solet habere a festo Michaelis vsque ad vltimum diem Maij ex
licencia prefati domini episcopi Lincolniensis ut dicit / propter
quandam egritudinem quam patitur. /

Item interrogatus an habuit eandem licenciam in scriptis /
respondit et dicit quod non sed quod episcopus huiusmodi hic[3]
dedit viua voce in presencia decani Lincolniensis et subrectoris
huius loci / et quod idem reuerendus pater litteras suas rectori et
socijs ad effectum predictum misit.

Item obijciebatur ei quod habuit nonnullos[4] domi socios in
camera sua tempore refectionis predicte . . . .[5] ceteris socijs ad
sic faciendum Deinde respondit et dicit quod sic , et hoc ex licencia
rectoris ibidem.

Deinde dominus duxit deliberandum super premissis et con-
sulendum cum domino suo episcopo Lincolniensi.

Officium domini contra magistrum Campion

Cui (tactis sacrosanctis euangelijs) jurato judex obijciebat[6] quod
reuerendus pater dominus Johannes Lincolniensis episcopus in
vltima sua visitacione precipiebat ei quod non haberet accessum
ad domum cuiusdam Alicie Clerke / Respondit et dicit quod episcopus
predictus precipiebat ei et[7] ceteris socijs generaliter ut sic non
facerent , sed non sic specialiter ut recordatur.

---

[1] Interlined above *miles* cancelled.   [2] Interlined above *miles* cancelled.
[3] *Sic.*   [4] *ex* cancelled.
[5] An illegible word, apparently beginning *ans.*
[6] *ur* at end of word cancelled.   [7] *s* cancelled.

Item quod post iniunctionem predictam tu sepe et sepius ad domum predictam accessisti / Respondit et fatetur.

Item an eandem Alicia carnaliter cognouisti / Respondit et negat.

Postremo judex monuit eum ad comparendum die Mercurij proximo[1] in hora secunda post meridiem hoc loco , allegaturum causam racionabilem quare propter violacionem predicte iniunctionis non debet declarari pro excommunicato.

Officium domini contra [Hyn]garseld

Judex obijciebat[2] ei (prestito prius per eum juramento de fideliter respondendo articulis) quod habuit , prout in presenti habet , duas cantarias ad valorem quatuor librarum annuatim citra admissionem suam in hoc collegio / Dicit quod vno anno habuit duas cantarias ad valorem predictum , quarum vnam in festo Natiuitatis vltimo dimisit , et quod postea concessa erat ei alia cantaria quam immediate post collacionem dimisit.

[fo. 159.]

Item judex obijciebat[3] ei quod dixit se nunquam facturum aliquid boni pro collegio istiusmodi / Respondit et negat.

Item quod non audit lectiones suas , nec est presens tempore disputacionis litterisque suis non vacat , nec ecclesiam debite visitat nec[4] seruit , ac nonnumquam rus petit gracia mendicandi / Respondit et negat.

Demum judex monuit eum ut compareret die Mercurij proximo ad audiendum voluntatem suam super premissis.

Officium domini Knyght

Postquam prestitit juramentum de fideliter respondendo judex obijciebat[5] ei quod frequentat domum Alicie Clerke sepe , et sepius hoc anno . Respondit et fatetur.

Item quod frequentat opidum ac sepe ambulat per plateas . Respondit et dicit quod frequentat oppidum et ambulat per plateas sed non sepe[6] , aliquando tamen causa recreacionis.

Judex monuit eum ut imposterum non frequentaret domum dicte Alicie nec oppidum , sed precipiebat ei vacare litteris . Ac pro iam commissis discommunauit eum a communibus suis per quindenam , et monuit eum ad comparendum die[7] Mercurij proximo auditurum vlterius voluntatem domini.[8]

---

[1] 5 October. [2] *ur* at end of word cancelled.
[3] *ur* cancelled at end of word.
[4] *cantarie* presumably omitted, as this article must refer to his chantry in All Saints.
[5] *ur* at end of word cancelled. [6] *st* cancelled.
[7] *mercij* cancelled.
[8] Fo. 159d is blank. The continuation of the visitation follows, from which it appears that Campion's case was further postponed till Tuesday, 25 Oct.

[fo. 160.]

XXV^{to} DIE MENSIS OCTOBRIS ANNO DOMINI MILLESIMO QUINGENTESIMO
XXX° CORAM MAGISTRO DOCTORE MORGAN INFRA CAPELLAM
QUANDAM COLLEGIJ LINCOLNIENSIS OXON. IN PRESENCIA MEI
WILLELMI WALKER NOTARIJ PUBLICI IN ACTORUM SCRIBAM
PER JUDICEM ASSUMPTI.

Officium domini contra magistrum Campion

Monitus est magister Campion comparere istis die et loco ad
allegandum causam racionabilem quare non debet excommunicari
propter violacionem iniunccionis reuerendi patris domini Lincolniensis episcopi alias sibi facte . Quibus die et loco comparuit
coram judice predicto pro tribunali sedente idem magister Campion
et dicit se nunquam accessisse ad domum Alicie Clerke post
monicionem sibi factam in contemptum domini episcopi predicti /
submisit se tamen correctioni domini episcopi Lincolniensis et
eius officialium in hac parte , et offert se promptum et paratum
subire penitenciam condignam per predictum reuerendum patrem
pro modo delicti (si quod sit) iniungendam ac prout dignitas dicti
reuerendi patris decernit . Et lacrimando instanter pecijt a judice
quatinus differret executionem et promulgationem prefate sentencie
excommunicationis et ut supersederet in hac parte donec consuleret
prefatum reuerendum patrem ; quod judex ex gracia fecit et monuit
eum ad certificandum ipsum infra decem dies proximo sequentes
de voluntate domini episcopi super premissis citra illud tempus ,
vel alias monuit illum ad comparendum personaliter hac die ad
quindenam[1] et hoc loco ad effectum antedictum.

xxviij^{uo} die mensis Octobris anno predicto coram reuerendo
patre Lincolniensi episcopo in deambulatorio[2] suo apud Wooborn
comparuit magister Edmundus Campion , et tactis sacrosanctis
eungelijs[3] ac deosculatis promisit in vim iuramenti sui peragere
penitenciam sibi iniungendam per eundem reuerendum patrem pro
violacione iniunccionis sue alias [sibi] facte . Cui jurato dominus
iniunxit ut de cetero non accedat ad consor[cium] Alicie Clerke
nec eam in consortium suum admittat nisi publice in locis [honestis]
et in presencia honestarum personarum , nec accedat ad domum
[eiusdem] Alicie quauis occasione vel causa *nisi dumtaxat cum
honestis [sociis ad videndum] amicos suos honestos in eadem domo
hospitantes quum ad hoc rogatus fuerit* . Et quod de cetero non
custod[iat] . . . . ex proprijs ad sumptus et onera eiusdem
quousque . . . . habuerit . Et quia humiliter submisit *se
coram eodem*[4] dominus decreuit eundem non fore excommunicandum
pro premissis , set iniunccionem commissario suo in hac parte
factam abrogari.

---

[1] Tuesday, 7 Dec.
[2] The *deambulatorium* was probably the gallery of the house at Bishops Wooburn.
[3] *Sic.*   [4] Interlined above *eundem* cancelled.

Et iniunxit eidem quod in primo aduentu suo ad collegium Lincolniense coram rectore et socijs eiusdem collegij Lincolniensis predicti[1] pronunciet et dicat publice verba subsequentia videlicet : My lord att my humble peticion and submyssion hathe withdrawn the sentence of excommunicacion , commaunding me as in[2] lue of penaunce and for ensample hereafter to be taken to all the felowes of this college to be ware of the breeche of thiniunccions gyven by the ordynary , this to expresse vnto you openly in wrytinge , and that if [fo. 160d] hereafter eny suche thinges happen he will then nott spa[re] but fulmynate his sentence according vnto the lawes , anent eny and all suche as will attempte to the contrary to[3] his lawfull iniunctions , and willith this to remayne apud acta collegij in memoriam perpetuam.

[fo. 161.]

Composicio Willelmi Findern[4] . . . . . .

Vniuersis sancte matris ecclesie filijs presentes litteras indentatas inspecturis Johannes Beke[5] , rector collegij beate Marie et Omnium Sanctorum Lincolniensis in vniuersitate Oxoniensi situati , salutem in auctore salutis et fidem indubiam presentibus adhibere . Cum et pium sit et deo valde placidum[6] sacra loca diuino seruicio fideique ortodoxe defensioni nec non verbi Dei fructifere seminacioni in agris mentium fidelium dedita[7] , ordinata et ad hoc fundata[8] a manibus dispi[c]ientium protegere et in bonis eis collatis antea , ne cadant in ruinam detestabilem , sustentare ; multo placencius est ipsi Deo huiusmodi loca inchoata et ad finem intentum non producta perficere ac terrenis facultatibus sufficienter indotare . Hinc est quod Willelmus Findern armiger spiritu interne deuocionis ductus dictum collegium , collegium Lincolniense nuncupatum , in Oxonia prefatis operibus intentatum set prematura mortis fundatoris sui acceleracione imperfectum remanens[9] et[10] incompletum occulo dulciflue pietatis considerauit , eiusdemque collegij paupertatem et insufficientiam cum vno tenemento , centum acris pasture et 40 acris prati jacentibus aput Boteley iuxta Oxoniam vocatis[11] , et cum vna su[mma] notabili pecunie ad edificacionem dicti collegij meritorie ampliauit . Nos igitur huiusmodi beneficiorum non immemores , volentesque iuxta . . . . . s exigent[iam] et nostre modicitatis possibilitatem memorata beneficia tam per orationum deuotarum aliorumque piorum operum suffragia quam [per ecclesiasticorum] sacramentorum [beneficia] que dignabitur clementia Saluatoris in dicto collegio nostro ac in ecclesia [Omnium]

---

[1] A word altered and cancelled.
[2] A word cancelled.
[3] Interlined above of cancelled.
[4] See pp. 60, 61 above.
[5] Rector of Lincoln c. 1435—c. 1460.
[6] Sic : for placitum.
[7] Altered from debita.
[8] Bishop Flemyng had founded the college with a special view to the promotion of theological study and the defence of orthodox doctrine against heresy.
[9] m interlined above a letter or letters cancelled.
[10] Something cancelled. [11] The name is left blank.

Sanctorum eidem appropriata futuris temporibus exerceri spirituale
commercium recompensare , vniuersitati vestre innotescimus per
presentes quod nos rector et socij dicti coll[egij] capitulariter
congregati , matura deliberacione tractatu . . . . inter nos
prehabitis , considerantes beneficia huiusmodi per prefatum
venerabilem [virum Willelmum] Fyndern don[ata fu]isse et esse
vtilitati dicti collegij perpetue [profutura] , concensu et ass[ensu
nostro vnanimi] et expresso profitemur et promittimus . . . .
obligamusque et astringimus nos et successores nostros socios dicti
[collegij ac omnia bona] nostra communia dic[to] colleg[io]
pertinencia / singulique socij dicti collegij . . . . [in
ad]missione in socium dicti collegij auctoritate statuti dicti colleg[ij
sub forma iurisiuran]di promittent ad exhibendum vnum sacerdotem
imperpetuum de[seruiturum] . . . . per rectorem et duos
seniores[1] eligendum seu assumendum , [qui pro bono statu] dicti
Willelmi et domine Elizabethe consortis sue dum v[iuunt et pro
animabus eorundem] cum ab hac luce migrauerint , et animabus
parentum et benefactorum [suorum et pro animabus omnium]
fidelium defunctorum diuina celebrabit cum tanta deuocione
[quantam ex gracia] infinite sue bonitatis distillabit [Salvator
noster] , sicque dictus [sacerdos] . . . . . . memorati collegij
missam in ecclesia Omnium Sanctorum et in capella [infra] dictum
collegium pro bono statu eorundem dum vixerint et pro animabus
eorundem post hanc vitam cotidie celebrabit[2] , salua in omnibus
deuocione . . . . tate , et nisi alias legittime aut pro-
babiliter fuerit impeditus P[lacebo] et Dirige omnibus temporibus
secundum vsum Sarisbiriensem debite pro eisdem animabus [dicet]
Prouiso semper quod dictus sacerdos quiscunque alicui ecclesie
dicti collegij[3] annexe et annectende tanquam sacerdos parochialis
non artetur deseruire , vnde dictus sacerdos ne penuriam aut
defectum exhibicionis incurrat pro tempore [si co]geretur suam
dimittere erudicionem in parte vel in toto , ad quam precipue eum
ordina[tum] . . vt ipse moribus et scientia decoratus postmodum
populo christiano proficiat [tam] opere quam doctrina / omnia
profectus , commoditates et emolumenta singula dicti collegij vt
perpetuus socius de gremio collegij recipiet et habebit pro suis
. . . . percipiet de bonis dicti collegij xl s. sterlingorum[4]
soluendos annuatim imperpetuum . . . . . [a]d festa sancti
Michaelis Archangeli , Natalis Domini , Annunciacionis beate
Marie [et Natiuitatis] sancti Johannis Baptiste per equales porciones ,
sic quod predictus sacerdos [tenetur or]are pro bono statu predicti
Willelmi et domine Elisabethe dum [fo. 161d] viuunt in humanis ,
et post eorum exitum pro animabus eorundem , animabus parentum
su[orum] et ex tunc pro animabus omnium fidelium defunctorum

---

[1] *socios* cancelled.
[2] In margin : *Capellanus cotidie celebrabit nisi legitime impeditus.*
[3] *Sic :* for *dicto collegio.* [4] In margin : *Salarium xl s.*

eo ordine quo Deus , cui omnia patent in thesauris sue sapientie infinite , prouiderit esse orandum // Ins[uper] nos dicti rector et socij promittimus bona fide obligamusque et astringimus [nos] et successores nostros dicti collegij socios ac omnia bona nostra communia dicti collegij[1] pertinencia ad celebrandum post mortem dicti Willelmi Fyndern diem anniu[ersarium obitus] eius et domine Elisabethe consortis sue , parentum ac benefactorum suorum , in ca[pella] dicti collegij cum Placebo et Dirige in die quo dictus Willelmus migrauerit [ab] hoc seculo , et in crastino missam de Requie vel infra vj dies imme[diate] sequentes diem deposicionis dicti Willelmi[2] // Et eciam nos et collegium predictum ob[liga]mus et astringimus nos et successores nostros dicti collegij socios ac omnia bona nostra dicto collegio pertinentia ad dicendum quotidie imperpetuum psalmum Deprofundis cum oracione fidelium pro anima dicti Willelmi , Elisabethe , parentum suorum omniumque fidelium defunctorum post secundum biberium[3] in aula cum tanta deuocione quantam nobis saluator noster ad tunc prestare dignetur . Et ad premissa omnia et singula ut premittitur fideliter obseruanda nos rector et consocij dicti collegij pro nobis et successoribus nostris submittimus nos ordinacioni et disposicioni reuerendi patris et domini domini episcopi Lincolniensis visitatoris nostris[4] qui pro tempore fuerit ut ipse [per] quascumque censuras seu penais ecclesiasticas nos et successores nostros [in] singulis visitacionibus suis vel alias quandocumque sibi placuerit ad premissa omnia et singula obseruanda compellere poterit et coartare // In cuius re testimonium vni parti [isti]us scripti indentati penes prefatum Willelmum Findern remanenti sigillum nostrum commune dicti collegij est appensum / alteri vero parti eiusdem scripti [penes] nos prefatos rectorem et socios dicti collegij remanenti predictus [Willelm]us sigillum suum apposuit // Dat' Oxon' anno Domini 1444.

[fo. 162.]

Adhuc de visitacione collegij Lincolniensis[5]

Magister Campion habet accessum multociens ad domum Alicie Clerk , et eciam dominus Johannes Knyght.

Magister Johannes Westus artium magister[6] *iuratus* dicit quod socij ad diuersas vices consueuerunt sedere in promptuario tempore refeccionum.

Magister doctor Lyndesey communiter solet sedere in camera sua tempore refeccionum et aliquando alij socij secum.

---

[1] *Sic :* for *dicto collegio.* [2] In margin : *Ob . . . . die . . . .*
[3] I.e. bevers. [4] *Sic :* for *nostri.*
[5] This is actually a list of *comperta* at the visitation of 22 Sept. 1530, written in the large hand in which ff. 143–150*d*, 156, 156*d* are written.
[6] John Westus, B.A. 1525, M.A. 1528–9 (*Reg. Univ. Oxon.* I, 139).

Magister Willelmus Clerk artium magister[1] dicit quod socij solent sedere in promptuario tempore refeccionum et [non in] mensa in aula in detrementum collegij.

Magister doctor Lyndesey eciam solet sedere in [camera tempore] refeccionum et habet aliquando alios secum in [camera sua].

Magister Hynkerseld non proficit in studio , sed maximum habet accessum in patriam diuersis temporibus.

Socij non obseruant diuina officia in ecclesia tempore diuinorum in diebus festiuis , prout tenentur ex statuto , et presertim bacallarij.

[fo. 162d.]

Magister Willelmus Jay artium magister[2] dicit quod bacallarij sunt negligentes in ecclesia tempore diuinorum in diebus festiuis.

Edwardus Hoppey artium bacallarius[3] dicit quod socij ex consuetudine sedent in promptuario tempore refeccionum et non in communi aula / pauci ibidem sedent in refeccionibus.[4]

Johannes Jonys artium bacallarius[5] dicit quod socij sedent in refeccionibus ut supra , et pauci in communi aula in detrimentum et contra honestatem collegij.

[fo. 163.]

Dominus Johannes Knyght artium bacallarius[6] dicit quod aliquando bacallarij sunt negligentes in ecclesia tempore diuinorum in diebus festiuis , et socij solent sedere in promptuario tempore refeccionum , et pauci in communi aula in detrimentum collegij et contra honestatem eiusdem.

Dominus Michaell Carpynter artium bacallarius , electus et non admissus[7] , dicit quod omnia bene ordinantur infra collegium quantum ipse nouit.

(L.) Doctor Lyndesey habet refecciones in camera et quosdam socios secum , et quando socij habent refecciones in villa volunt adire ca[meram] eiusdem doctoris et habere seruicium[8] . . . . . . et deinde ante prandium intrare v[illam in] preiudicium collegij , quia quando f[aciunt] refecciones in villa . non debent [habere] allocaciones.

---

[1] Presumably William Clerke or Clark, B.A. 1526, M.A. 8 April 1530 (*Reg. Univ. Oxon.* I, 145).
[2] See p. 57 above, note 11.
[3] Edward Hoppey or Hoppay, B.A. 1527, M.A. 1531–2 (*Reg. Univ. Oxon.* I, 146).
[4] *Nota* marks in margin.
[5] There is more than one candidate for this identity. See *Reg. Univ. Oxon.* I, 149, 156.
[6] See p. 59 above, note 6.
[7] In margin *No[ta]* and *Bach[allarii]*.
[8] Sc. *socius*. Michael Carpenter was actually admitted B.A. 13 July 1530. See *Reg. Univ. Oxon.* I, 160.
[9] *Sic :* for *cervisiam*.

Dominus judex fecit quasdam iniuncciones verbaliter pro reforma[cione] premissorum donec dominus episcopus alias iniuncciones faceret.

[fo. 163d.]

Judex antedictus ex certis causis animum suum in hac parte mouentibus continuauit hanc visitacionem ordinariam visque[1] in vigiliam Purificacionis beate Marie Virginis proximam[2] et in quemlibet diem iuridicum infra etc.

[fo. 164] Adhuc Lincolniense collegium

Magister Martinus Lyndesey in sacra theologia professor *iuratus* dicit quod non obseruatur statutum in eleccione sociorum quantum ad archidiaconatum Lincolnie / quia ex statuto debent habere octo socios de diocesi Lincolniensi quorum quatuor sint de comitatu Lincolniensi et precipue de archidiaconatu Lincolnie si tot habiles ibidem reperiantur.

Subrector[3] licet sit junior socius vendicat *omne jus*[4] senioris socij in derogacionem et preiudicium seniorum sociorum.

Interrogatus an habet pensionem de ecclesia de Swaby , dicit quod non habet pensionem ; dicit tamen quod dominus Marmaducus Constable miles erat obligatus prefato magistro doctori Lyndesey in centum libris quod Marmaducus Walby clericus[5] annuatim solueret seu solui faciat prefato magistro doctori Lyndesey quinque libras , ex arbitramento quorundam arbitrorum , pro qua solucione fideliter annuatim soluenda dictus Marmaducus Walby procuraret[6] dictam ecclesiam de Swaby obligari pro predicta summa fideliter soluenda citra festum Natalis domini vltimum et adhuc non per . . . . . . et sic non habet pensionem de ipsa ecc[lesia . Habet] tamen obligacionem ut supra quam int[endit] . . . . poneri in execucionem , sed haberet quinque libras annuatim durante vi[ta sua].

Aliquando est discordia *verbis* inter socios tempore . . . . . contra honestatem collegij.[7]

(Drakes .) Doctor Drakes indebitatur collegio[8] in m[agna] summa pecunie / Vocetur ad compotum.

(C.) Magister Campion habet accessum ad domum Alicie Cler[ke] predicte / quia habet stabulum et equum ibidem.

---

[1] *Sic :* for *usque.*
[2] This should be 1 Feb. 1530–31. If this adjournment followed the visitation of 22 Sept. 1530, the intermediate inquiries held on 1 Oct. etc., were supplementary inquiries into individual cases, the general visitation being suspended in the meantime. The matters on fo. 164 also appear to belong to 22 Sept.
[3] Dunstan Lacy. See p. 61 above, note 2. This *detectum* forms part of Lyndesey's depositions.
[4] *vicem* cancelled.
[5] See *Mem. Ripon* (Surtees Soc.) II, 209.
[6] *seu* cancelled.
[7] *Nota* marks in margin.   [8] A word cancelled.

[fo. 164d.]

Magister Edmundus Campyon in sacra theologia baccalarius iuratus dicit quod statutum fundatoris non obseruatur quia non habent quatuor socios de archidiaconatu Lincolnie prout in statuto.

Doctor Drakes adhuc indebitatus est collegio in ma[gna] summa pecunie.

Composicio domini Willelmi Fyndrith non obseruatur , quia duo seniores socij[1] cum rectore nominarent vnum sacerdotem de socijs ad celebrandum pro eodem et vltima nominacio[2] non erat sic facta.

Magister Willelmus Hynkerseld in artibus magister *iur*[*atus*] d[icit quod] refert se ad detecta in vltima visitacione.

Magister Dunstanus Lacy artium magister , *bursarius*[3] , *iuratus* dicit quod socij multociens et communiter sedent in promtuario tempore refectionum et non in aula in detrementum collegij.

Doctor Lyndesey[4] solet sedere in camera sua in refeccionibus et habet alios eciam secum in eijsdem refeccionibus , in detrimentum collegij et in perniciosum exemplum aliorum.

Magister Hynkerseld non proficit in scientia et multociens est in patria absens a studio suo.

[fo. 165.]

Collegium Lincolniense Oxon. in negocio visitacionis

ACTA CORAM MAGISTRO HENRICO MORGAN LEGUM DOCTORE, COM-MISSARIO REUERENDI PATRIS ET DOMINI DOMINI JOHANNIS PERMISSIONE DIUINA LINCOLNIENSIS EPISCOPI AD INFRASCRIPTA SUFFICIENTER DEPUTATO , XXVJ⁰ DIE MENSIS MAIJ ANNO DOMINI MILLESIMO QUINGENTESIMO XXXJ.[5]

Quibus die et loco judex antedictus in quadam capella alta infra collegium Lincolniense predictum notorie situata per jurisdiccionem sedens , ac coram ipso rectore et omnibus et singulis eiusdem collegij consocijs comparentibus et interessentibus , quasdam iniuncciones per predictum reuerendum patrem Lincolniensem episcopum magno suo sigillo sigillatas coram ipso rectore et socijs palam et publice ostendebat et leg[ebat] quantum ipsos et ipsorum quemlibet concernunt , ac ipsi rector et consocij omnes et singuli cum omni reuerencia receperunt quatenus de jure , saluis omnino statutis eiusdem quibus de juramento tenentur . . . . . Deinde judex easdem iniuncciones rectori et consocijs tunc ibidem realiter tradidit et apud ipsos dimisit , iniungendo rectori quatinus in execucione

---

[1] *eligere* cancelled.   [2] *per* cancelled.
[3] Apparently he held this office with that of subrector.
[4] *sedet* cancelled.
[5] The conclusion of the visitation begun by Rayne on 22 Sept. 1530.

earundem diligens sit sub pena in eijsdem specificata , reseruando omnino correcciones *et execuciones* . . . antedicto domino episcopo [cum] necesse fuerit . Et sic dictam visitacionem . . . . . s . . . vice dissoluit.

LX

OXFORD, ORIEL COLLEGE

1. A., fo. 121

2. L., ff. 165*d*, 171

fo. 121.

Collegium Regale vniuersitatis Oxon' anglice Orriell collegge

VISITACIO EXERCITA IN CAPELLA IBIDEM PER DOMINUM EPISCOPUM LINCOLNIENSEM PERSONALITER DIE LUNE VIJ^{mo} DIE MAIJ ANNO DOMINI MILLESIMO QUINGENTESIMO XX^{mo} PREUENIENDO DIEM ALIAS PREFIXUM DE CONSENSU SOCIORUM IBIDEM.

Nomina sociorum

Magister Jacobus More prepositus[1]
Magister Thomas Ware[2]
Magister Johannes Stevyns[3] absens
Magister Thomas Maunfeld[4]
Magister Willelmus Cannynges decanus[5]
Magister Willelmus Freman[6]
Magister Willelmus Rosse[7]
Magister Ricardus Cryspyn[8]
Magister Thomas Schoppe[9]

[1] Provost 1516, res. 1530. See Richards and Salter, *Dean's Reg. of Oriel*, p. 39.

[2] Thomas Ware, B.A. 1506–7, M.A. 1511–12, B.D. 1519, D.D. 1525, provost 1530–1538, cl. 1519 (*Reg. Univ. Oxon.* I, 49, 50; *Dean's Reg.*, pp. 82, 83).

[3] John Stephyns or Stephan, B.A. 1506, M.A. 1511–12 ; adm. as probationer 8 Nov. 1508, res. fellowship 11 June 1521 (*Reg. Univ. Oxon.* I, 45; *Dean's Reg.*, pp. 17, 52).

[4] Thomas Mawndefylde or Manfeld, B.A. 1512–13, M.A. 1517, from Dorset, adm. as probationer 21 June 1519, res. 3 May 1522 (*Reg. Univ. Oxon.* 1, 83 ; *Dean's Reg.*, pp. 36, 39, 55).

[5] William Cannyngs, B.A. 1506, M.A. 1513, adm. 23 Dec. 1509, res. 9 Oct. 1521 (*Reg Univ. Oxon.* I, 39 ; *Dean's Reg.*, pp. 21, 52).

[6] William Freman, B.A. 1510, M.A. 1515–16. B.Med. 1523, D.Med. 1527–8 ; from Northamptonshire, adm. 18 April 1513 (*Reg. Univ. Oxon.* I, 68, 69 ; *Dean's Reg.*, pp. 31, 70).

[7] William Rosse, B.A. 1511, M.A. 1516–17, B.Med. 1518 ; from Herefordshire (dio. Llandaff, i.e. the part of Herefordshire near Ross), adm. 18 April 1513 (*Reg. Univ. Oxon.* I, 70 ; *Dean's Reg.*, p. 31).

[8] Richard Cryspyn, B.A. 1513–14, M.A. 1519 ; from dio. Exeter, adm. 11 Oct. 1516, res. 11 Oct. 1527 (*Reg. Univ. Oxon.* I, 88 ; *Dean's Reg.*, pp. 39, 70).

[9] Thomas Shoppe, B.A. 1511, M.A. 1515–16 ; from Worcestershire, adm. 18 April 1513, expelled 15 May 1525, as disobedient to the bishop at his visitation and to the provost in refusing to come to answer charges against him, and as guilty of perjury and faithlessness to the college in neglecting his studies (*Reg. Univ. Oxon.* I, 75 ; *Dean's Reg.*, pp. 31, 63, 64).

Magister Johannes Knyghtley[1]
Magister Walterus Maye (Astro)[2]
Magister Thomas Slade[3]
Magister Willelmus Vpton absens[4]

Petitur vt ministretur preposito iuramentum de exercendo statuta collegij quia non dum vt dicitur iurauit / Dominus iussit quod predictus prepositus moneretur comparere coram domino episcopo huiusmodi iuramentum prestiturus /

Magister Shope , magister Knyghtley et magister Slade sunt periuri eo quod cum licenciantur abesse per capitulum non seruant disputaciones quas in virtute[5] iuramenti sui promittunt obseruare / Dixerunt quod erat cum eisdem per societatem ibidem dispensatum /

Electio nuper facta ibidem de domino Throgm'[6] non erat canonice facta , nam magister Stok[7] noluit resignare quousque erat certus quod dictus dominus Throm' eligeretur in eius locum ; et hoc potest trahi in exemplum perniciosum , ita quod imposterum socij resignabunt loca sua quibus voluerint . Dominus iniunxit ne deinceps aliqua talia fierent in electionibus ibidem.

Magister Walterus Maye publice exercet judiciaria astronomica[8] contra statuta collegij / quibus cauetur quod omnes socij collegij essent scholares theologie / Dominus hortatus est et dixit ei ne exerceret huiusmodi judiciaria ; promisit tamen ipsum in ea studere facultate /

---

[1] John Knyghtley, B.A. 1512 ; son of sir Richard Knightley of Fawsley, Northants, adm. as probationer 21 June 1513, res. 26 March 1522. Although allowed the usual year of grace on resignation (23 May 1522), with the condition of study and good behaviour, he was warned against keeping dogs in college 23 July following (*Reg. Univ. Oxon.* I, 78 ; *Dean's Reg.*, pp. 36, 54, 56). One reason for his resignation was his inability to attend to his benefices. What these were in 1522 is not clear, but he was rector of Stoke Bruerne 11 Oct. 1524 to his death in 1549, of Byfield 1529–1535, and dean of St. Mary's, Warwick, 1542–1549 (Bridges, *Hist. Northants* I, 109, 325).

[2] Walter Mey, May, Mayo, B.A. 1511–12, M.A. 1517, D.D. 1530 ; from Gloucestershire (dio. Hereford, i.e. the forest of Dean), adm. as probationer 10 Oct. 1513, res. 12 March 1526–27 (*Reg. Univ. Oxon.* I, 71 ; *Dean's Reg.*, pp. 33, 60). He has been more than once identified with Walter Mey, canon and treasurer of Hereford, who died in 1558. This is possible, but not certain.

[3] Thomas Slade, B.A. 1513–14, M.A. 1519 ; from dio. Bath and Wells, adm. 11 Oct. 1516, res. 25 Nov. 1521 (*Reg. Univ. Oxon.* I, 90 ; *Dean's Reg.*, pp. 39, 53).

[4] William Upton, M.A. 1519 ; from dio. Chichester, adm. 11 Oct. 1516 (*Reg. Univ. Oxon.* I, 110 ; *Dean's Reg.*, p. 39).

[5] *hi* cancelled.

[6] John Throckmorton, M.A. 1523 ; from Gloucestershire, adm. to his year of probation in Dec. 1519 (*Reg. Univ. Oxon.* I, 108 ; *Dean's Reg.*, p. 50).

[7] Thomas Stoke or Stocke, M.A. 1510 ; from dio. Hereford or Worcester, in any case from Gloucestershire, adm. as probationer 27 April 1506. There was considerable doubt with regard to the legality of his election, which was annulled by the then provost, but he subsequently held his fellowship and was for a time dean of the college. His resignation is not recorded, but he is mentioned in May 1522 as *nuper socius* (*Reg. Univ. Oxon.* I, 70 ; *Dean's Reg.*, pp. 10, etc.).

[8] I.e. judicial astrology. Hence the word *Astro* after Maye's name in the list above.

Dubitatur a quibusdam an studium in medicinis potest stare sub termino philosophie . Dominus dixit quod voluit in hoc deliberare.[1]

Socij non audiunt statuta collegij vt deberent terminis prefixis neque veniunt ad capitula[2] totiens quotiens ex statutis tenentur / Dominus iniunxit quod socij deinceps audirent statuta et venirent ad capitula /

Magister Slade est absens a collegio et ita stetit a diu / et adhuc reputatur pro socio et nichill boni agit in collegio / nec ibidem moratur / Dominus voluit quod moneretur ad residendum in collegio vel ad resignandum / sub pena periurij /

Proprietarij sunt ecclesiarum beate Marie Vniuersitatis Oxon' / et de Colby[3] in Kesteven Lincolniensis diocesis.

Valor . Valor reddituum cclxv li, vj s. j d. qu.

Et hijs premissis sic gestis ac facta per dictum reuerendum patrem exhortacione quadam salubri / dominus visitacionem suam in illo collegio dissoluit (reseruata sibi potestate transmittendi iniunctiones et salua sibi potestate quod prepositus coram eo compareret).

[fo. 165d.]

COLLEGIUM REGALE VULGARITER NUNCUPATUM THE AWR[I]ELL COLLEGE IN OXFORD.

Dicto die Veneris anno Domini predicto[4] comparuerunt prepositus dicti collegij et consocij eiusdem in quadam alta capella infra situm eiusdem collegij notorie situata coram dicto venerabili viro magistro Henrico Morgan commissario ut supra . Qui quidem[5] commissarius quasdam iniuncciones per reuerendum in Christo patrem Lincolniensem episcopum factas magno suo sigillo consignatas exhibuit et publice coram eisdem legit ac easdem iniuncciones preposito dicti collegij realiter tradidit ; quas idem prepositus humiliter recepit quatinus de iure ac judex predictus mandatum prefato prepoisto[6] quatinus in debita execucione earundem nullatenus negligens aut remissus esset sub penis in eisdem limitatis , reseruando omnino execuciones correccionum dicto episcopo . . . sibi visum fuerit et sic pro hac vice huic huiusmodi visitacioni finem tunc imposuit.

---

[1] The doubt whether medical studies were consistent with the statutes would apply to Freman and Rosse, both of whom held medical degrees.
[2] *ferme quater* cancelled.   [3] Coleby, six miles south of Lincoln.
[4] 26 May 1531.   [5] *commissarijs* cancelled.   [6] *Sic.*

[fo. 171.[1]]

Duo *loca sociorum*[2] vacant per cessionem et mortem Mayowe et magistri Throgmerton.

Ceteri dicunt quod omnia sunt bene.

Quibus responsionibus factis dominus decreuit magistrum Wodhall[3] priuandum fore communis[4] suis per xiiij^{cem} dies *abhinc* , et eidem iniunxit sub pena iuris et statutorum ut deinceps diligenter custodiret studium suum infra collegium , et inhibuit ei exercitium cure *animarum* infra diocesim suam *absque licencia* . Et quia affirmabat *se*[5] crudeliter punitum *et propter alia verba inconve*[niencia] dominus augmentauit penam predictam et priuauit eundem communis[6] suis infra collegium predictum per vnum mensem . Et postea ad humilem peticionem dominus distulit[7] dictam augmentacionem usque ad festum Natiuitatis domini proximum sub spe emendacionis eiusdem.

Decreuit etiam dominum Thomas Cowrtop[8] pro compertis supradictis ipsum concernentibus priuandum fore communis suis infra collegium per xiiij^{cem} dies immediate sequentes.

[1] This fragment appears to refer to the visitation of which the conclusion on 26 May 1531 has just been summarily recorded. An approximate date is given by the first entry. The resignation of Mayowe or May, as already noted, took place in 1526–7, with the allowance of the usual year of grace. In Nov. 1524 Throgmorton, elected in 1519, was suffering from prolonged illness and was excused lecturing *ne ex magno studio subiret periculum*; but in Jan. 1527–8 he had evidently recovered and was able to pursue his studies (*Dean's Reg.*, pp. 61, 73). After this date his name disappears, but the date of his death is not recorded. The fellowships which Mayowe and Throgmorton thus vacated were open to elections from the dioceses of Hereford and Worcester respectively, and it is obvious that they were left unfilled for some time. On 9 June 1531, however, a fortnight after the visitation, John Adams was elected from the diocesse of Hereford and Thomas Robards from that of Worcester (*ibid.*, p. 84).

[2] Interlined above *societates* cancelled.

[3] John Wodwall or Wodall, B.A. 1523, M.A. 1527–8; from that part of Worcestershire in dio. Hereford, elected as probationer 10 Nov. 1524. After 1531 he became extremely troublesome in the college. He had words in choir with the dean on the eve of Corpus Christi 1532, when he refused to be one of the rulers of the choir at vespers. He was warned and deprived of an exhibition which he held. In the following January he had a second warning on the testimony of twelve fellows that he stirred up strife in the college. Again, in May 1533 his habit of roaming about alone and haunting suspect places was censured, and it seems probable that a public warning about this subject before the whole college may have led to his expulsion (*Reg. Univ. Oxon.* I, 130; *Dean's Reg.*, pp. 61 etc.).

[4] Altered from *communie*.

[5] Interlined above *et dicebat* cancelled.

[6] Altered from a similar word.   [7] *priua* cancelled.

[8] Thomas Courthop or Curtoppe, B.A. Camb.; adm. B.A. Oxon. 1525, M.A. 1531–2; from Kent (dio. Cantuar.), adm. as probationer 6 May 1528. In Jan. 1532–3 he received his second warning for striking the college cook. When he resigned, 12 Oct. 1533. he was allowed his year of grace on condition that he should cause no scandal and do no molestation to the fellows; but on 28 March 1534 it was decided that he should have his allowance in lieu of commons for a fortnight further, but that he should retire altogether from the college, and that none of the fellows should receive or entertain him in college (*Reg. Univ. Oxon.* I, 139; *Dean's Reg.*, pp. 71 etc.).

Et inhibuit omnibus socijs dicti collegij ut non transirent in . . . . de cetero . . . . absque licencia prepositi siue decani eiusve vicem gerentis su[b pena] ex[commun]icacionis.

Decreuit etiam prepositum citandum fore ad dicendum . . . . quare non debet [amoueri] ab offitio suo propter diutinam absenciam suam ab eodem collegio per edictum.

Et ex causis premissis et alijs ipsum mouentibus progagauit[1] et continu[auit] visitacionem usque[2] ad et in vigiliam Natiuitatis domini proximam [et ad quemlibet diem citra].[3]

LXI

PETERBOROUGH ABBEY

A. ff. 143, 133

Petirburgh visitacio ordinaria exercita in domo capitulari ibidem die Sabbati xix no die Junij anno 1518mo per dominum Willelmum episcopum Lincolniensem personaliter.

Terre et tenementa atque[4] nemora officijo[5] sacriste incumbencia sunt in magno decasu.[6]

Fratres existentes apud Oxney[7] in recreacione iam dudum coguntur surgere ad matutinas in noctibus . Antehac non consueuerunt ita facere sed habere matutinas temporibus diurnis . *Gardianus*[8] de Oxney eligitur per abbatem et maiorem partem conuentus.

Solebant fratres qui sunt excusati a tabula iij leccionum excusari a tribus psalmis et xv psalmis , sexta , nona et completorio[9] ; et tamen hijs diebus , licet sint excusati a dicta tabula , coguntur interesse in dictis psalmis , sexta , nona et completorio *et eciam a cotidiano mandato*[10] / Seniores fratres haberent libertates secundum

---

[1] *Sic.*   [2] *us* cancelled.

[3] No full list of fellows is given at this visitation. Of those present in 1520 only Thomas Ware, now provost, remained. He was still provost in 1535 (*V.E.* II, 243). Of the sixteen fellows named in 1535, eight of those who must have been summoned to this visitation were left, viz. John Lorgan, Robert Charde, John Rixman, Alexander Ryston, John Griffith, Thomas Carden, William Pye and John Smyth, the elder of two men of the same name. Lorgan, however, must have been a probationer in 1520, as he was admitted 16 July 1519 (*Dean's Reg.*, p. 49).

[4] *boscus* cancelled.   [5] *Sic.*

[6] *No*[*ta*] with a cross in the margin of this and the next paragraph.

[7] Apparently begun *Ho* and altered. Oxney was the grange or cell to which monks retired from Peterborough for their ' seynies '.

[8] Interlined above *prior* cancelled.

[9] The *tabula* was the official list with the names of monks on duty at the various services of the week. The ' three lessons ' are those days on which only three lessons were read at matins. The complaint is that the monks excused from reading the lessons were nevertheless expected to take part in the recitation of the psalms between them and the fifteen gradual psalms which were said before the office.

[10] Interlined apparently in wrong place above *et dominus abbas* cancelled.

ipsorum senectutes , et tamen dominus abbas non vult permittere fratres seniores eisdem vti.

Dominus abbas[1] habet in manibus suis officia elemosinarij , thesaurarij / infirmarij , hostillarij et subcelerarij , magistri operum , et non *vult* deputare fratres ad gerendum huiusmodi officia , licet sint fratres satis apti , contra consuetudinem monasterij in nocumentum fratrum , adeo quod cum aliquid deficiat in aliquo officio non est officiarius quem possunt fratres alloqui . Officia eo pretextu sunt in decasu / et precipue domus officij magistri operis in fenestris reparandis.[2]

Terre et tenementa conuentui spectancia ad extra sunt in ruina . Dominus abbas satis bene reparat tenementa sibi pertinencia , sed tamen sinit tenementa conuentus ruere.

Dominus abbas preficit officiarios ad ipsius libitum aliquando , maiori parte capituli contradicente . Et idem singulis annis vendit boscum sine consensu conuentus sui ad valenciam c marcarum et aliquando vltra / Prouideatur quod in omnibus arduis negocijs habeatur consensus conuentus.

Item ipsi qui excusantur a tabula iij leccionum solebant exonerari ab officio seruiendi fratribus in refectorio et lectura ibidem , aceciam ab officio precentoris in ecclesia conuentuali et ab officio de le Agitour[3] in missa de beata virgine et eciam a cena in refectorio ; et debet quilibet talis habere quatuor lagenas seruicie singulis pandoxationibus.

Frater domini abbatis locupletatur de bonis monasterij . Ipse dominus abbas non diligit fratres studentes sed desiderat negligentes.

[fo. 143*d*.]

Ecclesia de Colingham fuit appropriata monasterio ad augmenta-cionem pietanciarum conuentus pro *piscibus* medijs domini Reginaldi Bray militis ; cuius ecclesie fructus conuentus *videlicet quamdiu magister Bray vixit habuit* , et tamen iam dominus abbas non permittit conuentum gaudere iuribus illius ecclesie[4].

Fiat iniunccio vt dominus abbas vtatur paciencia sua apud omnes , nam eius impacientia est impedimentum centum missarum in anno ac amicicie inter fratres.[5]

Idem dominus abbas est iuratus tempore admissionis sue ad obseruandum omnes huius monasterij laudabiles consuetudines ; et tamen ipse dominus abbas infringit omnes huiusmodi consue-tudines , et idem dominus abbas vendidit iam dudum boscum

[1] For Robert Kirton, abbot 1496–1528; see *Dioc. Vis.* I, vi, lvii–lxi, lxiii.
[2] *No[ta]* with a cross in the margin of this and the next two paragraphs.
[3] The meaning of this word is not clear.
[4] The appropriation of the church of North Collingham in Nottinghamshire, near Newark, took place in 1499. The interesting preamble of the decree (*York Reg. Rotherham* I, fo. 286*d*) is quoted in a footnote to *Assoc. Soc. R. & P.* XXXIV, 273).
[5] *No[ta]* with cross in margin against this and the next paragraph.

pertinens officio thesaurarij ad valenciam l li. eciam vili precio , et pecunias sibi ipse custodit.

Infra monasterium est quedam taberna in qua fratres temporibus indecentibus , aliquando nimis mane , aliquando nimis sero , bibunt . Prouideatur ne subcelerarius permittat aliquem ex fratribus suis habere ab inde vinum post horam [1] septimam post merediem in hieme aut post horam octauam in estate.[2]

Est nimis frequens accessus fratrum ville de Petirburgh eciam sine licencia . Fiat inde reformacio.[3]

Iniungatur omnibus monachis ne vllo pacto frabicent[4] sibi vestes / noue facture in forma / sed antiquam formam vestium suarum et presertim lez kirtles obseruent / nam aliquando monachi hijs diebus fabricant nouas formas vestium.[5]

Panis et seruicia conuentus non est omnino salubris neque[6] bonus / eciam fercula monachorum in refectorio carnium sunt [nimis] diminuta et habent pisces plerumque insipidissimos . Neque carnes neque pisces sunt salubres incuria celerarij ; est enim panis optimus ex granis non bene trituratis factus et seruicia nimis tenuis.[7]

Item pro mes[uagio] vbi bo^a vix^t.[8]

Frater Johannes Lynfeld non habet pensionem.

Dominus[9] abbas scandalisauit fratres Johannem Bernwell et Christoferum Barnewell.

[fo. 144.]

Dominus[9] abbas absque consensu conuentus facit vendicionem nemorum et natiuorum monasterij absque[10] , et pecunias sibi ipsi reseruat . Et idem dominus abbas detinet a conuentu vj s. viij d[11]. donatos cuilibet monacho pro obitu Willelmi Ramsey nuper abbatis ibidem[12] . Et idem dominus abbas opprimit totam communitatem ville de Petirburgh cum catallis suis in eorum communis.[13]

Idem dominus abbas aliquando patifacit religionem[14] eciam coram extraneis et eciam habet[15] / totum thesaurum monasterij in custodia sua . fratres solebant habere in communi cista pecunias ad summam ccc li ; iam nullam talem summam habent sed dominus abbas omnia habet apud se /

---

[1] A word, possibly the beginning of *septimam,* blotted.
[2] A cross and *vt'* in margin.
[3] *No[ta]* and a cross in margin.
[4] *Sic :* for *fabricent.*
[5] A cross and *vtt'* in margin.
[6] *bonis* cancelled.
[7] Cross in margin.
[8] *Sic :* cross and *No[ta]* in margin.
[9] *Johannes* cancelled.
[10] *Sic :* repeated.
[11] *leg* cancelled.
[12] Abbot 1471–1496, Kirton's immediate predecessor.
[13] Cross in margin against this and the next two paragraphs.
[14] I.e. *secreta religionis,* the private affairs of the convent.
[15] A word cancelled.

Sacrista nimium notatur de incontinencia . Prior notatur de eo quod ipse quedam iocalia sumpsit a sancto Oswaldo[1] infra monasterium , et precentor de exitu in villam *et nimia leuitate in officio suo* . Et idem prior non fuit electus per conuentum vt deberet /

Prior monasterij deberet et solebat celebrare in capella supra le Charnell[2] pro animabus defunctorem , quod hijs diebus non facit /[3]

Fiat prouisio quod singulis annis deputentur duo ex fratribus monasterij ad superuidendum tenementa et reparaciones tenementorum conuentui spectancium , que vt dicitur sunt in magna ruina.

Dominus abbas non reddit computum annuatim administracionis sue coram fratribus , et idem fundauit quamdam scholam gramaticalem apud Kyrkton et eciam reliquit ordinacioni et collacioni abbatis de Swynested ad x li. per annum.[4]

Deputentur scholares ad continuandum in studijs in vniuersitate , nam aliquando sunt in vniuersitate et aliquando non.

Fratres qui deberent habere lez seyns[5] in Oxney debent assignari per dominum abbatem circiter horam vij ante merediem , et iam assignantur nimis tarde , sic quod plerumque non aduenit[6] priusquam venire valeant fratres ad[7] Oxney[8].

Dominus abbas iam dierum radit monachos nimis iuuenes et indoctos *videlicet pueros* , cuius pretextu non sunt tanti sacerdotes in monasterio vti potuerunt esse si seniores reciperentur in monachos/ Et idem dominus abbas arguit fratres eciam coram extraneis et apud juuenes . Nesciunt p . . . . celerarius restat apud seniores.

Dominus abbas absque consensu capituli inclusit parcum suum apud monasterium , et ex pretextu fratres euntes vsque Oxney coguntur transire per nouas semitas quia antiqus eorum meatus erat per dictum parcum / Et idem dominus abbas habet in manibus suis quoddam clausum valoris annui xl s. pertinens officio sacriste , et inclusit in parco suo partem cimiterij /

[1] The shrine in which was preserved the relic of St Oswald's arm, brought from Bamburgh by one Wynagot in the time of abbot Elsin (1006–1055). St Oswald's chapel was the northernmost of the three in the east aisle of the south transept, next the south aisle of the presbytery.
[2] The actual position of the charnel does not seem to be known.
[3] *No[ta]* and cross in margin against this and the next two paragraphs.
[4] Kyrkton is Kirton-in-Holland, south of Boston and near Swineshead. Nothing more seems to be known of this foundation, which, whether the abbot of Swineshead made the necessary payment or not, does not appear to have lasted long.
[5] *Sic :* for the more usual *seynys* or *seynies*.
[6] Sc. *abbas*.   [7] *Neo* cancelled.
[8] *No[ta]* and cross in margin against this and next paragraph.

[fo. 144*d*.]

Sacrista monasterij habuit in camera sua quamdam iuuenculam nomine Johannam Turnour secreto modo et ipsam carnaliter cognouit pluries , et nedum cum ipsa sed cum multis alijs viuit incontinenter / Et idem sacrista et precentor sunt seminatores discordiarum inter abbatem et fratres.

Nouicij primis annis postquam intrauerant religionem segregantur a conuentu in quadam domo separata etc . cuius pretextu non habent instructorem in religione.

Dormitorium / ecclesia conuentualis *in volta* et infirmaria sunt ruinosa incuria domini abbatis habentis in manu sua officium magistri operis cuius est reparare ruinam domorum monasterij.[1]

Si pandoxatio deseratur per ij aut iij dies aliquando , fratres tunc existentes apud Oxney non habent potum nisi ex proprijs bursis /

Fiat prouisio quod dominus abbas singulis annis coram quatuor aut sex de fratribus senioribus reddat compotum administracionis sue et statum monasterij declaret / atque ostendat eisdem vbi est eius thesaurum.[2]

Fiat prouisio pro infirmis quod temporibus infirmitatum poterunt habere[3] salubria esculenta et poculenta / iam dierum[4] habet infirmus vnum denarium tantum pro victualibus suis.

Dominus abbas aliquando denegat fratribus infirmis in extremis languentibus sacramentum eucharistie . Esculenta et poculenta penitus denegantur fratribus conualescentibus adeo quod non possunt *bibere* de prandio vsque ad cenam , adeo quod fratres nullo pacto ad tempus refeccionis possunt habere vnum haustum potus.

Dominus abbas iam dudum dixit se velle resignare et voluit quod fratres elegerint aliquos ydoneores pro dignitate abbaciali et eos sic nominatos ab illo tempore *non* prosequtus est . . . . . attamen alios grauius delinquentes impunitos reliquit.

Frater Robertus Eston habuit quedam iocalia domus.[5]

Frater Antonius Mores mutuabatur fratri Johanni Ouerton iam defuncto iiij marcas / Dominus abbas habet omnia eius bona ; soluat igitur ipsius[6] debita / precipue dictas quatuor marcas.

Memorandum pro presidentibus religionis.

[1] Cross in margin opposite this paragraph.
[2] Cross in margin opposite this and the two following paragraphs.
[3] *sub* cancelled.   [4] *Abbas etc.* cancelled.
[5] *et vbi sunt nescitur* cancelled.
[6] *legat* cancelled.

[fo. 145.]

Dicitur quod est quedam bulla cuius vigore abbas casu quo non prouiderit potum salubrem pro monachis est excommunicatus.

Officium sacriste est in magno decasu : stetit in officio illo per viginti annos et nunquam vidit decimam partem terrarum officio suo pertinencium . Ipse sacrista non censetur vtilis pro officio illo . Confessores ideoti sic eliguntur et idonei vituperantur[1] , et officiarij ideoti preferuntur idoneis / Juniores preficiuntur in officijs et seniores deputantur ad claustrum.[2]

Non est aliqua domus preparata pro infirmis fratribus , nec sunt lecti pro singulis infirmis preparati in quibus possunt separatim iacere / In hostillaria sunt scholares in nocumentum conuentus et ipsi scholares sunt semper absentes a studijs.[3]

Dominus abbas mactitat oues maceres , boues corruptos et porcos insalubres pro cibarijs monasterij . Hostiliarius non habet panem , seruiciam , lectos et alia pro hospitibus recipiendis.[4]

Prior monasterij haberet xvj li. per annum pro superuisione terrarum et tenementorum . Prior modernus non percipit dictas xvj li. neque[5] superuidet huiusmodi terras sed[6] omnia ista relinquit domino abbati et sedet in mensa cum dicto domino abbate.[7]

Precentor habet officium custodis crucis[8] : percipit emolumenta et nichil facit in officio.

Memorandum quod frater Thomas Darby qui stetit in religione per xlix[ta] annos iam exoneretur a matutinis.[9]

Fratres monasterij dant fercula sua a[10] refectorio amicis ipsorum in villa commorantibus ad ipsorum libitum in detrimentum elemosine /

Plures de senioribus fratribus sunt lasciui et dissoluti in choro temporibus diuinorum ad exemplum prauum.

Frater Robertus Beuerlay , sedens in infirmaria , nescit commedere cum fratribus suis propter ipsius infirmitatem / Habeat licenciam commedendi in camera et dimittatur a sequela chori et ab alijs oneribus , precipue a missis in ordine . Non est aliqua domus pro leprosis et alijs contagiosis nisi dumtaxat infirmaria.

---

[1] This sentence is entered in the original in a confused form. It is probable that the last three words, which actually follow *ideoti* in the MS., were meant to be cancelled, as well as *sic*, which means nothing where it stands.
[2] *No*[*ta*] in margin opposite this paragraph.
[3] *No*[*ta*] with cross in margin   [4] Cross and *antea* in margin.
[5] *p*[*er*] . . . cancelled.   [6] A word cancelled.
[7] *No*[*ta*] and cross in margin.
[8] Apparently the charge of the Rood altar and of oblations made there.
[9] *No*[*ta*] and cross in margin against this and the next four paragraphs.
[10] Interlined above *e* cancelled.

F

[fo. 145*d.*]

Fratres juniores vt pute[1] nouicij non habent jantacula . Est aliquando vltra horam duodecimam antequam isti juniores edant aut bibant / et deinde vix bibunt vsque ad prandium diei sequentis . Et ex hoc ipsi juuenes plus accipiunt in prandijs , cuius pretextu post prandium sunt dediti sompnis et non studijs.

Habeant officiarij ius suum in pasturis monasterij modo consueto.[2]

Dominus abbas non habet in fratres clemenciam neque eos exaudit in negocijs suis / sed seculares eciam in causis religionis bene exaudit / et idem dominus abbas habet in aliquos ex fratribus suis animam obstinatam /

Memorandum de precentore / sacrista monasterij , tabula iij leccionum.

[fo. 133.][3]

In Dei nomine Amen . Nos Willelmus , permissione diuina Lincolniensis episcopus , huiusmodi monasterij de Burgo sancti Petri nostre diocesis Lincolniensis ordinarius et visitator , nostram ordinariam visitationem in isto monasterio inchoatam et adhuc inexpletam pendentem ex certis causis racionabilibus nos et animam nostram legitime mouentibus ad et in diem Jouis vicesimum secundum mensis Julij proxime iam futurum *et istam domum capitularem* cum continuacione et prorogacione dierum tunc sequencium *et locorum si oporteat* et quemlibet diem citra[4] , prout nobis melius videbitur , continuamus et prorogamus in hijs scriptis.

Lectum fuit hoc decretum per dominum episcopum Lincolniensem in domo capitulari ibidem die *Martis* xxij[do] die Junij anno domini 1518 hora x[ma].

Et deinde die Jouis proximo post festum Septem Dormiencium[5] , antepenvltimo die Julij , magister Thomas Swayn , commissarius domini episcopi Lincolniensis , in domo capitulari ibidem iudicialiter sedens , lecta commissione sibi facta in pleno capitulo coram domino abbate , priore , suppriore , precentore et alijs monachis de conuentu ibidem ac onere ipsius commissionis per ipsum acceptato , idem magister Swayn visitacionem domini ibidem vsque in illum diem continuatam de consensu omnium predictorum vsque in

---

[1] *Sic :* for *puta.*

[2] A cross in margin against this and the next paragraph.

[3] The documents which follow are supplementary to and complete the record of the 1518 visitation. At the same time, their chronology is a little puzzling, and we must assume that the visitation, postponed to 22 July, was further postponed to a week later. The postponement announced by the commissary on 29 July for a much later date, was apparently anticipated by the bishop, who closed proceedings on 23 August.

[4] *con* cancelled.

[5] The feast of the Seven Sleepers is on 27 July, a Tuesday in 1518.

diem Mercurij proximum post festum Ascensionis Domini proximum[1] *cum continuacione et prorogacione dierum tunc sequencium et quemlibet diem citra* continuauit et prorogauit . Edwardus Watson.[2]

In dei nomine Amen . Nos Willelmus , permissione diuina Lincolniensis episcopus , rite et legitime procedentes nostram visitacionem ordinariam in isto monasterio iam dudum inchoatam et adhuc ibidem pendentem et vsque ad et in hos diem horam et locum continuatam et prorogatam auctoritate nostra ordinaria dissoluimus , reseruata nobis potestate transmittendi iniunctiones iuxta nobis in nostra . [huiusmodi] . visitacione detecta.

Latum erat hoc decretum per commissarium predicto die Lune xxiij[clo] die Augusti anno Domini 1518 in domo capitulari ibidem.

LXII

RAMSEY ABBEY

1. A. fo. 138*d*

2. L. fo. 97

fo. 138*d*.

Ramesey visitacio ibidem exercita in domo capitulari 15⁰ die Junij anno Domini 1518ᵐᵒ per dominum W. dei gracia Lincolniensem episcopum personaliter.

Porte monasterij non bene clauduntur temporibus nocturnis ex parte domini abbatis , neque muri et clausure monasterij sunt sufficientes : monachi monasterij possunt exire monasterium temporibus nocturnis ad ipsorum libitum . Et eciam extranei et seculares possunt intrare monasterium temporibus nocturnis , eciam in ecclesiam conuentualem , adeo quod iam dudum ablatus fuit tempore nocturno ab ecclesia conuentuali calix quidam furtiue , nec scitur quomodo aut per quem / Dominus iniunxit abbati[3] et priori quod muri et clausure monasterij sint sufficientes citra festum Omnium Sanctorum , et quod porte sufficienter claudantur sic quod nec monachi[4] exire nec extranei intrare vllo modo poterunt.

Prior non est discretus in correccionibus , sed est nimis rigorosus neque indifferens / sed eosdem fratres suos ad simplicem querelam laici seu vilis persone corrigit / eciam in conspectu et presentia laicorum eosdem vituperat / Iniunctum est priori quod se emendet in hoc /

[1] 8 June 1519.
[2] Watson's customary parafe appears between his Christian name and surname.
[3] The abbot was John Lawrence or Wardeboys, elected in 1507 (see *C.P.R.* 1494–1509, pp. 528, 533, 535), who was abbot at the dissolution and was living in 1540 (*L. & P.H. VIII, XV*, p. 548).
[4] A letter cancelled.

Willelmus Calyuer ministrans[1] fratribus in refectorio non est
honeste conuersacionis / neque exhibit[2] reuerenciam fratribus
monasterij , sed vilipendit eosdem verbis vituperiosis / et ipse
confortatur in huiusmodi sua pertinacia per priorem monasterij
qui plus ei fauet quam alicui de fratribus monasterij quibus *ipse
prior* minatur pluries nimis acerbe / Ricardus Harte pater eiusdem
Willelmi est eiusdem condicionis / Est iniunctum priori quod
deinceps ita non faciat /

Idem prior non fuit electus per conuentum vt deberet , sed
dumtaxat ad nutum domini abbatis et ij aut iij eidem adherencium .
Idem prior deberet instare apud dominum abbatem in negocijs
conuentus et loqui semper deberet pro iuribus monachorum / sed
tamen iste prior modernus non est ausus neque vult ista facere /

Dominus Johannes Ryngsted habet officium sacriste / senescalli
et custodis de Hurste[3] / et tamen sunt nonnulli alij confratres ita
prouidentes ita[4] apti sicut ipse qui nulla gerunt officia /

Dominus Robertus Houghton *nuper* celerarius debet domino
Stephano Bennet stipendium suum pro duobus annis quibus erat
celerarius / et sic eciam est omnibus alijs fratribus monasterij
indebitatus in diuersis summis pro ipsorum stipendijs , quibusdam
pro vno anno , alijs pro ij annis /

Petitur vt augeatur numerus monachorum , quia in monasterio
solebant et debent esse quinquaginta monachi / et iam sunt ibidem
nisi quadraginta confratres / Dominus iniunxit quod citra festum
sancti Michaelis[5] *Archangeli ad annum futurum* dominus abbas
faciet numerum augmentari.

Dominus Johannes Stowe est blasphemus et magnus iurator /
arguit confratres suos et non vult ab alijs argui / Est refectorarius ;
non est diligens in officio suo , quia non assignat cotidie monachis
per signa consueta vbi sunt eo die pransuri / sed aliquando cum
venerit hora prandij fratres nesciunt an in refectorario[6] an in
misericordia habebunt refectiones . Est sibi iniunctum vt hoc
emendet . Dominus reseruauit potestatem absoluendi huiusmodi
blasphemo sibi et suis .[7]   Dominus episcopus reseruauit absolu-
cionem omnium huiusmodi blasphemorum sibi ipsi et deputandis
per se , et tulit sentenciam excommunicacionis in omnes huiusmodi
blasphemos per se et suos absoluendos.

Dominus Johannes Burwell non[8] camerarius non soluit stipendium
monachorum debitis temporibus . Iniunctum est sibi quod

---

[1] Written *ministerans :* the *e* cancelled.
[2] *Sic :* for *exhibet.*
[3] ' Hurste ' is the hundred of Hurstingstone, of which the abbot was lord. Its
centre was the ' Hursting stone ' or Abbot's Chair near Old Hurst.   See *Place-
Name Soc. Beds. & Hunts.,* p. 204.
[4] *Sic :* for *et* or *et ita.*
[5] *prox'* cancelled.   [6] *Sic :* for *refectorio.*
[7] Added at foot of leaf.   [8] *Sic :* should have been cancelled.

deinceps soluat pensiones monachorum temporibus debitis sine
dilacione quacunque.

[fo. 139]

Monachi monasterij gerentes officia in monasterio vastant boscum
officijs pertinens / et sinunt tenementa officijs illis spectancia ruere
et sunt dilapidatores officiorum suorum , quorum vnus est sacrista
et seniscallus , et elemosinarius est alter eorundem / Vendunt eciam
meremium grossum / Iniunctum fuit quod omnes officiarij , cum
officia dimittant , debent eciam dimittere in officijs illis pecunias
in eisdem acquisitas / ex vendicione boscorum , vasti et similibus.[1]

Prouideatur quod temporibus diuinorum intersint plures monachi
in ecclesia psallentes et decantantes , nam pro maiori parte non
sunt presentes in ecclesia tempore alte misse vltra ij monachi et
aliquando nisi solus prior / Officiarij non veniunt ad chorum.

Prior monasterij non censetur discretus . Est nimis credulus ,
citius adhibet fidem laicis quam fratribus suis et laicis fauet . Est
aliquando ebreosus et reuelat secreta claustri laicis . Iniunctum
fuit eidem priori quod ipse deinceps abstinebit se ab huiusmodi
ebrietate et quod non sit ita credulus laicis neque taliter fauens
eisdem / et quod non reuelet secreta fratrum.

Tenementa monasterij ad extra sunt in magno decasu incuria
domini abbatis.

Hospitalitas hijs diebus diminuitur plus solito , et tamen monachi
juniores *non* habent habent[2] aliquem locum in quo possunt recipere
et epulare cum amicis ipsorum ad monasterium accedentibus ;
neque habent aliquid in quo possunt huiusmodi suos amicos
gratificare . Extranei qualescunque fuerint hijs diebus non recipiuntur
neque est prouisum pro illis neque *eciam*[3] equis / vti deberet et
solebat esse in monasterio . Dominus iniunxit firmiter domino
abbati quod ipse hospitalitatem suam augmentari et hospites honeste
recipi.[4]

Officiarij monasterij seipsos locupletant et redditus officijs suis
pertinentes dilapidant et tenementa ruere permittunt / Cum igitur
officia talia dimittant , fiat prouisio quod eciam relinquant in officio
illo huiusmodi pecunias per ipsos acquisitas in eisdem . Iniunctum
fuit quod taliter dimittant pecunias in officijs acquisitas in eisdem
officijs cum ea dimiserint.

Plures de monachis monasterij plus dant se venationibus et alijs
ludis quam decet , et aliquando aliqui ipsorum sagittant in campis
sine habitu decenti in scandalum domus.

Prior iam dudum fecit quoddam ostium per quod laici intrant
communiter in secretum dormitorium et vident atque sciunt quid

---

[1] Sc. *vendicionibus.*
[2] *Sic.*   [3] Interlined above *equorum* cancelled.   [4] *Sic : faciat* omitted.

juuenes monachi ibidem studentes faciunt . Iniunctum est priori quod ipse nullo modo deinceps permittat aliquos laicos intrare dormitorium secretum per illud ostium seu aliquo modo se [intromittere] /

Aliqui ex monachis habent plura officia / et alij fortassis prudentiores illis nulla habent officia . Petitur igitur vt officia sint diuisa / singula officia singulis confratribus.

Habeatur semper *deliberacio*[1] bidui vel tridui in auditione computorum singulorum computancium . Dominus iniunxit domino abbati et toti conuentui / quod deinceps quod[2] hoc obseruetur / quodque auditores diligenter inquirant de vastis factis per officiarios et ruina tenementorum officiorum , et hec omnia faciant per dominum abbatem restitui et refici.

[fo. 139*d*.]

Supprior non est discretus in correccionibus sed est nimis fauens delinquentibus et quandoque nimis acerbe punit /

Johannes Stowe custos de le shryne[3] exhiberet virtute officij sui duo luminaria continue ardencia ibidem circa le shryne , et tamen aliquando hoc non plene obseruatur.

Prior modernus debet Willelmo Lyn' xij s. de pensione suo temporibus quo[4] ipse prior fuit in officio.

Prior monasterij fuit electus contra consuetudinem monasterij , deberet enim eligi per conuentum : fuit iste prior electus per abbatem . Ipse prior vult sepius inebriari / et tunc vult reuelare et patifacere eciam laicis secreta fratrum et penitencias fratribus iniunctas per eundem[5] . Iniunctum fuit dicto priori peremptorie videlicet primo , ij^do et iij^cio , quod ipse deinceps se abstinebit ab omnibus contra ipsum iam querelatis sub pena amotionis ab officio absque aliqua alia vlteriori monicione , quia hec monicio est peremptoria et habet in se vim trium monicionum , Idem prior istam iniunccionem admisit /

Iniunctum est firmiter domino abbati quod ipse prouideat de instructore pro nouicijs in sciencijs primitiuis / sepius ante hac fuit taliter sibi iniunctum et non curat illam adimplere .[6] Iniunctum est hoc eidem iterato in ista visitacione.

Dormitorium est ruinosum adeo quod pluit in lectis fratrum / Nonnulla alia edificia sunt similiter defectiua , vt puta ecclesia supra summum altare et supra organa / adeo quod fratres non

---

[1] Interlined above *dilapidacio* cancelled.   [2] *Sic.*

[3] The shrine of St Ives, which had been reconstructed and endowed with rents by Hugh Sulgrave, abbot 1255–1268. See *Cartul. Rames.* (Rolls Ser.) I, 103; II, 228; III, 184.

[4] *Sic :* probably for *tempore quo.*   [5] *Iniunctum et vt infra* cancelled.

[6] *Quod fratres non possunt temporibus nocturnis quiescere pluuia in capita eorum pluente* cancelled.

possunt temporibus nocturnis quiescere , pluuia in capita eorum pluente . Iniunctum est domino abbati quod ipse faciat reparaciones ad infra et ad extra vt opus erit /

Monachi non surgunt ad matutinas temporibus nocturnis vt deberent . Aliquando sunt vix octo monachi surgentes ad matutinas , licet sint triginta monachi in monasterio / Iniunctum fuit domino priori quod ipse deinceps videat plures fratres presentes esse ad matutinas.

Prior modernus virtute officij sui instaret penes dominum abbatem pro iuribus fratrum . Iste tamen prior non est ausus ista facere[1] eo quod dominus abbas asserit priorem[2] monasterij imponendum et ammouendum fore ad nutum suum / quod non est verum sed directe contra consuetudinem et ordinaciones monasterij . Iniunctum est domino priori quod ipse deinceps instabit penes dictum abbatem pro iuribus fratrum quotiens opus erit et congrue fuerit requisitus.

Prior modernus non est discretus . Vult aliquando et pluries inebriari / et tunc vult reuelare secreta domus et confessiones fratrum / adeo quod fratres timent sibi confiteri / Iniunctum est vt infra.

Cella sancti Iuonis tam in ecclesia quam alijs edificijs est in magna ruina / et est ibidem quedam[3] le Frame[4] nouiter facta / et pro eo quod non est solutum carpentario de pecunijs suis , non proficit sed iacet aperte ad extra et patitur dampnum . Iniunctum fuit quod hec eciam emendentur.

Dominus Robertus Houghton habuit xl li. de pecunijs extitis de thesauraria , quas tam ipse quam dominus abbas promiserunt reliberare / et tamen huiusmodi pecunie non sunt resolute in thesaurariam.

[fo. 140.]

Sunt in monasterio octo officiarij qui solebant et debent singulis annis ante festum Natalis Domini facere Oees[5] et tunc deberent ipsi officiarij preparare cibaria *et potaciones* ad modum conuiuiorum pro toto conuenti ; quod hijs annis incuria prioris omittitur . Iniunctum fuit domino abbati quod hoc ipse videat obseruari.

Dormitorium , refectorium et ecclesia conuentualis sunt nimium defectiua ad infra monasterium , ex quo credunt fratres quod cum *tanta*[6] sit ruina infra monasterium in conspectu omnium fratrum , necnon est ruina in tenementis ad extra.

[1] *neque* cancelled. [2] *inp* cancelled. [3] *noua* cancelled.
[4] The nature of this ' frame ' is not fully explained : probably a timber barn or shed is implied, as in the phrase a ' frame ' house, which had not been covered in.
[5] *Sic.* The ' Oes ' were feasts provided on the seven days before Christmas eve, so called from the antiphons *O Sapientia*, etc., appropriate to those days. The reason for eight persons charged with the provision of Oes at Ramsey may have been that Christmas eve was included with the seven other days.
[6] Interlined above *ista sunt* cancelled.

Fratres seniores nolunt venire ad matutinas nec alia officia diuina neque celebrare missas in cursu suo / sed coguntur juniores monachi celebrare missas et psallere officia diuina vice et loco seniorum fratrum / Iniunctum est abbati quod ipse faciet seniores , eciam officiarios , facere presentiam suam in choro temporibus dierum.

Ricardus Hart[1] minister refectorij non facit debitum officium suum / sed facit quemdam puerum Willelmum Alyn' ministrare conuentui . Johannes Harte minister de senyall[2] et barbitonsor / pessimo modo facit officium suum . Refutat plerumque radere fratres juniores.

Fratres monasterij , et presertim seniores , frequentant et ludunt ad taceras et aleas et alios similes ludos temporibus nocturnis , eciam pro pecunijs , et ibidem habent maxima iuramenta per corpus dominicum et alia eius membra . Non veniunt ad matutinas , sed ludunt tunc temporis et hoc communiter eciam cum fuerint seniores . In choro non cantant sed confabulant , et juniores supportant omnia onera chori.[3]

Prior monasterij anno instanti compellebat fratrem Johannem London , tunc infirmum et ita eidem priori dicentem , surgere ad matutinas et venire ad ecclesiam durante infirmitate / Vnde idem dominus Johannes subito cecidit ad ostium domus capitularis et emisit spiritum / Iniunctum est priori quod ipse deinceps non taliter artabit fratres suos egrotos.[4]

Diuerse pecunie debentur nonnullis personis in patria pro nonnullis victualibus emptis per dominum Robertum Houghton tempore quo fuit celerarius / in scandalum monasterij . Iniunctum fuit quod ipse pecunie soluantur creditoribus / et quod dominus abbas hoc faciat obseruari.

Dominus abbas , celerarius , sacrista , prior sancti Ivonis et elemosinarius tenentur annuatim computare . Pietanciarius eciam tenetur ad computum , et idem[5] dilapidat domos et tenementa officij.

Tenementa officij custodis feretri sancti Ivonis sunt eciam in magna ruina.

[fo. 140d.]

Tenementa officio[6] camerarij / et custodis capelle beate Marie sunt in ruina / Dominus iniunxit quod officiarij omnes facient reparaciones sufficientes tenementorum suorum sub pena perdicionis officiorum.

---

[1] *Johannes Harte eius filius* cancelled.
[2] I.e. seyny hall, the misericord used by the monks for meals in their ' seynies '.
[3] Interlined above *mon'* cancelled.
[4] An injunction which in the circumstances seems extremely mild.
[5] *fecit* cancelled.   [6] *Sic.*

Scrutator religionis in monasterio non est indifferens , nam aliquos arguit et alios non / hic scrutatur et alibi non /

Exclamacio contra conuersacionem monachorum . . . . . . in loco[1] sancti Ivonis per patriam et extraneos . Dominus iniunxit firmiter domino abbati quod[2] ista videat emendari.

Die Veneris xviij[mo] die Junij anno infrascripto , dominus episcopus iudicialiter sedens in domo capitulari ibidem[3] visitacionem suam huiusmodi dissoluit / salua sibi potestate transmittendi iniunctiones pro detectis et alijs necessarijs.

[fo. 97.]

2

RAMSEY

xxix[o] die mensis Augusti anno domini millesimo quingentesimo tricesimo , in domo capitulari monasterii de Ramsey Lincolniensis diocesis coram venera[bili] viro magistro Johanne Rayne , vtriusque iuris doctore , vicario in spiritualibus generali reuerendi in Christo patris et domini domini Johannis permissione diuina Lincolniensis episcopi , iure ordinario eiusdem reuerendi patris visitante , introducta monicione emanata vna cum certificatorio eiusdem comparuerunt personaliter.[4]

Dominus Johannes Wardeboys abbas
Dominus Johannes Ramsey prior
Dominus Robertus Stamford sacrista
Dominus T. Huntington pietanciarius

[1] The *locus* is the cell or priory, as commonly in monastic terminology.
[2] *iss* cancelled.
[3] *iud* cancelled.
[4] Twenty-eight members of the house, including six novices, appeared on 29 Aug. ; while sixteen were absent, of whom eleven came on the following day. John Gamlyngay and John Burwell, not mentioned in the list, bring the number up to forty-six. Only thirty names are entered on the pension list in 1540 (*L. & P. H. VIII*, XV, p. 548). Fourteen of these can be identified with names in the present list, and these are noted separately below. The surnames given in this list indicate an origin for their bearers largely local. Warboys (2), Ramsey (2), Huntingdon, Houghton, Glatton, Sawtry, Gidding, Holywell (2), Standground, Broughton, Earith, Hemingford, St Ives and Bury, furnishing seventeen names, are all in Huntingdonshire. Swavesey, Gamlingay, March, Burwell and probably Sutton, come from Cambridgeshire, 'Eton' is probably Eaton Socon in Bedfordshire, Warmington, Titchmarsh, Lilford and possibly Barnwell, come from Northamptonshire, all within easy reach of Ramsey. Brancaster and Ringstead are the names of places in Norfolk where the abbey had property, and Therfield in Hertfordshire appears in the same connexion. Stamford, Billingborough and Crowland come from Lincolnshire, all three in or on the edge of the fenland. Lincoln, Leicester and London speak for themselves. Names which cannot be located with certainty are Langham, Burton, Donham (Downham or Dunham), Trienell or Tryanell, apparently a local surname derived from some small neighbouring hamlet or farm (cf. Eldernell near Whittlesey), and Kyngston. Three names, Benett, Elsyn and Alwyn, appear to be names taken in religion from saints, the last name being that of the Saxon *dux* who was regarded as founder of Ramsey. Eldrede or Eldrige may belong to the same class. One name, partly illegible, cannot be identified. As no list survives from the visitation of 1518, no comparison is possible. The abbot, John Ringsted, John Burwell, Robert Houghton and Stephen Benett bear names common to both dates.

Dominus Ro. Houghton thesaurarius conuentualis
Dominus Johannes Glatton
Dominus Laurentius Langham custos capelle
Dominus W. Sawtre camerarius[1]
Dominus W. Gyddyng magister operum[2]
Dominus W. Warmyngton precentor
Dominus Stephanus [Ben]ett subcellerarius
Dominus Ricardus Elsyn receptor abbatis
Dominus T. Therfeld cellerarius
Dominus W. Bernewell tertius prior
Dominus Ro. Sutton subsacrista
Dominus Jo. Halywell
Dominus T. Eton
Dominus Ro. Stanground
Dominus Ricardus Ramsey
Dominus Hugo Broughton
Dominus Willelmus Eryth
Dominus Edwardus Lincoln
[3]Thomas Hemyngford ⎫
Thomas Burton ⎪
Johannes Wardeboys ⎬
Johannes Tychemersh ⎪
Johannes Byllingborogh ⎪
Georgius London ⎭

ABSENTIBUS TUNC ET IBIDEM[4]

Johanne Donham priore de Modeney[5]
Domino Rowlando Sentyves
Domino Johanne Mershe infirmario
Domino W. Hallywell custode de Berwell[6]
Domino Jo. Leyceter
Domino W. Alwyn suppriore
Domino Johanne Ringsted priore[7]
Domino Ricardo Eldrede
Domino Ricardo Trienell . . .
[Domino Thoma] Brancaster

---

[1] He furnished no evidence. In the evidence of Richard Elsyn he is called *senescallus*.

[2] I.e. the monk in charge of the ' works ', the department of construction and repair of buildings, his duties being of course purely administrative.

[3] *Dominus* cancelled. The names of six novices follow, three of whom can be identified as professed monks in the pension list, viz. John Smyth *alias* Tygense (*sic* : for Tychemershe), John Whytewelle *alias* Byllyngboroughe, and George Marshall *alias* London.

[4] Most of these absentees, including the monks from St Ives, appeared before the bishop on the following day.

[5] John Anyson *alias* Downhame appears in the pension list. Modney was a cell of Ramsey in the parish of Hilgay, Norfolk.

[6] Burwell in that part of Cambridgeshire, near Newmarket, which was in the diocese of Norwich.

[7] Supply *de Sancto Ivone*.

[Domino] Jo. Crowland
Domino Johanne Lylford
Domino [Jo] Bury ter[cio priore]
Domino Jo. Kyngston
Domino . . . sto . . . .[1]
Domino [Willelmo Swase]y

Ac subinde , denunciata causa aduent[us] . . . . . suis , vicarius generalis prorogauit . . . . . . in diem Lune proximam[2] et ipsam . . . . . diem.

Ac subsequenter die Martis xxx[to] d[ie mensis Augusti dominus] episcopus accessit ad monasterium et . . . . singillatim examinauit religiosos . . . . huiuscemodi.

[fo. 97*d*.]

(Abbas) Dominus Johannes Wardeboys[3] abbas dicit quod omnia sunt bene.

Prior . Dominus Johannes Ramsey prior dicit quod omnia sunt bene.

Sacrista . Dominus Robertus Stamford sacrista dicit quod omnia sunt bene.

Pietanciarius . Dominus Thomas Huntington pietanciarius.

Quod supprior est multum austerus in correccionibus et non corrigit fratres caritatiue.

Supprior . Dominus Willelmus Aylwyn[4] supprior dicit quod aqueductus ex coquina[5] conuentus est nociuus et minus sufficienter reparatur.

Dicit etiam quod officiarius le shryne non habet omnia emolumenta pertinentia officio suo , quia dominus abbas habet annuatim partem , videlicet certam summam pecunie pertinentis eidem officio.

Refectorium indiget reparacione in le butterysses et in columnis , et . . . . dormitorium ac domus capitularis indigent reparacione in [fundame]ntis eorundem , videlicet in the groundeworkes.

Dicit insuper quod ipse aliquando impeditur per priorem debitas facere reformaciones delinquentium fratrum.

[Dominus] Laurentius Langham custos capelle[6] dicit quod omnia sunt bene.

[Dicit quod ort]us firmarie violatur animalibus negligencia thesaurarij non facientis [portam sufficientem].

---

[1] Name uncertain.
[2] I.e. 5 Sept. [3] Or Lawrence, last abbot. See *V.C.H. Hunts.* I, 383.
[4] W. Alwyn in pension list. [5] *celerarii* cancelled.
[6] I.e. the chapel of the B.V.M. For the endowments of this chapel given by Ranulf, abbot 1231–53, and his successor Hugh Sulgrave, see *Cartul. Rames.* (Rolls Ser.) II, 223, 229. Possibly Laurence Langham is identical with Laurence Bardney in the pension list.

[Dicit quod tenemen]ta in villa de Ramsey in diuersis locis sunt ruinosa.

[Dominus Wille]lmus Gyddyng magister operum dicit quod ortus firmarie [violatur] et deturpatur animalibus et porcis negligentia thesaurarij [non facie]ntis portam sufficientem.

[fo. 98.]

(Elsyn receptor) Dominus Ricardus Elsyn receptor dicit quod supprior est ebrius et litigiosus et quod dominus Sawtre senescallus non gerit se caritatiue , set suscitat discordias inter fratres.

Edificia pertinentia ad monasterium sunt ruinosa.

(Dominus Hallywell) Dominus Willelmus[1] Hallywell custos de Berwell.

Offitium elimosinarij offitium[2] per se distinctum exercitur[3] per cellerarium , et offitium cellerarij preiudicat eidem officio et viceuersa ; ac tenementa et terre elimosinarij officio spectantia diminuuntur eodem pretextu.

(Dominus Merche) Dominus Johannes Merche infirmarius dicit quod omnia sunt bene.

(Dominus Barnwell) Dominus Willelmus Barnwell dicit quod firma de Bygon[4] est in . . . . , et occasione locationis eiusdem diminuitur officium sacriste.

(Sutton.) Dominus Robertus Sutton subsacrista dicit quod omnia sunt bene.

(Bery .) Dominus Johannes Bery affirmat omnia fore bene disposita.

(Eton .) Dominus Thomas Eton dicit quod omnia sunt bene.

(Stanground .) Dominus Robertus Stangrouns[5] affirmat idem.

(Broughton .) Dominus Hugo Broughton dicit quod supprior non . . . . ac solet inebriari , ac minatur fratribus.

(Eldrege .) Dominus Ricardus Eldrige refectorarius dicit [quod in]firmarius non est habilis ad exercendum . . . . eandem infirmariam.

[fo. 98d.]

(Glatton .) Johannes Glatton dicit quod libri chori indigent reparacione.

(Ramsey) . Ricardus Ramsey dicit quod pedagogus non inst[ruxit] fratres post quadragesimam vltimam.

(Erith .) Dominus Willelmus Erith dicit quod omnia sunt bene.

---

[1] *brewell* cancelled.   [2] *Sic*.   [3] *Sic :* for *exercetur*.
[4] Biggin in Ramsey ; see *Vis. Rel. Ho. dio. Linc.* II (2), 303, *note* 7.   Perhaps there is a confusion with Wygyn (see next page).
[5] Called Robert Harrys *alias* Stanground in pension list.

(Gaml[yngay] .) Dominus Johannes Gamlynggay : carent instructore grammatices.

(Seinct Ives) Dominus Roulandus Seincte Ives dicit quod omnia sunt bene.

(Lincoln) Dominus Edwardus Lincoln dicit quod sacrista est procurator suus[1] . . . . . recipit stipendium pro eo , ac non preparauit vestimenta necessaria , nec reddidit computum de receptis pro eodem.

Dominus Ricardus Tryanell dicit quod non habent instructorem grammatices.

Dominus Johannes Rigsted[2] prior sancti Ivonis dicit quod omnia sunt bene.

Dominus T. Therfeld cellerarius.

. . . . dicit quod monachi existentes apud sanctum [Ivonem non veniunt] nocturnatim ad matutinas , et secunda missa . . . . . . negligitur , et aliquando non sunt vltra tres [monachi in choro]. eo.

[Firma] apud Wygon[3] est multum ruinosum , et alia edific . . . . non accedit ad fratres semel in quindena nec . . . . sufficienter.

[fo. 99.]

RAMSEY

(Benett) Dominus[4] Stephanus Benett[5] subcellerarius dicit quod instructor grammatices est nimis remissus et negligens.[6]

(Crowland .) Dominus Johannes Crowland sacrista sancti Ivonis dicit quod omnia sunt bene.

Brancastre . Dominus Thomas Brancastre[7] dicit quod tenementa spectantia ad officium elemosinarij tam in villa de Ramsey quam villula de Redybone[8] sunt ruinosa.[9]

Dicit etiam quod firma de Wygyn est ruinosa et vnum horreum eiusdem est collapsum negligentia prioris sancti Ivonis ; et idem prior , non reedifacto eodem horreo , locauit terras ad eandem firmam pertinentes alijs . Dicit etiam quod stabuli eiusdem firme sunt in decasu.

---

[1] et subtrahit cancelled.
[2] Sic : for Ringsted. John Pakye alias Ryngestede is among the names in the pension list.
[3] The manor of Wigan, called ' Wekyn ' in V.E. IV, 272, in the parish of Woodhurst. See V.C.H. Hunts. II, 189.
[4] Johannes Hallywell cancelled.
[5] Possibly identical with Stephen Bawdwyn in pension list.
[6] N[ota] in margin.
[7] It seems likely that this is the Thomas Powle alias Brayntre (sic) named in the pension list.
[8] See vol. I, p. 6, n. 1.
[9] N[ota] in margin opposite this and the next entry.

Dicit preterea quod dominus Roulandus Seincte Ives et dominus Eldrige quum accesserint ad prioratum sancti Ivonis sunt negligentes in diuinis officijs et etiam apud monasterium.

Dicit insuper quod firma de Broughton et firma de Berysted spect[antes ad] dominum abbatem vna cum tenementis de Ramsey sunt ruinos[e].[1]

Dicit itaque quod tenementa sacriste in villa de Ramsey ruinantur.

Dicit etiam quod quandoque sunt tres et aliquando quatuor presentes in matutinis [apud sanctum] Ivonem et non vltra.

(Hallywell .) Dominus Johannes Hallywell[2] dicit quod instructor grammatices non in . . . . instructione fratrum.[3]

(Swasy .) Dominus Willelmus Swasye[4] dicit quod edificia monasterij [sunt ruinosa] : firma de Wigyn apud sanctum Ivonem [quam quidam] Whitehede occupauit , ruinatur vna cum firma . . . . ville de Ramsey.

Non habent instructorem sufficientem.

(Burwell .) Dominus Johannes Burwell[5] cellerarius sancti [Ivonis] . . . . est in ruina et vnum horreum eiusdem est . . . .

[fo. 99d.]

Dominus Willelmus Warmyngton precentor dicit[6] quod omnia sunt bene.

Memorandum pro . . . ortijs reformandis.[7]

Vltimo die mensis Augusti anno predicto , publicatis compertis prescriptis . et reformacione promissa , dominus absoluit huiusmodi visitacionem suam prius inchoatam et ipsos in pace dimisit.

LXIII
St. NEOTS PRIORY
1. A. , fo. 135
2. A. , fo. 127
3. L. , fo. 96.

fo. 135.[8] ### Sancto Neoto

VISITACIO EXERCITA IBIDEM INCHOATA DIE VENERIS XXJ^mo DIE MENSIS MAIJ ANNO DOMINI M^mo CCCCC^mo XVIIJ^mo IN DOMO CAPITULARI PER DOMINUM CANCELLARIUM.

Dominus Johannes Raundes prior[9] ibidem exhibuit certificatorium

---

[1] N[ota] in margin opposite this and next entry.
[2] John Pawmer *alias* Haliwell in pension list.
[3] N[ota] in margin opposite this and next three entries.
[4] William —— *alias* Swasey in pension list.
[5] John Brigeman *alias* Burwell in pension list.
[6] *Cantor dicit* written below line.   [7] N[ota] in margin.   [8] Fo. 134d is blank.
[9] Elected in 1508 (*V.C.H. Hunts.* I, 388).   Prior at the dissolution (see *L. & P. H. VIII*, XIV (ii), 262, no. 714), called John Gregorye (*ibid.* XV, 553).

in scriptis sub tenore , et illo certificatoris lecto comparuerunt ibidem omnes monachi illius domus / Et tunc dominus cancellarius continuauit visitacionem suam ibidem vsque ad festum Omnium Sanctorum proximum et quemlibet diem citra.[1]

2
Sancto Neoti monasterium

VISITACIO EXERCITA IBIDEM IN DOMO CAPITULARI DIE MERCURIJ XXIIJ^{c10} DIE MAIJ ANNO DOMINI MI[LLESIMO] CCCCC^{mo}XX^{mo} PER DOMINUM VICARIUM GENERALEM ET MAGISTRUM JOHANNEM BURGES COMMISSARIOS SP[ECIALITER] DEPUTATOS.

In primis verbo dei per dictum magistrum Johannem Burges proposito cuius thema erat.[2]

NOMINA MONACHORUM[3]

Dominus Johannes Raundes prior 1
Dominus Thomas Boxworth 2
Dominus Ricardus[4] Stoucton 3
Dominus Thomas Stoughton 4
Dominus Ricardus Raundes 5
Dominis Johannes Wintringham 6
Dominus Ricardus Newbold 7
Dominus Thomas Flamsted 8
Dominus Robertus Sancte Neotes 9
Dominus Willelmus Barford 10

ECCLESIE APPROPRIATE[5]

Iidem habent ecclesias appropriatas } de Sancto Neoto de Hemyngton / de Wymbishe de Everton Hennygham Londoniensis / Vpton Chaifeld } Norwicensis

[1] There is no record that this adjournment had practical effect.

[2] *Sic :* no text given.

[3] The names are mostly local or from no great distance. Stoucton or Stoughton is Great Staughton, Hunts, or Little Staughton, Beds, near St Neots ; Wintringham and Sancte Neotes are from Huntingdonshire ; Barford from Bedfordshire ; Boxworth from Cambridgeshire, Raundes (2) and possibly Newbold from Northamptonshire. Flamsted is somewhat farther, from Hertfordshire.

[4] *Norton* cancelled.

[5] Of these churches St Neots and Everton were in the archdeaconry of Huntingdon and deanery of St Neots, and Hemington in the archdeaconry of Northampton and deanery of Oundle. The remaining churches were entered inaccurately and were certainly returned without much care. ' Hennyngham ' was not in dio. London, but was Heveningham, dio. Norwich, in the archdeaconry of Suffolk and deanery of Dunwich. Ubbeston (' Upton ') and Cratfield (' Chaifeld ') in the same deanery were appropriated to the prior and convent ; but Heveningham was not, the rectory being charged with an annual pension of 20s. to St Neots (*V.E.* III, 440). Wimbish, Essex, was in dio. London, archdeaconry of Middlesex and deanery of Dunmow ; but, though there was a vicarage in the church, its original patron was the sinecure rector. The rectory was not in the patronage of the prior and convent, nor did they ever appropriate it, but it was charged with an annual pension to them. See Newcourt, *Repert.* II. 671–4.

Iidem habent in terris et tenementis ac alijs emolumentis circiter cc li[1] l li.

Eisdem die et loco dominus vicarius generalis assignauit domino Patricio Lynton curato ecclesie parrochialis de Mylton Bryan ad exhibendum litteras testimoniales super ordinacione sua citra festum sancti Petri ad vincula proximum sub pena suspensionis a celebracione diuinorum.[2]

3
Neoti sancti prioratus

VISITACIO EXERCITA IN DOMO CAPITULARI IBIDEM PER DOMINUM CANCELLARIUM ij[do] DIE . . . . . ANNO DOMINI MILLESIMO CCCCC[mo]XXX[mo] PERSONALITER.

Exhibito certificatorio per priorem in scriptis sub sigillo off[icij] , canonicis[3] subscriptis ibidem personaliter constitutis , dominus cancellarius e[isdem] exposuit articulos huiusmodi visitacionis.

Dominus Johannes Raundes prior[4]
Dominus Ricardus Staunton
Dominus Thomas Stokton
Dominus Ricardus Raundes
Dominus Johannes Wintringham
Dominus Ricardus Newbold
Dominus Robertus Saint Nedes
Dominus Willelmus Barford
Dominus Willelmus London
Dominus Johannes Artelburgh
Dominus Robertus Gamlingh[ey]
Dominus Robertus Somersham
Dominus Edmundus Cambr[idge]
Dominus Ricardus Roxston

---

[1] Altered from *ccc li*.
[2] This note has no relation to St Neots priory. Milton Bryant was a rectory in private patronage.
[3] *Sic :* for *monachis*.
[4] There were fourteen monks, an increase of four on the number present in 1520. Of the ten then named only Thomas Boxworth and Thomas Flamsted have disappeared in the interval: Richard Staunton is presumably the Richard Stoucton of 1520, while Thomas Stoughton appears as ' Stokton '. Of the new names one is London; Artelburgh (Irthlingborough) is from Northamptonshire, Cambridge and Gamlinghey from Cambridgeshire, Somersham from Huntingdonshire and Roxton from Bedfordshire. In 1534 there were only eleven signatories to the submission to the royal supremacy in addition to the prior (*L. & P. H. VIII, VII*, 392, no. 1024 (16). The pension list (*ibid*. XIV (ii), 262, no. 714; XV, p. 553) contains only seven names, in addition to John Rawns or Gregorye, the prior. Of these only Richard ' Starton ' *alias* Andrewe (not in vol. XV) and William London can be identified with certainty, but Robert Hatley may be identical with Robert Gamlinghey, as the three Hatleys are hard by Gamlingay.

Prior . Dicit omnia bene.

Staunton . Dicit omnia bene.

Stokton . Dicit omnia bene.

Raundes . Dicit omnia bene.

Wintringham . Dicit quod.[1]

Newbold . Dicit omnia bene.

Sanct Nedes . Dicit omnia bene.

Barford . Dicit omnia bene.

London . Dicit omnia bene / Attamen fercule . . . . . .

Artelborow . Dicit omnia bene.

Gamlinghey . Dicit quod in monasterio omnia sunt bene.

Somersham . Dicit quod in monasterio perfecta sunt omnia.

[fo. 96d.]

[Cambridge] Dicit omnia in monasterio sunt perfecta.

[Roxston] Dicit omnia bene esse in monasterio.

Qua quidem examinacione sic facta dominus cancellarius [iniunxit priori] quod prouideret honesto modo pro monasterio.

Et eciam hortatus est priorem quod quum commode . . . . reperciones[2] . . . . fieri.

Et . . . . . . dominus dictam visitacionem suam ibidem dissoluit.

LXIV

SPALDING PRIORY

A. fo. 48d

Spaldyng monasterium

VISITACIO EXERCITA IN DOMO CAPITULARI DIE IJ^{do} JULII ANNO DOMINI MILLESIMO QUINGENTESIMO XIX^{mo} PER DOMINUM WILLELMUM EPISCOPUM LINCOLNIENSEM PERSONALITER.

Prouideatur pro instructore in gramatica et aliis scienciis primitiuis pro confratribus monasterii . / Dominus consuluit et iniunxit domino abbati[3] prouidere de instructore /

Prior non reddit computum annuatim administrationis sue , quo fit quod fratres[4] non sunt certiores de statu domus / Ignorant fratres in quo monasterium indebitatur / nec quid eidem debetur . Iniunctum fuit priori quod ipse annuatim redderet computum coram sex vel octo ex senioribus , et quod fratres suos certiores

---

[1] Blank.
[2] *Sic :* probably for *refecciones.*
[3] *Sic :* for *priori.*
[4] *s* cancelled.

G

faceret de statu domus / Libri ecclesie et alia ornamenta eiusdem sunt in magno decasu / Iniunctum fuit sacriste quod ipse ea faceret emendari /

Dimittuntur firme monasterii ad plures annos / et conceduntur aduocationes / pluribus ex fratribus inconsultis / Dominus iniunxit priori quod deinceps in huiusmodi firmis et aliis concedendis haberet consensum omnium fratrum suorum et maiori parti[1] conuentus assensum suum prestaret.

Occupantes officia receptoris / elemosinarii / vicarii ecclesie / celerarii / sacriste / magistri capelle beate Marie / infirmarii / soluerent annuatim cuilibet monacho pro quolibet eorundem officiorum xij d. et pro officio receptoris ij s. / Dominus[2] prior habet in manibus suis officia receptoris et vicarii ecclesie parochialis et refutat soluere premissa / sic eciam refutant alii officiarii , contra consuetudinem monasterii / Dominus prior promisit quod ipse remedium congruum in hoc prouideret et sic dominus ipse voluit , adeo quod ad minus haberent medietatem ad minus summarum predictarum /

Prior monasterii solebat exhibere quemdam capellanum[3] cele-braturum coram imagine sancte crucis infra dictum monasterium / et iam dominus prior confert illud officium vni ex monachis monasterii.

Fiat iniunctio quod omnes fratres monasterii habeantur in reuerenciis et honore secundum ipsorum senioritates et gradus in quibus constituuntur / et quod presbiteri preferantur hiis qui non dum ordinantur in presbiteros . Dominus firmiter iniunxit quod huiusmodi reuerencia adhiberetur vnicuique secundum senioritatem eorundem.

Perce balliuus de Weston[4] } sunt consiliarii domini
Johannes Beiston seruiens prioris } prioris et nimis elate se gerunt erga fratres monasterii et aliquando verba aspera proferunt monachis / et dominus prior plus inheret consilio eorum quam totius conuentus sui / Dominus iniunxit firmiter domino priori quod ipse non tantum[5] daret fidem dictis Percy et Beyston nec ipsorum consiliis inhereret vllo pacto / sed quod semper sequeretur consilia maioris partis suorum fratrum / atque eciam quod ipsi Percy et Beiston se gererent erga fratres domus ac ad honorem et commodum monasterii aut alias ipsos expelleret /

iiij[to] die Julii anno Domini predicto dominus , habitis premissis reformationibus , ipsos fratres in pace dimisit , visitacionem suam dissoluit et sic eosdem cum sua benediccione in caritate dimisit /

---

[1] *Sic : major pars* is evidently meant.
[2] *Ab* cancelled.
[3] I.e. a secular.
[4] Weston St Mary, east of Spalding.
[5] *Sic :* for *tantam.*

LXV

STAINFIELD PRIORY

1. A. fo. 51*d*

2. L. fo. 6

Steynfeld prioratus

VISITACIO ORDINARIA EXERCITA IN DOMO CAPITULARI IBIDEM DIE LUNE XJ^{mo} DIE JULII ANNO DOMINI MILLESIMO QUINGENTESIMO XIX^{no} PER REUERENDUM IN CHRISTO PATREM ET DOMINUM DOMINUM WILLELMUM ATWATER DEI GRACIA LINCOLNIENSEM EPISCOPUM PERSONALITER.

Non est bene prouisum pro infirmis monialibus ; non enim ministrantur necessaria et salubria monialibus egrotis , sed omittitur cura debita et adhibenda laborantibus infirmitatibus , nec est aliquis locus aptus aut preparatus pro infirmis / Dominus iniunxit priorisse quod ipsa deinceps faciat omnia necessaria et salubria prouideri pro infirmis per officiarias et ministras diligentes , et quod circa infirmas diligentem curam adhibebit.

Fiant iniunctiones ne deinceps domina priorissa permittat aliquas personas seculares qualescunque fuerint / moram trahere infra monasterium aut illic manere nisi per paucos dies ad modum extraneorum / Dominus ita iniunxit priorisse ibidem /

Prouideatur infirmaria in qua moniales egrote poterunt secure quiescere / Domus illa que iam pro infirmaria deputatur nuncupatur lez Digue[1] et ipsa non censetur apta nec salubris nec honesta / nec est aliter prouisum pro infirmis quam pro conualescentibus . Dominus firmiter iniunxit priorisse quod ipsa quamcicius poterit prouidebit et preparabit[2] infirmariam quamdam honestam et infirmis vtilem atque aptam.

Domina priorissa habet secum continue in mensa tres moniales videlicet Pagam[3] Ouerton / Katerinam Ayer et Mariam Myssenden , quibus pre ceteris fauet / Consonum enim creditur quod priorissa aliquando illas et aliquando alias secum haberet in mensa / Dominus iniunxit quod priorissa deinceps habebit secum in mensa nunc has tres et nunc illas sed non continue easdem tres , sed quandoque has , quandoque illas /

Moniales non sunt diligentes circa diuina officia peragenda , nam aliquando post vltimam pulsacionem ad horas canonicas labitur

---

[1] Possibly because it was situated over or close to the dyke which surrounded the priory.

[2] *nisi* cancelled.

[3] Presumably the name is Pega (Pey), the name of the sister of St Guthlac which appears in Peakirk, Northants. All these three nuns were present at the visitation of 1525.

dimidia hore priusquam moniales conueniant in ecclesia et huiusmodi diuina incipiant / et hoc plerumque cum sint[1] cantande matutine et completoria / Eciam alique ex monialibus cum sint in choro non cantant sed dormiunt / Dominus iniunxit priorisse[2] et subpriorisse quod ipse amodo faciant moniales ibidem diligencius attendere et interesse diuinis officiis.

Moniales tam diu sunt bibentes post completorium quod non possunt surgere ad matutinas , et si surgant non cntant[3] sed sunt dedite dormitioni / Dominus[4] inhibuit omnibus monialibus ne deinceps bibant post completorium / sed finito completorio ingrediantur omnes dormitorium /

Moniales deberent sedere in refectorio singule per se / et ex vna parte tabule . Modo sedent omnes simul / et ea occasione[5] confabulabantur[6] et non seruant silencium ibidem . Dominus iniunxit eisdem in refectorio seruare silencium / attamen non inhibuit huiusmodi modum sedendi in commedendo.

Inclinationes , prostrationes et alie ceremonie aut omittuntur aut negligenter aguntur , et diebus festis inter horas beate Virginis et altam missam moniales egrediuntur ecclesiam et vagantur[7] circa loca claustralia / et tamen illis diebus[8] et horis non deberent exire ecclesiam . Dominus iniunxit omnibus monialibus ceremonias singulas sue religionis seruare.

Petitur quod moniales temporibus noctis possint habere candelas sumptibus communibus domus pro matutinis decantandis . Dominus iniunxit priorisse prouidere candelas pro[9] conuentu temporibus diuinorum.

Deinde die sequenti dominus visitacionem suam ibidem dissoluit , reseruata potestate corrigendi comperta et detecta huiusmodi , et sic ipsas in pace cum Dei et sua benediccione dimisit.

2

Stainfeld

VISITACIO EXERCITA IN DOMO CAPITULARI IBIDEM DIE SABBATI XIII[jmo] MAIJ ANNO DOMINI MILLESIMO CCCCC[mo]XXV[to] PER[10] MAGISTRUM JOHANNEM REYNE REUERENDISSIMI DOMINI JOHANNIS DEI GRACIA EPISCOPI LINCOLNIENSIS CANCELLARIUM.

[1] *dic* cancelled.   [2] *q* cancelled.   [3] *Sic :* for *cantant*.
[4] *hoc* cancelled.   [5] Written *occasiones,* and final *s* cancelled.
[6] *Sic :* for *confabulantur*.   [7] *circa* cancelled.   [8] *deberent* cancelled.
[9] *huio* cancelled.   [10] *d* cancelled.

Priorissa . Domina Elisabeth Beysby priorissa[1] dicit omina bene.

Tempest subpriorissa . Dicit omnia bene.

Domina Paga Ouerton . Dicit omnia bene /

Isabella Copland . Dicit omnia bene /

Margareta Westby . Dicit [omnia bene].

Katerina Barkwourth . Dicit omnia bene.

Margareta Smyth . Dicit omnia bene /

Isabella Styrley . Dicit omnia bene /

Maria Missenden . Dicit omnia bene /

Katerina Hayr[2] . Omnia bene /

Margaret Lond . Dicit omnia bene.

Margaret Barneby . Dicit omnia bene.

Matilda Myssenden . Dicit omnia bene /

Elizabeth Cloght nouicia . Dicit omnia bene.

Alicia Tenand nouicia . Dicit omnia bene.

Qua quidem examinacione sic facta , quia dominus visitator nichil comperit reformandum , suam igitur visitacionem ibidem dissoluit ac ipsas omnes in pace dimisit cum benediccione sua , hortando eas omnes ne illarum aliqua aliquo *modo* cepta[3] monasterij sine licencia exeat nec se secularibus immisceat ; nec sint presentes in conuenticulis siue congregacionibus secularium personarum , vt in nuptijs , nundinijs[4] vel huiusmodi.[5]

LXVI
STIXWOULD PRIORY
1. A. fo. 49*d*
2. L. fo. 7

Styxwold moniales

Visitacio exercita ibidem in domo capitulari per dominum Willelmum Dei gracia Lincolniensem episcopum personaliter die Veneris viij^{uo} die Julii anno Domini millesimo quingentesimo XIX^{no}.

[1] The date at which Elizabeth Beesby became prioress is not known. The list in *V.C.H. Linc.* II, 132, gives c. 1521 for the beginning of her rule and names Elizabeth Bainsfield as her predecessor without dates. But the two may well be identical. In the pension list (*L. & P. H. VIII*, XIII (i), 577) the prioress' name is given as ' Bursby '. The names of the nuns at Alnwick's visitation in 1440 indicate that this nunnery, a Percy foundation, was largely recruited from the gentle families of Yorkshire (see *Vis. Rel. Houses dio. Linc.* II, 345, note 4). The present list, apart from the name of Tempest, shows no such general origin. Lond (Lund) and Barneby may be Yorkshire names : the rest, however, are not uniformly place-surnames. Barkwourth (Barkwith) comes from the neighbourhood of the priory, and Beesby and Westby are also from Lincolnshire, Westby being in the parish of Bassingthorpe in Kesteven. For the transference of nuns from Stainfield to Stixwould see p. 103 below, note 3.

[2] Called Ayer at the previous visitation.

[3] *Sic :* for *septa*.   [4] *Sic :* for *nundinis*.   [5] Fo. 6*d* is blank.

Memorandum quod rector Sheffeld[1] non permittatur habere frequentem recursum ad istum prioratum . *Iam recessit vbi residet.*

Memorandum quod assignentur suppriorisse tres ad minus moniales preter seipsam ad commedendum et communas cum ipsa priorissa habendas.[2]

Non ministrantur infirmis sororibus prioratus salubria omnino neque necessaria . / Elisabeth Rysyng que preparat omnia pro monialibus vice domine priorisse / nil aliud pro egrotantibus[3] preparat quam pro conualescentibus / Dominus iniunxit quod domina priorissa deinceps faciet omnia necessaria et salubria prouideri pro infirmis , et quod necessaria eisdem ministrabuntur / per seruientes diligentes et honestos / cum omni humanitate et diligentia /

Petitur quod fiat distribucio[4] monialum in diuersa domicilia , nam iam sunt quatuordecim in domo priorisse et[5] est vna in domo suppriorisse / et Domina Elisabeth Moigne[6] sola seruat domicilium / Dominus iniunxit priorisse quod ipsa in huiusmodi distributione seruabit morem ibidem antiquitus vsitatum / et quod in domicilio subpriorisse erit numerus monialium secum commedencium quales alie ibidem subpriorisse habere consueuerunt /

Domina priorissa non pernoctat infra loca claustralia sed ad extra cum secularibus mulieribus / Dominus iniunxit priorisse quod ipsa deinceps prouidebit pro se ipsa aliquam domum decentem infra loca claustralia in qua deinceps pernoctabit et pro maiori parte commedet et refectiones accipiet / ipsam domum quam iam inhabitat pro recreationibus specialibus et pro extraneis reseruando.

Dominus assignauit confessores pro monialibus rectorem de Buckenhall[7] et vicarium de Styxwold quibus contulit auctoritatem huiusmodi confessiones audiendi / et non aliquibus aliis seu alicui alteri /

Et deinde nono die mensis predicti dominus episcopus in domo *capitulari* iudicialiter ibidem sedens , factis primitus per ipsum

---

[1] *Sic :* Sheffield cannot be meant, unless *rector* is an error for *vicarius*. The vicar of Sheffield was habitually a canon of Worksop priory. But master John Sheffelde, who in 1526 was rector of Bucknall, near Stixwould, and of Hammeringham in the deanery of Hill, may very well be the person alluded to. The surname may be substituted for the name of his benefice, or *rector* may be an error for *doctor*. Unfortunately, both Bucknall and Hammeringham are omitted from the jejune returns of the combined visitation of the deaneries of Horncastle, Hill and Gartree in 1519 (*Linc. Vis.* I, 65–69). Dr Sheffeld is mentioned as prominent among the clergy of the archdeaconry of Bedford in June 1519 (*ibid.* I, 150).

[2] Cancelled, with *postea* in margin.   [3] *quam* cancelled.

[4] *bonorum* cancelled.   [5] *viij a* cancelled.

[6] Possibly a member of the Moigne family from Sixhill (see *Linc. Vis.* I, 63). If she was identical with Elisabeth *Maye*, named in the visitation of 1525, her duties as infirmarian may have been responsible for her solitude.

[7] Bucknall. Was this ' rector Sheffeld ', already mentioned ? If so, the bishop apparently was giving with one hand what he took away with the other.

premissis iniunctionibus ,[1] quia prioratum illud[2] tam in reparacionibus ad infra quam omnibus aliis religionem concernentibus
in statu satis prospero reperit et inuenit , visitacionem suam ibidem
dissoluit . Ac sic ipsas priorissam et conuentum in caritate et quiete
cum sua et Dei benedictione dimisit.

2

Styxwold

Visitacio exercita in domo capitulari ibidem die Lune xv[mo]
Maij anno Domini millesimo ccccc[mo] xxv[to] per magistrum
Johannem Reyne , vicarium in spiritualibus generalem
reuerendi domini Johannis Dei gracia episcopi Lin-
coliniensis.

Certificatorio per priorissam in scriptis exhibito et omnibus
monialibus inferius nominatis nominatim preconisatis et comparentibus , dominus visitator verbum Dei proposuit sermone
vulgari.[3]

Domina Helena Key priorissa /
Domina Helena Ellys subpriorissa /
Domina Mergareta Adlard /
Domina Elisabeth Maye firmaria /
Domina Elisabeth Bosome /
Domina Alicia Craynemyr sacrista /
Domina Isabella Bride precentrix
Domina Dorothea Waltham
Domina Agnes Barowe
Domina Anna Gooderyk
. . . . celeraria
Domina Johanna Grymston
. Domina Dorothea Foderby
. Domina Johanna Malteby
. Domina Alicia Feny

---

[1] *huio* cancelled. [2] *Sic :* for *illum.*
[3] A comparison of this list with the post-dissolution pension list is interesting
owing to the peculiar circumstances of the brief refoundation of Stixwould in 1537
and its recolonisation by nuns from Stainfield. This act was ordered by Henry VIII
in a letter to Sir Richard Riche of 12 Aug. 1536 (*L. & P. H. VIII*, XI, 593, no. 4
app.). The charter establishing ' a new house of nuns of the Premonstratensian
(*sic*) order of St Benedict ' on the site of the suppressed monastery of Stixwould bears
date 9 July 1537 (*ibid*. XII (ii), 168, g. 411 (27). Mary Missenden of Stainfield
was appointed prioress in place of Helen Key, the date of whose election as prioress
of Stixwould is not known. The ' new house ' was dissolved at Michaelmas 1538
(*ibid*. XIV (ii), 71, no. 235). In the pension list only two names of nuns originally
of Stixwould remain, Margaret Adlard and Elizabeth Maye. There are seven names
of nuns in addition to the prioress who were at Stainfield in 1525, viz. Margaret
Smyth, ' Page ' Overton, Margaret Westby, Margaret Londe, Margaret Barnbye,
Maud Myssenden and Alice Tenante. Elizabeth Hough may be Elizabeth ' Cloght ',
also from Stainfield, from which also Elizabeth Grauntham and Ellen Myssenden
were probably importations. Joan Geffere and Annes Bonnes are also new names,
concluding the list of fifteen.

. Domina Agnes Wakefeld
Helena Madeson soror
Priorissa . Omnia bene /
Subpriorissa.
Adlard . Omnia bene.

Maye .[1] Dicit that the nunes come neuer with the prioresse nor the prioresse comme neuer emongis them vnles yt be in the churche and chapitur hows some tyme / Dicit eciam quod[2] dominus Johannes Robynson seniscallus commedit ad[3] mensam[4] priorisse et plerumque ipse seniscallus et illa priorissa insimul sedent / et ipse eciam *quandoque*[5] quando infirmatur iacet in camera superiori infra domum priorisse / ipsa priorissa in parlura inferiori pernoctante . Dicit eciam quod ipse seniscallus habet plura *animalia* videlicet equos et vacas[6] et similia depascentia in pasturis monasterij tam in hieme quam in estate , ex quo ipse habet proficuum magnum vt communiter fertur /

Dominus iniunxit quod priorissa haberet secum in mensa singulis refectionibus ij vel tres de sororibus suis / et eciam alijs temporibus ipsa priorissa habebit secum vnam ad minus ex sororibus suis , que vbique testis esse poterit sue conuersacionis ; et eciam quod ipsa priorissa non permittet siniscallum habere[7] animalia in pasturis suis nisi fortassis equum vel duos equos aut vnum vel duo alia animalia /

Bosome Dicit quod aliqui in patria male loquntur de priorissa et siniscallo , sed tamen ista nichil nouit mali inter eosdem /

Crawmere[8] Alique ex monialibus deberent semper sedere et commedere in[9] mensa priorisse iuxta regulam sancti Bernardi / et modo dierum ita non faciunt / sed ipsa habet secum in mensa seniscallum et alios extraneos illic viuentes

Dominus iniunxit priorisse sub pena excommunicacionis quod ipsa nulla de causa permittet siniscallum pernoctare infra[10] portas interiores prioratus / nec quod ipsa priorissa admittet dictum seniscallum ad loquendum cum ea seu ad quicquid aliud in presentia ipsius priorisse faciendum nisi[11] in presentia alicuius sororis illius prioratus.

---

[1] As suggested above, p. 102, note 6, this name may be instead of Moigne, a name entered at Atwater's visitation. The same form occurs, however, in the pension list.

[2] *ipse* cancelled.   [3] *priorissam* cancelled.

[4] The word appears to have been written *missam* by mistake.

[5] Interlined above *plerumque* cancelled.

[6] *Sic* : for *vaccas*.   [7] *alia* and *al* cancelled.

[8] Craynemyr in the list of nuns, i.e. Cranmer. Mr G. Baskerville has suggested (*Eng. Hist. Rev.* LI, 287–289) that this was the sister of archbishop Cranmer who was appointed prioress of Minster-in-Sheppey in 1534.

[9] *temp* cancelled.   [10] *septa* cancelled.   [11] *fuerint* cancelled.

[fo. 7*d*.]

Byrde . Nichil reperit detegendum.

Waltham[1] Dicit quod tempore electionis priorisse moderne fuerunt in thesauraria domus c li. sed vbi iam sunt ille c li. ipsa ignorat. Dicit tamen quod ipsa credit quod ad tres annos elapsos quando grana deficiebant erant xl li. de dictis c li. exposite in granis pro monasterio /

Domina priorissa asseruit se exposuisse in negocijs necessarijs domus lx li. et alias[2] xl li. ad huc restant ad vsum monasterij.

Barowe Nichil detegit reformandum.

Gooderyk . Seniscallus quandoque infirmatur et tunc pernoctat in camera superiori in domo priorisse / Dicit eciam quod vicini huius monasterij male loquntur de priorissa et dicto seniscallo et habent eos suspectos / et sic relatum fuit priorisse per quasdam sorores illius domus.

Grymston . Omnia bene.

Foderby . Omnia bene.

Malteby . Omnia bene.

Feny . Omnia bene.

Wakefeld . Omnia bene.

Quibus iniunctionibus sic factis dominus visitacionem suam ibidem dissoluit.

LXVII
STONELEY PRIORY
L. fo. 71
Stoneley prioratus

VISITACIO EXERCITA IN DOMO CAPITULARI IBIDEM VIIJ° DIE APRILIS ANNO D[OMINI 1530 PER] DOMINUM VICARIUM GENERALEM.

Facto primo certificatorio per priorem viue vocis sue or[aculo] , deinde visitator exposuit articulos visitacionis , canonicis subscriptis personaliter comparentibus.

Dominus Edmundus Boone prior[3]
Dominus Edmundus Biddenham subprior

[1] This nun, Agnes Barowe, Dorothy Foderby and Joan Malteby have surnames which indicate a Lincolnshire origin.
[2] *Sic :* probably for *alie.*
[3] Edmund Bond, the prior, and seven canons signed the act of submission to the royal supremacy, 18 June 1534 (*L. & P. H. VIII*, VII, 336, no. 921 (3). He was prior at the dissolution : see *ibid.* XIII (i), 575. Of the other canons in this list, two, Biddenham and Thurle (Thurleigh) bore names from the neighbouring county of Bedford.

Dominus Johannes Wodd
Dominus Thomas Dancer[1] sacrista
Dominus Ricardus Downe sacer[dos]
Dominus Willelmus Coly sacerdos
Dominus Johannes Thurle

[Pri]or . Dicit omnia bene.

[Bi]ddenham . Dicit omnia bene preterquam quod . . . . .

[Wodd]es . Dicit omnia bene.

[Dancer] . Dicit omnia bene.

[Downe .] Dicit omnia bene.

[Coly .] Dicit omnia bene.[2]

Primo die Maij anno 1530 dominus . . . . . . dominum Johannem
Woddes ipsius domus canonicum . . . .
. . . .

[fo. 71d.]

. . . .
. . . .
. . . .
ab huiusmodi . . . . habebit in consorcio suo
. . . . quia offendere . . . .
ipse remittere omnimodas offensas . . . .
aliquem ex fratribus suis . . . . Dominus
eidem iniunxit quod ipse . . . .

[fo. 72.]

[Thurle]. Dicit quod edificia infra monasterium eciam tenementa
externa [sunt] defect[iua]

Penultimo die Aprilis anno domini millesimo quingentesimo[3]
xxx[mo] dominus cancellarius in domo capitulari ibidem iudicialiter
sedens iniunxit domino prior[i quod] faciet quantum[4] potest ad
reparandum edificia tam inf[ra] monasterium quam extra et . . . .
ad soluendum debita p . . . . .

Deinde dominus iniunxit ipsi priori et [canonicis] quod ipsi
. . . . religiose viuant / ac regulas religionis obseruent et
ob[seruent] diuina temporibus diurnis et nocturnis.

Et hijs iniunctionibus sic factis , dominus visitacionem suam
[dissoluit].[5]

---

[1] The name is uncertain owing to the extremely faded condition of the MS.
[2] The deposition of the remaining canon follows on fo. 72. The now almost
illegible paragraph on fo. 71, continued on fo. 71d, is out of place and was added
at the conclusion of the visitation. So much of the text is wanting that its exact
meaning cannot be determined.
[3] xxvij[mo] cancelled.   [4] . . . eo cancelled.   [5] fo. 72d is blank.

LXVIII
STUDLEY PRIORY
1. A. fo. 118
2. L. fo. 149

1
Studdeley

VISITACIO EXERCITA IN DOMINO[1] CAPITULARI IBIDEM PER DOMINUM WILLELMUM ATWATER EPISCOPUM LINCOLNIENSEM PERSONALITER DIE JOUIS XXVJ DIE APRILIS ANNO DOMINI 1520mo, PREUENIENDO DIEM ALIAS PRO HUIUSMODI VISITACIONE PREFIXUM DE CONSENSU PRIORISSE ET CONUENTUS IBIDEM.

Exhibitis primitus litteris commissionis per priorissam et eisdem publice de mandato domini per lectis , ac facto certificatorio execucionis earundem per priorissam vue[2] vocis oraculo , preconisatisque omnibus monialibus nominatim et comparentibus eisdem ibidem personaliter omnibus et singulis / ac facta per eundem dominum episcopum quadam exhortacione saluberrima.[3]

NOMINA MONIALIUM[4]

Domina Katerina Copcot priorissa
Domina Isabella Copcote subpriorissa
Domina Alicia Smyth sacrista
Domina Alicia Wytchill precentrix
Domina Margareta Welsh refectoraria
Domina Alicia Copcote

Domina Alicia Edmund
Domina Agnes Banyard
Domina Johanna Williams[5]
Domina Johanna Dormer

Moniales juniores monasterij non parent omnino iniunccionibus et mandatis seniorum et superiorum suorum vt deberent.

Habent ecclesias de Beckeley
Ilmer
} Lincolniensis diocesis.[6]

Moniales monasterij non sunt certiores de statu domus nec de redditibus eidem pertinentibus / quod fit ex hoc quod non redditur computus per priorissam sue administracionis.

---

[1] *Sic :* for *domo.* [2] *Sic :* for *viue.*
[3] The sentence lacks a finite verb.
[4] Katherine Cobcot was prioress from 1515 to 1529 (*V. C. H. Oxon.* II, 79). The Cobcot family seems to have furnished the house freely with members, as three occur in this list, and the name of Frideswide Copcote concludes the pension list in 1539 (*L. & P. H. VIII*, XIV (ii), 193, no. 552).
[5] She succeeded Katherine Cobcot as prioress in 1529 (*V. C. H. Oxon.* II, 79).
[6] Beckley, in the archdeaconry of Oxford and deanery of Cuddesdon, was the parish in which Studley priory was locally situated. Ilmer was in the archdeaconry of Buckingham and deanery of Waddesdon.

Priorissa non requirit consensum sororum suarum in arduis negocijs monasterij.

Humfridus Copcote soror[1] priorisse et vxor sua faciunt moram infra cepta monasterij contra[2] statuta religionis.

Dicitur quod monasterium est indebitatum cuidam presbitero infra dictum monasterium celebranti in xl marcis , pro qua summa ipse habet litteras obligatorias sub sigillo communi monasterij.

Habent in redditibus et seruicijs , vt patet per librum computi ibidem ostensum , lxxxiij li. xv s. vij d.

Deinde dominus episcopus in domo capitulari ibidem iudicialiter sedens deputauit magistrum Ricardum Hill sacre theologie professorem in confessorem monialium dicti prioratus de Studdelegh.

Et deinde dictam suam visitacionem vsque *penultimum diem Octobris*[3] proximum et quemlibet diem iuridicum citra continuauit et prorogauit.

2

Studeley visitacio tenta xx^mo die mensis Septembris anno domini millesimo quingentesimo xxx^mo per magistrum doctorem Rayne vicarium in spiritualibus generalem reuerendi patris Lincolniensis episcopi.

Domina Johanna Willyams priorissa[4] dicit quod chorus et dormitorium *et eciam nauis ecclesie* egent magna reparacione in coopertura . Domus oneratur ere alieno in lx li. propterea quod priorissa mor[tua] nulla aut parua reliquit grana , videlicet frumentum , brasium et[c.] , et erat grauiter onerata in diuersis expensis , videlicet in eleccione priorisse et in bouiculis emptis ad vsum monasterij et in alijs expensis necessarijs etc.

Domina Alicia Whyghyll[5] subpriorissa dicit quod coopertura dormitorij grauem patitur ruinam in tegulis , et eciam est consimilis defectus in coopertura cancelli in diuersis partibus.

Cancellus eget reparacionem in plumbo in diuersis partibus.[6]

Silue ipsarum multum diminuuntur per dominam Katerinam Copcot vltimam priorissam iam mortuam , ac eciam per dominum

---

[1] *Sic :* for *frater*. [2] *status* cancelled.

[3] *festum sancti Michaelis* cancelled.

[4] Ten nuns are named at this visitation, of whom the prioress, Alice Whyghyll (or Wytchill, i.e. Whitehill), Margaret Welshe and Alice Copcote were present in 1520. The new names are Alice Yemans, Felice Asshley, Lettice Wyncot, Margaret Hampden, Helen Smythe and Joan Hede. The names of the prioress, Margaret ' Walshe ' and Alice Yomans are in the pension list, and it is possible that Alice ' Rychardson ', then subprioress, may be Alice Whitehill under her patronymic. Of the four remaining names in the pension list none are mentioned at this visitation.

[5] Whyghthyll is probably the less incorrect form of this name.

[6] *Nota* marks of various kinds in the margin against this and the next eight paragraphs.

Thomam cardinalem Eboracensem ad construccionem ipsius collegij infra uniuersitatem Oxoniensem.[1]

Fiat iniunccio monialibus quod immediate post completorium finitum ascendant ad dormitorium et quod non exeant dormitorium nisi ex licencia aut ex iusta causa.

Non habent ordinale ad *regendum*[2] seruicia sua.

Fiat iniunccio quod neque priorissa neque aliqua monialis dicti prioratus fiat *commater*[3] alicuius prolis.

Item quod nulla monialis exeat monasterium ad visitandum parentes nisi ex vrgentissima causa et in presencia[4] priorisse.

They be seruyd with beffe only at diuerse tymes vpon Sondayes and Thursdayes at nyghtes etc.

Fiat seruicium de feria in die Sancte Tecle[5] et differatur seruicium beate virginis quousque *melius*[6] seruire [poterit].

[fo. 149d.]

Domina Margareta Welshe dicit quod domus oneratur ere alieno ut credit circiter xx li.

Domus est ruinosa tam in dormitorio , choro et in alijs diuersis locis circa claustrum et in alijs partibus.

Non habent necessaria tempore infirmitatis.[7]

Domina Alicia Copcote dicit quod domus oneratur ere alieno ad minus ad quadraginta libras.

Domus eget reparacione magna in diuersis locis videlicet in choro , dormitorio et in alijs partibus prioratus.

Non habent sufficiens ordinale ad regendum diuina officia . Fiat nunc reformacio eiusdem tempore suppriorisse que meliorem habet noticiam eiusdem.

Ne concedatur corrodium *neque fere* alicui sub sigillo communi sine consensu Lincolniensis episcopi.

Sigillum commune est sub tribus clauibus , quarum vna est penes priorissam , alia penes subpriorissam / tercia penes dominam Margaretam Welsshe.

---

[1] Wolsey, who had fallen from power in Oct. 1529, was at this time living in his diocese and died at Leicester on 29 Nov. 1530.

[2] Interlined above *legendum* cancelled.

[3] Interlined above *commatrix* cancelled.

[4] *Sic :* for *cum licencia*.

[5] St Thecla's day is 23 September, and was generally observed as a feast of three lessons.

[6] Interlined above *indifferenter* cancelled.

[7] *Nota* mark in margin against this and next paragraph.

Martinus Whighill[1] non est vtilis seruiens pro monasterio.

Domina Alicia Yemans *dicit quod domus* ruinatur diuersis partibus , et priorissa mortua habuit multa onera que non potuit reparare sufficienter.

Moniales tempore infirmitatis non bene custodiuntur , nec prouisum *est* eis in cibis necessarijs.

Moniales non habent cibaria adeo salubria nunc sicut antea habuerunt / they be oftyn tymes found with beffe and no moton apon Thursday at nyghtes and Sondays at nyghtes, and be seruyd often tymes seruyd[2] with new ale and not holsome etc.

[fo. 150.]

{ Conqueritur quod Martinus Whighill non est vtilis seruiens in domo . Ideo remoueatur / Et dominus judex iniunxit priorisse remouere eundem citra festum sancti Michaelis proximum propter causas ipsum mouentes.[3]

Domina Filicia Asshley dicit quod omnia bene sunt infra monasterium quantum ipsa nouit.

Domina Leticia Wyncot dicit quod non habent necessaria in tempore infirmitatis etc . Aliquando seruitur monialibus cum carne bouina tantum in nocte diebus dominicis et Jouis etc.

Martinus Whighill non est vtilis seruiens pro monasterio.[4]

Ne concedatur corrodium matri dicte priorisse quousque melius sciatur de eius conuersacione etc.[5]

Domina Margareta Hampden dicit quod omnia salubria sunt tam in capite quam in membris.

Domina Helena Smythe dicit quod aliquando [carent] necessarijs tempore infirmitatis.

Domina Johanna Hede dicit quod omnia bene.

Refectorium non seruatur[6] ut debet in aduentu Domini . *Iniungitur quod*[7] custodiatur ad minus tribus diebus in quadragesima et in aduentu qualibet septimana.

Augmentetur numerus monialium.

[fo. 150d.]

Mulieres *vt parentes et alij* habent accessum per claustrum ad domum que vocatur misericordia contra vsum et honestatem et consuetudinem domus.[8]

---

[1] Evidently a relation of the subprioress.   [2] *Sic :* repeated.
[3] *Nota* mark and the word *Iniungitur* in margin.
[4] *Nota* mark in margin.   [5] *No*[ta] and a hand in margin.
[6] *d* interlined and cancelled.   [7] Added in margin.   [8] *No*[ta] in margin.

They be seruyd with beffe *only* dyuerse tymes at Sondayes and Thursdayes at nyghtes.

Dominus judex fecit quasdam iniuncciones verbaliter donec latius constiterit de voluntate domini episcopi.

LXIX

TATTERSHALL COLLEGE

1. A. fo. 49
2. L. fo. 9

1

Tateshall collegium

VISITACIO EXERCITA IN ECCLESIA COLLEGIATA IBIDEM DIE MERCURII VJ^{to} DIE JULII ANNO DOMINI MILLESIMO CCCCC^{mo}XIX^{mo} PER DOMINUM WILLELMUM EPISCOPUM LINCOLNIENSEM PERSONALITER.

In qua visitacione omnes capellani illius collegii litteras ordinum suorum et titulos beneficiorum suorum exhibuerunt et obedienciam canonicam eidem domino episcopo prestarunt.

Prouideatur de instructore in gramatica / nam instructor modernus instruit pueros in cantu dumtaxat / et parum aut nichil instruit in gramatica / Dominus iniunxit quod deinceps pueri postquam sunt in cantu sufficienter instructi / debent eciam in gramatica diligenter instrui.

Clerici socii deberent vti vestibus eiusdem facture cuius sunt vestes sociorum presbiterorum iuxta statuta collegii / attamen hiis diebus ipsi clerici socii induuntur in omnibus ad instar mere laicorum / Dominus tempore visitacionis monuit omnes clericos socios quod ipsi deinceps induti ad modum clericorum taliter incederent , et non ad modum laicorum.

Et sic quia dominus illud collegium in statu satis prospero reperit et inuenit nec aliud reformandum sibi tunc detectum extitit dominus visitacionem suam in ipso collegio dissoluit ac ipsos in caritate , pace et quiete cum sua et Dei benediccione dimisit.

2

Tateshall collegium

fo. 9

VISITACIO EXERCITA IBIDEM IN ECCLESIA IPSIUS COLLEGIJ DIE MERCURIJ XVIJ^{mo} DIE MENSIS MAIJ ANNO DOMINI MILLESIMO CCCCC^{mo}XXV^{to} PER MAGISTRUM JOHANNEM REYNE DOMINI JOHANNIS EPISCOPI LINCOLNIENSIS CANCELLARIUM.

Facto preuio sermone quodam per magistrum doctorem Bellamy[1]
ac omnibus citatis personaliter comparentibus vt in certificatorio /[2]

Magister Johannes Cunstable gardianus /
Dominus Willelmus West /
Magister Johannes Mershall /
Dominus Willelmus Butler /   } socij presbiteri
Magister Johannes Ramesey /
Magister Ricardus Sotheby /
Dominus Thomas Lawney /

Johannes Lytster
Robertus Hayloke
Thomas Banaster   } clerici socij
Johannes Porter
Johannes Sewell
Johannes Tauerner

Mershall[3] Sewell[4] solet frequentare ludos alearum

West . Dominus Johannes Monke[5] frequentat tabernas ibidem
multociens ludendo.

Sotheby . Nichil detegit.

Butler . Nichil detegit.

Ramesey . Nichil detegit.

Lytster . Tenentur pulsare campanam ad missam beate Marie
virginis in medio[6] laudis.

Hayloke . Omnia bene.

Banaster . Omnia bene.

Taverner . Est quedam camera magistri Clercke[7] ruinosa.

Porter . Omnia bene.

Sewell . Sunt quidam clerici socij qui non habent cameras vt
solebant habere.

---

[1] This seems to be the name, which is not written clearly.

[2] John Constable was dean of Lincoln 1514–1528, and was succeeded as dean
and as warden or master of Tattershall by George Hennage, master in 1535 (V. E.
IV, 43). No master is named in the 1526 Subsidy returns, but the priest fellows
were as named here, with the exception of Lawney, whose place was taken by
Robert Bear (called Bere in 1535). West was then precentor and Ramesey steward.
In 1535 Mershall had disappeared and had been succeeded by William Tonnard,
who in 1526 was one of the stipendiary chaplains.

[3] The marginal names of the priest fellows, together with the words *nichil detegit*,
three times repeated, are in a different hand from the opening paragraphs. The
first two *detecta* and the marginal names and *detecta* of the lay clerks are in a third
hand.

[4] A letter cancelled.

[5] One of the stipendiary chaplains named in 1526.

[6] *laudarum* cancelled.

[7] *est* cancelled. John Clark, stipendiary chaplain, is named in 1526.

[fo. 9*d*.]

Facta premissa examinacione dominus visitator iniunxit gardiano *tunc absenti* quod ipse pro parte sua obseruet statuta illius collegij quatinus ipsum concernunt et quod eadem statuta videat ab alijs obseruari /

Dominus eciam iniunxit omnibus socijs quod nullus eorum absentet se a collegio nisi de licencia gardiani siue precentoris.

Item quod omnes qui propter absenciam a diuinis[1] amittunt perditiones , illas perdiciones bene et fideliter persoluant iuxta statutum /

Item dominus iniunxit omnibus socijs quod presentias suas faciant in processionibus ibidem factis , nisi ex causa legitima fuerit aliquis fortassis absens /

Item quod finito compoto receptor[2] generalis collegij in fine anni / ponantur omnes pecunie in cista / et quod manifestetur et declaretur compotus huiusmodi iuxta statutum in ea parte editum /

Item iniunctum est clericis quod abstineant a lusu alearum , tacerarum et similium.

Et deinde hijs iniunctionibus sic factis , dominus visitacionem suam huiusmodi dissoluit et ipsos in pace dimisit.

LXX
THORNTON ABBEY
1. A. fo. 54*d*
2. L. fo. 1

1
Thornton monasterium

VISITACIO EXERCITA IBIDEM PER DOMINUM WILLELMUM EPISCOPUM LINCOLNIENSEM PERSONALITER XXIIIJ[to] JULIJ ANNO DOMINI MILLESIMO CCCCC[mo]XIX[no] IN DOMO CAPITULARI.[3]

2
fo. 1. # Thornton

VISITACIO EXERCITA IN DOMO CAPITULARI IBIDEM DIE VENERIS VIGILIA NATIUITATIS SANCTI JOHANNIS BAPTISTE ANNO DOMINI MILLESIMO CCCCC[mo]XXV[to] PER MAGISTRUM JOHANNEM RAYNES TUNC REUERENDI IN CHRISTO PATRIS DOMINI JOHANNIS EPISCOPI LINCOLNIENSIS.[4]

---

[1] *incurr* cancelled.　　　　[2] *Sic :* for *receptoris.*
[3] This heading is all that is left of this record. The rest of the leaf, with ff. 55 and 55*d*, is blank.
[4] *Sic : vicarium generalem* omitted.

H

Exhibito primitus per abbatem certificatorio in scriptis . . . .
. . . . . . comparuerunt . . . . . sequentes canonici.[1]

> Dominus Thomas Butterwik abbas infirmus
> Dominus Johannes M[ore] prior
> Frater Johannes York
> Frater Johannes Welwyk ostilarius
> Frater Willelmus Ruddok custos de Thweite[2]
> Frater Thomas Browne
> Frater Woillelmus Feryby subcellerarius
> Frater Robertus Hull cellerarius
> Frater Thomas Appleton
> Frater Willelmus Shawe sacrista
> Frater Willelmus Nelson supprior
> Frater Johannes Lymber
> Frater Petrus Tunstall capellanus
> Frater Robertus Drypoole magister laborancium
> Frater Edmundus Killingholme
> Frater Willelmus Sutton precentor
> Frater Alanus York subbursarius
> Frater Willelmus Humbelton
> Frater Thomas Seton
> Frater Johannes Barcar scolaris Cantibr'
> Frater Johannes Blaxston
> Frater Johannes Goxhill succentor
> Frater Robertus Pasmer subsacrista
> Frater Copland subdiaconus
> Frater Nicholaus Hedon subdiaconus
> Frater Robertus Thornton subdiaconus
> Frater Willelmus Lyn nouicius non professus

Abbas . Canonici aliquando cum exeant monasterium in lez Syneys[3] transeunt ad villam de Thornton et ibidem bibunt.

Prior . Aliqui ex canonicis [quandoc]umque de licencia prioris *et presidentis* post completorium descendunt a dormitorio et . . . . . . in infirmatorio prout . . . . . ex consuetudine soliti sunt.

York . Omnia bene.

Welwyk . Omnia bene.

Ruddok . Omnia bene.

---

[1] Of the names in this list those of John York, Appleton, Shawe, Barcar, Pasmer and Lyn correspond to names in the pension list (*L & P, H. VIII*, XV, 55, no. 153), when they all remained in the monastery during its transitional stage of conversion into a college. Abbot Butterwik, elected in 1517, was succeeded in 1526 by John More, now prior (*V.C.H. Linc.* II, 166). The surnames of the others indicate that the monastery was recruited from local sources in Lincolnshire and in Holderness.

[2] Thwaite, the 'seyny-place' of Thornton, between Welton-le-Marsh and Willoughby. See *Vis. Relig. Houses* II, 373, *note* 1.

[3] I.e. their seynies. See *ibid.* I, 237-8.

Shawe . Omnia bene.

Apleton . Aliquando quidam ex canonicis [de licencia prioris et] presidentis bibunt post completorium et . . . . consuetudo ibidem.[1]

Neylson . Omnia bene.

Brown . Omnia bene.

Feryby . Omnia bene.

Drypoole . Omnia bene.

Sutton . Omnia bene.

[fo. 1d.]

Hull . Omnia bene.

Lymber . Omnia bene.

Humbilton . Omnia bene.

Seton . Omnia bene.

Blaxton . Omnia bene.

Gouxhill . Omnia bene.

Copland subdiaconus . Omnia bene.

York junior . Omnia bene asserit esse in consciencia sua.

Heddon . Omnia inquit bene esse.

Thornton . Omnia in monasterio prospere regnare[2] dicit.

Tunsta[3] . Dicit singula in cenobio salubriter se habere.

Pasmer . Retulit cuncta prospere subsistere.

Lyn . Omnia inquit bene esse.

Qua quidem examinacione sic facta ac premissis primitus precedentibus iniunctionibus dominus visitacionem suam ibidem dissoluit.

LXXI
TORKSEY PRIORY
A. fo. 46
Torkesey prioratus

VISITATIO EXERCITA IBIDEM IN ECCLESIA CONUENTUALI IIIJ[to] DIE AUGUSTI ANNO DOMINI MILLESIMO CCCCC[mo] XIX[no] PER DOMINUM WILLELMUM EPISCOPUM LINCONLIENSEM PERSONALITER

Canonici ibidem non surgunt ad matutinas temporibus nocturnis sed dumtaxat hora sexta in aurora surgunt ad matutinas , et tunc

[1] Here, as in the prior's statement, it is clearly implied that the custom was of old standing.
[2] Altered from *reganare*.　　　[3] *Sic:* for Tunstall.

matutinas submissa voce dicunt . Missam de beate virgine et vesperas singulis diebus cantant et duplicibus festis omnia seruicia diuina cantant.

Non commedunt in refectorio ibidem.[1]

LXXII
ULVERSCROFT PRIORY
A. fo. 146

Vluescroft

VISITACIO EXERCITA IBIDEM DIE MERCURIJ VIJ^mo DIE MAIJ ANNO DOMINI MILLESIMO CCCCC^mo XVIIJ^mo PER DOMINUM[2] THOMAM SWAYN.

Dominus Thomas Dedik etc . Bakewell apostatando dictum monasterium exiuit.

Die et loco proxime sequentibus fuit dissoluta ista visitacio.[3]

LXXIII
WELLOW ABBEY
1. A. fo. 53
2. L. fo. 3

Welhoo monasterium

VISITACIO EXERCITA IBIDEM IN DOMO CAPITULARI XXJ^mo DIE JULIJ ANNO DOMINI M^o CCCCC^mo XIX^no PER DOMINUM WILLELMUM DEI GRACIA LINCOLNIENSEM EPISCOPUM PERSONALITER.

Dominus abbas[4] dicit quod sacrista et alij officiarij in monasterio nolunt exequi officia sua , nec ipse abbas scit illos ad hec compellere.

Iniunctum est ne aliquis ex fratribus monasterij circuiat[5] patriam pro redditibus colligendis , sed quod hoc fiat per seruientes seculares.

Memorandum quod videatur compotus sacriste.[6]

Quod in legendis in choro et alibi studeant fratres distincte[7] legere , bene et debite [legen]do et aperte pronunciando.

Quod studeant fratres honestati et mundicie et humanitati , propellendo semper omnem rusticitatem , de qua rusticitate sunt

---

[1] Fo. 46d is blank.   [2] *episcopum* cancelled.   [3] Fo. 146d is blank.
[4] The abbot was Richard Kyngson (Kingston), elected in 1504 (*V.C.H. Linc.* II, 163).
[5] *Sic :* for *circumeat.*
[6] The series of injunctions which follows is written in another hand.
[7] *aperte* written and blotted out.

et fuerunt[1] vltra alia loca[2] fratres huius monasterij notati in eorum non paruum reprob'.[3]

Quod [per] Aduentum et a dominica Septuagesime vsque Pascha sedeant cotidie *quinque*[4] fratres in omni refeccione in refectorio , ita quod vnus eorum sit prior et alius legat [tempore refeccionis] prout constitutiones volunt.

Preterea quod singulis septimanis per totum annum sedeant similiter quinque fratres omni sexta feria et vigilijs in refectorio etc. vt con[stitucionies volunt].

Quod non teneantur canes venatici infra precinctum monasterij.

Quod deputentur per abbatem[5] cuilibet altari vnum fratrem qui honestati et mundicie [eius] prouideat in omnibus , sic tamen quod sacrista prouideat pro tegilibus[6] et pannis et altaris vestimentis[7] singulis quarterijs anni semel ad minus et quoties opus fuerit lauandis , vt de *eisdem fratribus*[8] merito verificetur quod de propheta . Domine dilexi decorem domus tue[9] . Et quod omnia circa altaria sint munda.

Quod vna sit lotrix pro omnibus fratribus ad eorum indumenta lauanda , ita quod fratrum indumenta deliberentur eidem lotrici *extra claustrum* per seruientem monasterij et non intret claustra lotrix.

Quod vnusquisque fratrum diuertat se diligenter[10] circa libros et litteras et doctrinam in . . . . scribendo , libros illuminando aut legendo et vestimenta preparando aut. . . . . racione.[11]

Quod vnicuique [fratri] detur et distribuatur vnus quaternus papiri cum calamo . . . . pro omnibus , ita quod discant fratres . . . . .

Dominus Ricardus Kingston abbas , Dominus Willelmus Yong prior / Dominus Johannes[12] Bird sacrista / Dominus Robertus Wright , Dominus Johannes Rosse receptor / Dominus Thomas Lincoln , Dominus Willelmus Snieth coquinarius, Robertus Whitgift granator.[13]

[1] *pre* cancelled.   [2] *Sic : aliorum locorum* is meant.
[3] We should probably read *paruam reprobacionem*.
[4] Interlined above *ipsumque* cancelled.
[5] The construction is inadvertently changed. Read *Quod deputet abbas*.
[6] This word, implying the coverings of the altars, seems to be made up on the spur of the moment.
[7] Words cancelled.   [8] Interlined above *eorum* cancelled.
[9] Ps. xxv (Vulg.), 8.   [10] Something cancelled.
[11] This injunction and the next are of a type very rarely to be found, and it is much to be regretted that the MS. at this point is in a very bad state.
[12] *bird* cancelled.
[13] The list of canons is written in at the bottom of the leaf. Of the eight mentioned here, all appeared at the visitation in 1525, with the exception of John Bird. Thomas Rosse in the later list is probably the canon called here John Rosse.

[fo. 53*d*.]

Prouideatur vt nichil circa muros omnino crescat per spacium trium pedum.

Quod omnino prouideatur quod sit charitas inter fratres monasterij et eorum tenentes et parochianos , ita quod omnino tollatur illa diabolica inimicicia et . . . . . contencio inter monasterium et suos parochianos[1] et tenentes , et pro eisdem parochianis et tenentibus debite et continue in suffragijs preces fundant altissimo Domino vt maxime deligantur ex charitate.

Quod nemo subpriori . . . . . . ab vltimo diebus mensis . . . .

[fo. 57.][2]

[WELLOW]

. . . . domino abbate . . .

Item quod id[em] . . . . [e]st in tam vehementi defectu quod casum cotidie minatur.

Item quod omnia eorum edificia tam infra quam extra sunt in tali decasu quod nisi citius pro reparracionibus ibidem prouideatur confestim sunt ruitura.

Item quod Robertus Kyngeston frater abbatis tam in spiritualibus quam in temporalibus prout[3] vult (conuentu[4] inconsulto) omnia regit , ordinat et disponit.

Item quod dominus abbas mandatum per vltimum sui ordinis visitatorem ad remouendum dictum Robertum *fratrem*[5] suum ab monasterio suo , tamquam eidem monasterio virum non vtilem , non compleuit.

Item quod idem dominus abbas villulam de Wheby[6] vbi xij acricole[7] terram peroptime nuper colentes tempore suo funditus deleuit in sui perpetuum vituperium et detrementum[8] patrie etc.

Item pro capella siue hospitale sancti Johannis versus Clee[9] etc.

Item[10] nec habent vnam honestam cameram pro hospitibus etc.

Item canonici petunt panem emendari , qui ad mandatum visitatoris emendatus est.[11]

---

[1] I.e. the parishioners of Great Grimsby, the parish church of which was appropriated to Wellow abbey.

[2] This leaf appears to belong to the visitation at which the foregoing notes for injunctions were made, and to contain a series of *comperta* drawn up from the evidence then obtained.

[3] *vo* cancelled.

[4] As written, the form of the word suggests *canonico*, which obviously cannot be right.

[5] Interlined above *fratrem* cancelled.

[6] Apparently the name is now lost.

[7] *erant* omitted.   [8] *Sic.*

[9] The fraternity of this hospital is mentioned in 1389. See. Hist. MSS. Comm., 14th report, app., pt. viii, pp. 257-8.

[10] *nec* cancelled.   [11] Two crosses in the margin.

Iniunctum est[1] abbati et conuentui quod deinceps nullus ipsorum *habeat accessum ad*[2] domum monialium sancti Leonardi iuxta Grymesby nulla de causa / nec quod admittat aliquis ipsorum aliquam ex monialibus dicte domus ad dictum monasterium de Welhoo neque ad consorcium alicuius eorundem ; nec quod moniales sint lotrices vestium linearum alicuius de dicto[3] conuentu / Hec acta fuerunt per dominum tempore quo fuit vltimo apud Welhow.[4]

2

Welhoo monasterium

VISITACIO EXERCITA IN DOMO CAPITULARI IBIDEM PER DOMINUM VICARIUM GENERALEM XXVIJ[mo] JUNIJ ANNO 1525[to].

Exhibito primitus per abbatem certificatorio in scriptis sub sigillo officij sui comparuerunt personaliter hij sequentes canonici.[5]

Dominus Ricardus Kyngston abbas /
Dominus Willelmus Yong prior /
Dominus Robertus Wright /
Dominus Thomas Rosse sacrista /
Dominus Thomas Lincoln /
Dominus Willelmus Snaythe /
Dominus Robertus Whitgifte /
Dominus Johannes Atkynson /
Dominus Willelmus Yorke /
Dominus Willelmus Kyrbee /

Abbas . Canonici pro maiori parte cantant , sed aliquando dicunt[6] matutinas ; et aliquando canonici discendunt a dormitorio post completorium . Iniunctum est omnibus canonicis quod non discedant[7] a dormitorio post completorium nisi de licencia , et tunc nisi raro ac ex causa racionabili ; et eciam quod deinde cantent matutinas totiens quotiens commode poterunt.

Prior . Canonici non ostendunt abbati statum eorum semel in anno vt deberent . Canonici bibunt *aliquando* post completorium tempore estatis / attamen tempore hiemali ita non faciunt . Canonici aliquando exeunt in villam sine licencia / Iniunctum est omnibus canonicis quod semel ostendant statum suum abbati quolibet

---

[1] *priori* cancelled.
[2] Interlined above *aggrediatur* cancelled.   [3] *mo* cancelled.
[4] The words ' Will. prior ' follow, with a mark in front of them, probably as a memorandum of some further item. Fo. 57*d* is blank.
[5] As already noted (p. 117 above, note 13), all the canons named at the earlier visitation, with one exception, were present on this second occasion. Rosse's Christian name is altered from John to Thomas, and ' Snieth ' here appears as Snaythe. There are three new names. Abbot Kyngston died in the course of 1526 and was succeeded by Robert Whitgift, uncle of the future archbishop of Canterbury, whose temporalities were restored 2 Aug. (*L. & P. H. VIII, IV* (2), 1058, no. 2367). Whitgift was abbot at the dissolution (*ibid.* XIII (1), 575).
[6] Altered from *ducunt*.   [7] *Sic :* for *descendant*.

anno / et quod nullus eorum exeat monasterium in villam de
Grymesby nisi de licencia , neque sic nisi raro et ex causa iusta /

Wright . Diuina officia non[1] dicuntur nec cantantur cum pausationibus debitis sed aliquando nimis festinanter . Panis conuentualis
non est salubris sed ordiacius est / Deberet esse luminare continue
ardens coram summo altari , et hoc non obseruatur / Iniunctum
est omnibus canonicis quod deinceps fiant omnia officia diuina tam
in lectura quam cantu cum pausationibus debitis / Est eciam
iniunctum sacriste quod deinceps inueniat lampadem coram summo
altari continue ardentem prout de facultatibus sui officij poterit /

Rosse . Omnia bene / Prior non est omnino diligens in[2] loquendo
pro vtilitate monasterij . Iniunctum est priori quod ipse in negocijs
monasterij ipse[3] ammodo exhibeat se diligentem et fidelem vt
decet.

Lincoln . Panis conuentus est ordiaceus et minus salubris /
Iniunctum est abbati quod prouidea[4] pro conuentu panem salubrem
de frumento pro maiori parte.

Snathe . Omnia bene.

Whitgyfte . Nichill nouit corrigendum.

Atkynson . Canonici nutriunt canes venaticos et presertim dominus
Thomas Lincoln . Iniunctum est omnibus canonicis ne deinceps
eorum aliquis nutriat canes venaticos saltem ad depurtacionem[5]
ecclesie et claustri , nisi ex permissione abbatis.

York . Omnia bene ait /

Kyrkby . Inquit omnia bene esse /

Et deinde factis premissis iniunctionibus dominus visitator suam
visitacionem ibidem dissoluit ac ipsos omnes in pace dimisit.

LXXIV

WROXTON PRIORY

L. fo. 151

Wroxton prioratus

Visitacio exercita in domo capitulari ibidem die Lune[6] xij°
die mensis Septembris anno Domini millesimo quingentesimo xxx^{mo} per dominum cancellarium.

Primo dominus prior exhibuit certificatorium in scriptis sub
sigillo suo , quo de mandato cancellarij perlecto ac omnibus
canonicis subscriptis comparentibus , excepto d[7] nouicio qui tunc
abfuit , dominus cancellarius exhortacionem quamdam salubrem

---

[1] *ca* cancelled.   [2] *loq* cancelled.   [3] *Sic :* repeated.
[4] *Sic :* for *prouideat.*   [5] *Sic :* for *deturpacionem.*
[6] *Lune* cancelled.   [7] Blank, but see list of names.

fecit et[1] articulos visitacionis sue eisdem declarauit et deinde ad examinacionem eorundem processit.

Dominus Thomas Smyth prior[2]
Dominus Johannes Banbury subprior
Dominus Johannes Heynys
Dominus Robertus Hauley
Dominus Robertus Cockes sacrista
Johannes Robynson nouicius
Dominus Ricardus Clark
Dominus Nicholaus Winbery
Dominus Thomas Jeffes
Ricardus Penyall nouicius (absens)
Robertus Smyth nouicius

Smyth prior . Dicit omnia bene.

Banbury . Dicit omnia bene.

Heynys . Dicit omnia bene.

Hauley . Dicit omnia bene.

Cockes . Dicit omnia bene.

Winbery . Dicit omnia bene.

Clark . Dicit omnia bene.

Jeffys . Dicit omnia bene.

[fo. 151d.]

Smyth . Dicit omnia bene.

Robynson . Dicit omnia bene.

Qua quidem examinacione sic facta , dominus visitacionem suam dissoluit ac ipsos omnes in pace dimisit / eo[s ad] mutuam caritatem et ad religionis obseruanciam et ad perfectionem debite exhortando /[3]

LXXV

WYMONDLEY PRIORY

L. fo. 86d

Wymondley prioratus

Visitacio exercita in domo capitulari ibidem die Martis xvij^{mo} die mensis Maij anno Domini millesimo quingentesimo xxx^{mo} per magistrum Johannem Rayne cancellarium etc.

Dominus cancellarius exposuit publice articulos visitacionis.

[1] *Articulos* cancelled.
[2] Smyth was still prior at the dissolution (*L. & P. H. VIII*, XIII (1), 576). The names of the canons, apart from that of the subprior, are without special local interest.
[3] Ff. 152, 152d are blank.

Deinde prior certificauit viue vocis oraculo et comparuerunt isti , videlicet.

Dominus Willelmus Weston prior[1]
Dominus Johannes[2] Dochester[3]
Johannes Turner
Willelmus Stokton

Prior . Dicit quod non vendit nisi duas acras siluarum pro reparacione campanilis et murorum ecclesie.

Cancellus[4] et eciam nauis ecclesie sunt ruinosi.

[Dorchester] . Habent nisi octodecim oues et non vltra , quia octoginta moriebantur isto anno / et habent xv equos pro bigis et aratris et octo vaccas mulcibiles et iiij bovenculas , et non pasturas pro pluribus animalibus pascendis.

Dicit in virtute iuramenti sui quod prior fecit multas reparaciones , videlicet *nouum* campanile [et] refectorium et duas fenestras in parte orientali ecclesie conuentualis et eciam circa . . . . tenementorum eidem domin[io per]tinencium . Jdem prior est vtilis prioratui.

[Turner] . Dicit omnia bene.

[Stokton] . [Dicit] omnia [b]ene.

[Habent] . . . [cali]ces argenteos , vnum[5] nauem argenteum et vnum osculatorium . . . . et j pece.[6]

[E]dificia in . . . . et ali[a] edificia prioratus sunt ruinosa ; tamen prior modernus inuenit easdem ecclesiam et cancellum et edificia ruinosa et fecit magnas exspensas in reparacionibus ad summam c marcarum . Campanile [ob] defectum reparacionum corruit ad terram , et reedificauit nouum campanile quasi ad summitatem et erit finitum ante festum sancti Johannis Baptiste proximum quoad opus latamorum.[7]

Habuerunt et habent ex aliquo[8] quatuor campanas.

---

[1] Weston was prior from 1520 to 1531 and was succeeded by John Dorchester (*V.C.H. Herts*. IV, 276). The name of the last prior is given as Atue or Atow (*L. & P. H. VIII*, XII (1), 265, no. 571 (4)) or Yate (*V.C.H. ibid*.). It is clear that Atue and Dorchester were the same person, and it seems more than likely that ' Athalle ', cancelled here in favour of the alternate surname, is the right form of the strange name Atow or Atue. What authority there is for ' Yate ' is not clear.

[2] *Athalle* cancelled.   [3] *Sic :* for *Dorchester*.

[4] *est ad terram collapsus* cancelled.

[5] *Sic*.   [6] *Sic*. A piece of plate is indicated.

[7] I.e. as far as the stonemasons' work went.   [8] Sc. *tempore*.

Visitation of the Newarke College
at Leicester, 1525

[fo. 1.]

Die Lune post festum sancte Katerine[1] , anno Domini millesimo
ccccc^{mo} xxv^{to} , reuerendus in Christo pater et dominus , dominus
Johannes , Dei gracia episcopus Lincolniensis , in domo capitulari
collegij Noui operis Leicestrie iudicialiter sedens , ac in visitacione
sua ordinaria alias hoc instanti anno in eodem collegio per
cancellarium suum inchoata[2] et adhuc ibidem pendente procedere
volens , ad examinacionem canonicorum et vicariorum eiusdem
collegij processit vt sequitur . Et tunc ibidem[3] nobilis vir dominus
Georgius Gray , illius collegij decanus , quedam interrogatoria in
scriptis redacta et in presenti libro insuta eidem reuerendo patri
porrexit , super quibus peciit omnes et singulos canonicos , vicarios
et alios ministros seruientes suos (mediis ipsorum iuramentis
corporalibus) examinari . Ad cuius peticionem dominus omnes et
singulos canonicos illius collegij ad tunc in eodem collegio presentes
ac vicarios eiusdem collegij et alios nonnullos examinans in virtute
juramentorum suorum coram ipso ad sancta Dei euangelia presti-
torum examinauit super interrogatoriis eisdem , quorum omnium
responsiones et depositiones in *duobus quaternis*[4] in presenti libri[5]
consutis conscribuntur.

Et die sequenti porrecta fuerunt per dominam Hungerford
quedam alia insterrogatoria[6] , super quibus omnibus dominus
omnes illius ecclesie canonicos in virtute juramentorum suorum
examinauit , quorum deposiciones et responsiones in quodam
quaterno conscripta in presenti libro consutis[7] plenius continentur ;
dicta ante[8] interrogatoria in custodia domini episcopi remanent .
Et post huiusmodi examinacionem dominus iniunxit magistris
Weatwod[9] , Swillington'[10] , Seth[11] , et omnibus aliis qui hospitalitatem adtunc ibidem non servabant quod citra primum diem Maij
proximum suas hospitalitates incipient , et deinde continuabunt
iuxta statutum[12] collegij in ea parte editum .[13] [fo. 1d] Dominus

---

[1] 29 Nov. 1525.
[2] No record of the chancellor's visitation in 1525 is preserved.
[3] *dominus* cancelled.   [4] Interlined above *quodam quaterno* cancelled.
[5] *Sic* for *libro*.   [6] *Sic*.   [7] *Sic :* for *consuto*.
[8] So written, but *autem* was meant.
[9] John Whetwod, prebendary of the second prebend 1524–1527 : see *Hist. Coll.
Newarke*, p. 234.
[10] See page 5 above, note 9.
[11] Seth Atterclyffe, prebendary of the fifth prebend 1502–1526 : see *Hist. Coll.*
u.s., p. 240.
[12] *capituli* cancelled.
[13] Stat. 77 in the 1491 revision. Cf. p. 3 above, note 10, and for *hospitalitas* see
p. 5 above, note 15.

tunc ibidem [iniunxit] quod non recipiant aliquo modo canonici collegij mulieres suspectas in domos suas.[1]

Et deinde dominus continuauit visitacionem suam ibidem vsque ad festum Natiuitatis sancti Johannis Baptiste proximum[2] et quemlibet diem *iuridicum* citra ; reseruando sibi potestatem faciendi iniunctiones pro compertis in eadem visitacione.

[Et deinde eodem die facta erat inter decanum et omnes ac singulos canonicos collegij plena concordia de omnibus et singulis commissis verbis obprobriosis et dissencionibus inter ipsos aut aliquos eorum habitis aut factis . Ac eciam erat concordatum quod[3] magister Gilbertus Bekansaw[4] soluet collegio infra biduum iam sequens v libras ad vsum collegij pro plena satisfactione pro quadam aduocacione vicarie de Preston' in Amondernes per ipsum liberata domino *Jacobo*[5] Stratebarell , clerico[6] ; et quod pro huiusmodi v libris ipse magister Gilbertus plene dimitteretur ab vlteriori querela contra ipsum per dominum dominum[7] decanum seu aliquem *alium*[8] decetero facienda siue mouenda . Que quidem concordia tunc ibidem erat facta coram prefato domino episcopo Lincolniensi et de eius consensu , saluis semper eidem reuerendo patri[9] potestate corrigendi et reformandi ac iniunctiones faciendi pro compertis in dicta visitacione][10] Postea dominus decanus peciit iusticiam ministrari super omnibus compertis , et peciit terminum ad libellandum contra quosdam ; ad cuius peticionem dominus assignauit sibi terminum quemcunque voluerit coram eius officiali principali in consistorio Stamfordie ; et sic[11] premissa concordia non sorciebatur effectum , sed vacat.

[Fo. 2.]

Copia bille domini decani
Detecta in visitacione

DETEGENDA IN VISITACIONE REUERENDI PATRIS JOHANNIS EPISCOPI LINCOLNIENSIS.[12]

Primo multa sunt detecta in eadem visitacione.

[*Wigston'*] Magister Thomas Wigston'[13] . vt fama est , iurauit falso de valore bonorum suorum . Iurauit se non habere tantam

---

[1] *nec alias quod mulieres in domos suas ad morandum siue pernoctandum in domus suas sine licencia decani ; nobilibus mulieribus , quousque dominus secum deliberauerit et aliter ordinandum declarauerit , ab hac ordinacione et declaracione reseruatis et exceptis* cancelled.

[2] 24 June 1526.   [3] Beginning of *m* erased.

[4] See p. 1 above, note 4.   [5] Interlined above *Johanni* cancelled.

[6] This man must have been related to James and Richard Straitberelle, who succeeded one another in the second prebend in 1485 and 1486. James died in 1486, and Richard about the beginning of 1489. See *Hist. Coll.*, u.s., p. 234.

[7] *Sic.*   [8] Interlined above *aliquem* cancelled.

[9] *pte* cancelled.   [10] All within brackets marked in margin *vacat*.

[11] *erat* cancelled.

[12] Here follow the *detecta* presented in writing by the dean.

[13] See p. 5 above, note 12.

summam quantam vere habuit ; et sic est periurator , et eciam
infidelis domino regi . Nam solet dicere sepe numero quod rex fecit
iniuriam in eo quod coacti sunt homines iurare pro bonis propriis.

Item periurati sunt qui iurabant de vero valore reddituum et
prouentuum collegij Noui operis , de veris oneribus ordinariis et
extraordinariis ex predictis prouentibus exeuntibus . Nam iurabant
quod decanus habet ex predictis prouentibus pro anuali stipendio
quadraginta libras ; et certissimum est pro veritate quod decanus
tantum percipit viginti libras.

[*Brokisby*] Item quod magister Ricardus Brokesby[1] est suspectus
de nimia familiaritate cum vxore cuiusdam honesti viri qui vocatur
Smyth ; et hoc est detectum decano per tres honestos presbiteros
et duos honestos laicos , et illi , vt dicitur , audierunt de pluribus
honestis viris tam spiritualibus quam laicis . Nomina presbiterorum [2],
magister Burton' , domini Weatewod , Ricardus Sutton' . Nomina
laicorum , Robertus Orton' , balliuus Leicestrie , Henricus Pixe ,
faber.

[*Brokisby*] Item quod dictus Brokesby habet arma in domo sua
contra honestatem ordinis clericalis.

[*Brokisby*] Item quod[3] dicunt quod idem Brokesby sepe ebrius
est , et tunc iactat de bellis et pungnis committendis.

f. 2d.

[*Conuenticule*] Item quod octo confratrum , videlicet Gilbertus
Bekansaw , dominus Johannes Dale , Jacobus Nicolson' , Henricus
Ridyng , Seth Aturclyff , Petrus Gerard , Thomas Wigston' , Ricardus
Brokisby , sunt combinati in malicia contra decanum[4] . Et quod
nunquam obediunt decano , sed faciunt secreta conuenticula et
conspiraciones contra decanum et euidentem vtilitatem domus
siue collegij , in quo quidem sunt plane periurati , vt liquet ex
statutis.

[*nota*] Item quod vexilliferi huius conspiracionis sunt tres
precipue : Gilbertus Bekansaw , Ricardus Brokesby et Johannes Dale.

[*nota*] Item quod magister Thomas Wigston' , Ricardus Brokesby
et Gilbertus Bekansaw commouerunt magistrum Willelmum Gillot
vt retineret officium cantoris , quod antea erat propositus relinquere ;
et hoc facto commouerunt magnum certamen in collegio in
pessimum scandalum ipsius domus.

[1] See p. 5, above, note 6.
[2] *domini* cancelled. Of the three priests Burton and Weatewod were canons,
Sutton a vicar.
[3] *Sic*.
[4] Prebendaries of the fourth, eleventh, third, eighth, fifth, tenth, thirteenth and
sixth prebends respectively. Burton, of the ninth, and Whetwod, of the second,
were partisans of the dean. William Gillot, of the twelfth, though not one of the
alleged conspirators, was related to Thomas Wigston and, as deposed below, was
used to serve their purposes. Swillington, of the seventh prebend, was not attacked
by the dean.

[*Bekansall'* , *Dale*] Item quod Gilbertus Bekansaw et Johannes Dale sunt disobedientes litteris domini regis ; nam , cum omnes confratres ecclesie submiserunt se domino regi per litteras suis manibus signatas , illi duo omnino recusauerunt facere , vt patet per copiam litterarum missarum ad reuerendum dominum Lincolniensem episcopum.

[*Dale*] Item quod Johannes Dale instigabat fratres suos vt apponerent manus suas litteris quibusdam quas scripserunt in fauorem Ricardi Sacheuerell' militis.

[*Bekansale*] Item quod Gilbertus Bekansaw diu detinuit mulieres in domo sua sine licencia a domino decano petita aut obtenta ; quamobrem decanus petit eum puniri secundum statuta.

[fo. 3.]

Leicester collegium beate Marie

ACTA IN DOMO CAPITULARI COLLEGIJ BEATE MARIE NOUI OPERIS
LEICESTRIE CORAM REUERENDO IN CHRISTO PATRE ET DOMINO ,
DOMINO JOHANNE , DEI GRACIA EPISCOPO LINCOLNIENSI ,
IBIDEM DIE LUNE POST FESTUM SANCTE KATERINE VIRGINIS ,
XXVIJ^{mo} VIDELICET DIE MENSIS NOUEMBRIS , ANNO DOMINI
MILLESIMO QUINGENTESIMO VICESIMO QUINTO.

[*Hospitalitas*] Magister Petrus Swillington' ⎫
              Dominus Johannes Weatewod' ⎬
              Magister Gilbertus Bekansall ⎪
              Dominus Johannes Dale ⎭

non obseruant hospitalitatem iuxta statutum , nec habent secum in mensa vicarias suos.

[*nota . Inobedientes*] Magister Bekansall , Brokesby , Dale , sunt inobedientes decano in capitulo : faciunt rixas et multiloquia in capitulis.

☛ Fiat ordinatio et determinacio[1] pro inceptione matutinarum et interesse in eisdem ; et videantur statuta.[2]

[*Statuta videantur*] Videantur statuta de finibus et aliis prouentibus collegij applicandis ; nam canonici applicant huiusmodi fines vsibus eorum propriis contra tenorem statuti , vbi re vera deberent contentari stipendiis suis.[3]

[*Gillot*] Magister Gillot habet in domo sua quasdam , videlicet tres mulieres.

[*Bekansall'*] Magister Bekansall habuit aduocacionem vicarie de Preston' sine consensu decani et capituli , vt dominus decanus audiuit a confratribus suis , et eandem vendidit pro quinque libris.

---

[1] *circa* erased.
[2] See statt. 28, 43 (*Hist. Coll.* u.s., pp. 127, 129, and cf. pp. 55, 56, 61).
[3] See stat. 38 (*Hist. Coll.* u.s., p. 129, and cf. pp. 58, 59).

[fo. 3d.]

[*Bekansaw*] Vicarij non intersunt continue diuinis officiis iuxta tenorem statuti.[1]

[*Wetwood*] Dominus Johannes Weatewod iactabat potum in faciem magistri Gillot , vt asseritur.

[*Decanus*] Dominus decanus male tractat[2] *canonicos* in domo capitulari temporibus capitulorum , et profert eisdem verba vilipendiosa , vocando quosdam ex eis , *videlicet dominum Johannem Dale* , greate headed churle[3] , magistrum Gillot foule , Magistrum Bekansaw greate nekked churle , magistrum Wigston' churle , et minabatur magistrum Brokesby quod ipsum priuaret prebenda sua.

[Decanus] Dominus decanus nitebatur compellere magistrum Bekansaw sibi ministrare[4] in alta missa vt diaconus *quodam* die Pentecostes[5] , et monuit ipsum hoc facere in virtute obediencie ; qui magister Bekansaw conduxit magistrum Gillot ministrare[6] eidem domino decano pro eo loco diaconi eo die.

[*Decanus*] Dicit eciam quod dominus decanus[7] intrauit domum thesaurarie et voluit habere pecunias dicti collegij tunc existentes[8] in quadam cista ibidem . Magister Ridyng , Gyllot et Brokisby ac alij contradicebant ; quibus mediis ipse dominus decanus easdem pecunias in dictam thesaurariam reposuit et dimisit.

[*Decanus*] Dominus decanus iam dudum habuit de pecuniis dicti collegij xij li , eundo ad dominum episcopum Lincolniensem pro appropriacione ecclesie de Hanslap[9] ; et promisit eandem summam xij li . restituere , casu quo huiusmodi appropriacionem obtinere non potuit . Habuit eciam alias octo libras pro expensis suis , equitando in comitatum Lancastrie pro iiij li . debitis de Ricardo Houghton' milite.[10]

[*Decanus*] Dominus decanus non dum soluit pro ingressu suo decem marcas, quas debuisset soluere infra dimidium annum post installacionem suam.

---

[1] See stat. 28 (u.s., p. 127, and cf. p. 56).   [2] *decanos* cancelled.
[3] *bursyn' bellyd carls* cancelled.   [4] *vt decanus* cancelled.
[5] *vipe* cancelled.   [6] *pro eo* cancelled.
[7] *anno* cancelled.   [8] *et illas* interlined and cancelled.
[9] Hanslope in Buckinghamshire. The advowson had been surrendered to the Crown in 1488 by Anne, countess of Warwick, the widow of Richard III. The grant to the dean and canons, with licence to appropriate, bears date 28 June, 1522 (*L. & P. Hen. VIII*, III, 999, g. 2356-28). This does not seem to have taken effect. The advowson was resumed by the Crown, and on 11 Dec. 1546, when Robert Bone, the last dean of the Newarke, was rector, it was granted with other advowsons to the corporation of Lincoln (*ibid.* XXI (ii), 33, g. 648-24). See *V.C.H. Bucks.* IV, 361.
[10] Sir Richard Hoghton of Hoghton, co. Lancaster, succeeded his father in 1501 when a minor, sheriff of Lancaster 1540, knight of the shire 1553 ; died 5 Aug. 1559. See *V.C.H. Lanc.* VI, 39, 40.

[*Pauperes* . ☞] Loca pauperum non gratis conceduntur indigentibus , sed aliquando , vt fertur , venduntur hiis qui non multum egent ; ita quod quidam[1] eorum sunt diuites , et vendiderunt terras et possessiones post admissionem suam ad loca illa.

[[2]*Janitor*] Janitor est negligens in officio , quia non attendit canonicis exequentibus diuina , veniendo ad ecclesiam et recedendo ab ecclesia , prout alij janitores ante ipsum facere consueuerunt . Et idem janitor est suscitator rixarum inter decanum et canonicos . Idem eciam recipit septimanatim a quolibet canonico exequente diuina viij d. vel communas suas pro portacione verge argentee coram dicto exequente , veniendo et redeundo ad matutinas , missas et vesperas ; et hoc non facit vt deberet.

[*nota*] Iste deponens *dicit* quod dominus decanus obijcit sibi surrepcionem cuiusdam aduocacionis determinate[3] ; que causa , vt iste dicit , erat determinata[3] in capitulo ; et igitur petit iam auctoritatem domini visitatoris dimitti pro eadem.

[fo. 4.]

Burton' In camera domini decani eodem die post prandium.

[*Vicarij*] Vicarij non intersunt in choro tempore diuinorum , sed ambulant in ecclesia *absque habitibus* , et moniti non[4] se emendant.

[*Canonici*] Aliqui canonici eciam temporibus diuinorum absunt a choro et ambulant in naui ecclesie in eorum habitibus.

[*Vicarij*] Vicarius celebrans missam beate Marie virginis diceret matutinas et vesperas cum choristis ecclesie , et hoc non facit.

☞ Petit declaracionem statuti[5] editi de hospitalitate , et mulieribus in domibus canonicorum[6] recipiendis.

[*Canonici*] Omnes canonici sunt adinuicem mutuo bene amantes.

[*Hospitalitas*] Magister Bekansall , Dale , Jerard , Weatwode et Swillyngton' non seruant hospitalitatem.

Ecclesia deturpatur canibus venaticis et cum lez hawkes , et aliquando bullbatingis sunt infra clausum collegij.

[*nota*] Videantur statuta pro custodia et clausura portarum.[7]

[*nota*] . ☞] Memorandum de euidenciis terrarum emptis de magistro Saucheuerell , quia adhuc canonici non habent easdem euidencias.

Petit quod fiat ordinacio de canibus ab ecclesia[8] ammouendis.[9]

---

[1] *d* cancelled.   [2] *Jacob* cancelled.
[3] *coram* cancelled.   [4] *frequentant* cancelled.   [5] *super* cancelled.
[6] *cora commoran'* cancelled.   [7] See stat. 22 (u.s., p. 124, and cf. p. 52).
[8] *amoud* cancelled.   [9] A mark in the margin to signify *nota*.

[fo. 4d.]

Weatewod'

Dicit quod nil iam habet deponere , nisi quod prius deposuit coram consilio domini regis.

Swillington'

[*Hospitalitas*] Dicit quod ipse non seruat hospitalitatem . Item magister Gerard , Wheatwod' et Dale non seruant hospitalitatem ; nec magister Bekansaw seruat hospitalitatem.

[*Vicarij*][1] Vicarij non cantant ad missam beate Marie virginis , quia dicunt quod non tenentur ibidem cantare , sed possunt ambulare ibidem , vt asserunt.

Aliqui seruientes domine Hungreford' die dominica Reliquiarum[2] stabant prope decanum in introitu , et iste deponens vidit dominum decanum loquentem illis : nescit tamen quid dixit . Et statim vidit dominum decanum , vicarium domini Dale et Weatwod' transeuntes ad dominam Hungreford' : quid ibidem dixerunt iste nescit certitudinaliter dicere.

[*Wetwood*] Erat quoddam iurgium inter dominum Weatewod et precentorem[3] , vnde dominus Weatewod proiecit potum in faciem dicti precentoris.

[*Sotton'* , *Reade*] Dicit quod duo vicarij dicti collegij , videlicet domini Ricardus Sutton' et Willelmus Reade , adinuicem pungnauerunt.

[*Brokisby*] Dicit eciam quod magister Ricardus Brokisby canonicus extraxhit vnum clericum , videlicet Tailour , extra claustrum , et ipsum cum pugno suo percussit , vt iste audiuit.

[*Ridinge*] Dominus Henricus Ridyng *semell*[4] extraxhit quemdam clericum , videlicet Wakeley , extra ecclesiam[5] violenter , vt iste audiuit : and[6] aliquid mali sibi fecit iste ignorat.

[*nota*] Vnus vicarius semper diceret *horas beate Marie*[7] cum choristis sub pena perdicionis obuli ; et hec non obseruatur , nec volunt soluere perdiciones in statuto limitatas.

Dominus Thomas[8] , vicarius magistri Garrad[9] , pugnauit cum genitore[10] in vltimo anno.

Dominus Ricardus , vicarius magistri Gillot , pugnauit extra collegium cum quodam laico in villa Leicestrie.

---

[1] A word interlined and cancelled.
[2] Trinity Sunday.
[3] I.e. William Gillot.
[4] Interlined, *aliquando extraxit* cancelled.
[5] A word and *vt* cancelled.
[6] *Sic :* for *an*.
[7] Interlined above *matutinas* cancelled.
[8] Blank in original, supply *Marshall*.
[9] I.e. Gerard.
[10] *Sic :* for *janitore*.

130   DIOCESAN VISITATIONS

[fo. 5.]

NICOLSON'[1]

[*Decanus*] Dominus decanus recepit multas pecunias a collegio , videlicet xx li.[2] ad consensiendum composicioni de xx li. anuatim sibi pro stipendio suo soluendis et non amplius vendicandum[3] siue presens siue absens fuerit.

[*Decanus*] Item dominus decanus recepit xij li. iam dudum de pecuniis collegij , ad quem finem nescit.

Ad primum interrogatorium nescit deponere.

Ad secundum interrogatorium dicit quod erat pungna inter seruientem domini Ricardi[4] Sacheuerell et dictum Mershall vicarium , et ipse vicarius erat vulneratus : per quem aut vbi nescit , quia fuit absens.

Ad tertium nescit deponere , quia *non* audiuit ipsos rixantes neque janitorem conquerentem.

Ad quartum dicit quod non erat domi , sed audiuit quod talis clericus erat in strictis propter correccionem . De illis verbis concernentibus seruientes Ricardi Sacheuerell nescit . nec audiuit quod dictus Villers velit frangere aut aperire seram strictorum.

Ad quintum dicit quod Ricardus Sacheuerell miles obtinuit duas concessiones sigillatas per consensum capituli et locumtenentis , domino decano tunc absente . Et dicit quod capitulum et locum tenens consueuerunt facere et sigillare tales concessiones , inconsulto decano , inquantum ipse nouit[5] . Nec sciuit aliquam restrictionem *in* contrarium per decanum factam , ante huiusmodi concessionem[6] sigillationem . Et dicit vlterius quod locum tenens[7] tempore sigillacionis dictarum concessionum habuit in custodia sua clauem decani pertinentem ciste in qua erat sigillum commune custoditum.

Ad sextum nescit deponere, quia non erat presens.

Ad septimum nescit deponere , nec audiuit aliquid de contentis in eodem.

Ad octauum nescit deponere , nec aliquid audiuit de eodem.

Ad nonum nescit deponere , nec audiuit de eodem.

Ad decimum dicit quod Ricardus Sacheuerell et domina Hungerford' vendiderunt collegio quoddam dominium in comitatu Wilteshire vocatum Asheley[8] , valoris anui xix li. , isto anno . Et dicit quod quolibet anno valet vltra xx li. in prima facie . Sed nescit quantum collegium soluebat pro eodem dominio.

---

[1] The depositions of this witness in answer to the dean's interrogatories are repeated with some variations below (fo. 19), and do not belong to the first two paragraphs here.

[2] *pro eo* cancelled.   [3] I.e. *ad non amplius vendicandum.*

[4] *Rici* altered from *Ricus.*   [5] *etc.* cancelled.

[6] *Sic :* for *concessionum . An* cancelled.   [7] *ill* cancelled.

[8] Ashley, Wilts., in Malmesbury hundred. See *Feudal Aids* V, 235.

Ad undecimum[1] interrogatorium dicit quod Ricardus Sacheuerell , miles , occupat eandem domum cum equis suis *ex permissione istius*[2] deponentis , prepositi[3] tunc collegij ; qui quidem prepositus pro tempore consueuit dimittere tales paruas concessiones absque consensu capituli . [fo. 5d] Et dicit quod dominus Sacheuerell promisit soluere pro eadem domo iuxta arbitrium capituli . Et dicit vlterius quod ipse deponens , magister Burton' et dominus Dale consueuerunt *vti* eadem domo cum equis suis et feno . Dicit eciam quod Ricardus Sacheuerell , miles , habet duas paruas cameras infra dictum collegium nuper dimissas magistro Johanni Siluestr' tunc commissario Leicestrie[4] . Et credit iste deponens quod iste miles habet easdem cameras ex concessione dicti magistri Siluestre . Et soluti sunt collegio anuatim pro[5] redditu earundem quinque solidi.

Ad duodecimum dicit quod aliquando habuerunt duos signos[6] in festo Natalis Domini , et aliquando nichil.

Ad tercium decimum articulum dicit quod aliquando talia consueuerunt fieri infra collegium . Et dicit quod parrochiani sancte Mergarete[7] veniunt cum xij lez pagentis[8] ad dominam Hungreford' propter questum pecuniarum pro ecclesia illa.

Ad quartum decimum articulum dicit quod et canes et falcones Ricardi Sacheuerell militis et domine[9] sunt in ecclesia , sicut sicut[10] canes canonicorum , vicariorum et aliorum extraneorum.

Ad quintum decimum articulum dicit quod dominus Ricardus Sacheuerell procurauit per se et amicos suos pro[11] exempcione collegij pro solucione subsidij vltimo parliamento concessi . Et simili modo per se et amicos suos instancias et magnos labores fecit pro appropriacione ecclesie de Hanslap dicto collegio fienda . Domina Hungreford' dedit viginti solidos ad dealbacionem chori.

Ad sextum decimum interrogatorium dicit quod Ricardus Sacheuerell habet pro pecuniis suis grangiam eorum prope Leicestriam ad firmam , et ipse bene soluit redditum eiusdem et tantum quantum alij ante ipsum soluerunt pro eadem ; et vltimus firmarius adhuc est indebitatus pro redditu eiusdem in magna summa.

Ad septimum decimum dicit quod non nouit quod vnquam aliquis fecit aut soluit aliquem finem pro eadem[12] firma , inquantum iste deponens nouit.

Ad octauum decimum dicit quod aliquando loquitur *magister Sacheuerell* pro amico suo quem suo iudicio magis idoneum iudicat pro officio obtinendo . Et vlterius[13] credit quod Ricardus Sacheuerell

[1] *articulum* cancelled.
[2] Interlined above *que dicit dimissa sibi ad firmam per istum.*
[3] Altered from *prepositus.*   [4] See vol. I, pp. xx, xxx, 12, etc.
[5] *ei* cancelled.   [6] *Sic :* for *cygnos.*   [7] *veniunt* cancelled.
[8] I.e. *pageants.*   [9] *Sic : Hungreford* omitted.   [10] *Sic.*
[11] *indulge* cancelled.   [12] *ne* cancelled.   [13] *quod dic . . .* cancelled.

aliquando consuluit quibusdam pro vtilitate collegij ; et multotiens canonici ibidem rogant et requirunt eiusdem Ricardi consilium in negociis collegij . Ad terciam partem illius interrogatorij , credit eam esse veram , sed in specie nichill tale nouit inquantum occurrit memorie sue.

[fo. 6.]

DALE.

[*Vicarij*] Secundarius esset presens continue in omnibus diuinis officiis cum executore in choro . Vicarij aliquando , dum sunt presentes in choro temporibus diuinorum , non cantant vt deberent.

[*Decanus*] Dominus decanus habuit a collegio per manus magistri Dale xx li. pro composicione quadam , et postea habuit alias xx li. pro alia composicione facta coram domino episcopo Lincolniensi.

[*Decanus*] Dicit eciam quod idem decanus ex mutuo habuit per obligacionem xv mercas a dicto collegio.

[*Decanus*] Idem decanus dudum habuit viij libras pro expensis suis in comitatu Lancastrie , et xij li. pro procuracione appropriacionis ecclesie de Hanslap, ad dominum Lincolniensem episcopum et rectorem ibidem modernum.[1]

[*Decanus*] Idem decanus dimisit firmam[2] quandam apud Preston in Andernes cuidam militi pro iiij li. annuatim sub sigillo suo proprio absque consensu capituli , pro qua firma prepositus potuisset habere vj li. anuatim a quodam Singulton'.

[*Decanus*] Idem dominus decanus dudum in domo capitulari vocauit dominum Dale false churle , et dixit that he knew hym well ynowghe , and that he was ever agaynst hym ; et tunc ibidem similiter vituperabat magistrum Thomam Wigston' et Ricardum Brokysby , et ita aliis eciam fecit temporibus.

☞ Petitur vt decanus non intromittat in officio prepositi.

[*Decanus*] Deberet decanus habere sex bigatas feni crescentis in prato lez beadhows[3] , et prepositus haberet ix bigatas feni ibidem crescentis ; et residuum feni ibidem crescentis deberet vendi inter canonicos , si vellent habere ante alios . Et hoc anno *decanus* velit[4] habere totum illud fenum , et habuit plusquam dictas sex suas bigatas.

[*Decanus*][5] Deberent pauperes eligi in domum elemosinariam , et iam dierum[6] assumuntur aliqui diuites ad loca illa , qui eadem emunt et , vt dicitur[7] , a seruiente domini decani et a janitore.

---

[1] The sense is not clear and something seems to be left out. Possibly the £12 met the dean's expenses in going to hold personal interviews with the bishop and the rector of Hanslope.
[2] *de* cancelled.   [3] I.e. the Bedehouse meadow.
[4] I.e. would like to have.
[5] *Diuites* cancelled.   [6] *ass* cancelled.   [7] *quidam* cancelled.

[*Nota*] Queratur qui et que sunt illi qui loca pauperum emerunt.

[*Decanus*] Idem dominus decanus iam dudum fuit in thesauraria collegij , et accepit ibi in manu sua certas pecunias , *circiter lx li.* , et dixit se velle illas habere , et dictas pecunias adduxit in vestibulum[1] collegij ; et tunc alij canonici obuiauerunt eidem domino decano ibidem et contradixerunt in hac parte cum aliis nonullis circumstanciis ; et sic ibidem illas pecunias tunc dimisit cum magistro Ridyng et aliis canonicis ibidem presentibus.

[fo. 6*d*.]

Dominus decanus movebat capitulum collegij ad concedendum magistro Gerarde canonico[2] anuitatem iiij li. x s. sub sigillo communi collegij imperpetuum pro summa cxx librarum ; et quia aliqui canonici contradixerunt , dominus decanus aliqualiter iratus erat cum eisdem.

☞ Collegium tenetur ad solucionem iiij li. anuatim capellano domus elemosinarie , pro qua concessione collegium habuit cc mercas ; et illa summa est consumpta[3] , nescitur quomodo , et tamen remanet collegium obligatum ad huiusmodi solucionem imperpetuum ; et propterea negarunt aliqui consentire huiusmodi concessioni fiende magistro Gerard'.

[f. 7.]

WIGSTON'.

[Nota] Dicit quod verbum ' continue '[4] expressum in statuto de obseruacione chori erat impositum in statutis per interliniacionem , auctoritate locumtenentis et capituli.

[*Decanus*] Interrogatus que est causa dissensionis inter decanum et canonicos huius collegij , dicit quod ex consciencia sua non cognoscit aliam causam nisi quod decanus velit habere voces omnium eorum canonicorum ad votum suum in eleccionibus officiariorum et omnibus aliis actis capitularibus , et velit eos omnes sibi obedire in omnibus licitis et honestis.

[*Decanus*] Audiuit officiarios dicentes quod dominus decanus habuit in regardis ad diuersas vices de pecuniis collegij circiter summam octoginta librarum ; et petitur quod fiat prouisio quod deinceps non fiat talis exposicio pecuniarum , pro eo quod ecclesia est in magna ruina , et putant canonici quod deficiunt pecunie pro reparacione ecclesie.

[*Nota*] Consueuerunt canonici diuidere fines firmarum suarum inter se : an hoc licet dubitat et petit mentem aliorum in ea parte.

---

[1] The vestry : see below in Brokesby's depositions, p. 138.
[2] *anua* cancelled.   [3] *nesciunt* cancelled.
[4] This word does not occur in the original forms of stat. 27 with reference to the canons, but was used of the vicars in stat. 28.

[*Wetwood*]   Magister Weatewod post consumpcionem dierum recreacionis sue absens fuit a collegio bis contra statutum.[1]

[fo. 7*d*.]

GILLOT.

Dicit quod eleccio decani non obseruatur , cum duo debeant nominari in capitulo et presentari fundatori , vt ipse fundator eligere poterit vnum eorum in decanum.[2]

[*Decanus*]   Quilibet decanus tempore installacionis sue solueret ad vsum collegij decem mercas , et quilibet canonicus debet soluere xxvj s. viij d. ad vsum ecclesie ; quam summam decanus modernus non soluit adhuc , et tamen deberet soluere infra dimidium primi anni per iuramentum suum.

[*Decanus*]   Decanus , si presens fuerit , debet habere pro decanatu xl mercas et pro canonicatu xx mercas . Et si absens fuerit , debet habere[3] tantummodo xl s. Qui quidem decanus per composicionem factam coram episcopo Lincolniensi haberet in absencia sua xx li. , et non vltra in presentia . Et tamen petit[4] in *presentia*[5] sua summam limitatam sibi per statuta.

[*Decanus*]   Dicit eciam quod habent quoddam beneficium in Wallia[6] , cuius presentacionem perdiderunt per lapsum temporis , eo quod decanus noluit aliquo modo consentire presentationi per capitulum faciende ; et habuit decanus clauem sigilli sui , cuius pretextu amittebatur presentatio illa vice per lapsum temporis.

[*Decanus*]   Decanus nittitur[7] habere vnum ex canonicis sibi ministrantem vt[8] diaconus , cum altam missam celebrauerit ; quod non est in statutis ordinatum , nec vsitatum.

[*Decanus*]   Dominus decanus vituperat fratres suos canonicos in capitulo , vocando[9] quosdam ex illis churles et false periured prestis , et alia verba minatoria eisdem profert contra statuta , cum ex statuto honestius eos tractaret.

[*Decanus*]   Dominus decanus in eleccionibus officiariorum nolet habere aliquem electum sine consensu suo[10] , licet maior pars consenserit contra statutum ; et idem vult in aliis actis capitularibus.

☞ Petit declaracionem statuti lxxij quoad pecuniam mutatam[11] domino regi , an soluatur per collegium vel personas collegiatas.

---

[1] See stat. 24 (u.s., p. 126, and cf. pp. 53, 54).
[2] See stat. 16 (u.s., p. 24, and cf. pp. 48, 49).
[3] *tan* cancelled.   [4] *summam* cancelled.
[5] Interlined above *absentia* cancelled.   [6] Llandyfaelog. Cf. p. 4 above.
[7] *Sic :* for *nititur.*   [8] *decanus* cancelled.
[9] Something cancelled.   [10] *et eciam* cancelled.
[11] *Sic :* for *mutuatam.* The statute (so numbered in the earlier form) is numbered 73, u.s., p. 132, with which cf. p. 73.

[*Nota* . *lxvj abusio*] An fines pro dimissionibus firmarum solutis[1] debeant diuidi inter canonicios vel an debeant cedere in vsum publicum collegij : petit declaracionem statuti lxvj.[2]

[*Nota*] Ordinacio Symonis Symeon' de iij missis celebrandis pro quibus[3] dominium[4] de Hempshall[5] , valoris *annui* xvij li. concessit ; et iam est inter prebendarios concordatum quod vicarij celebrabunt illas iij missas , et habebunt pro eorum laboribus xiij li. , et residuum diuiditur inter canonicos . An hoc possit fieri queritur . Et aliquando ipse misse omittutur[6] vno die et celebrantur alio die , quandoque per vicarium , quandoque per alios extraneos in dedecus ecclesie.

[fo. 8.]

[*Abusio*] Redditus et prouentus dominij et ecclesie de Cranesley[7] diuiduntur[8] inter canonicos (supportatis oneribus eorundem dominij et ecclesie) preter statuta.

[*Sethe*] Dominus Seth Atturclyff non fuit presens per se nec per alium eius loco tempore[9] vigilacionis pro magistro Derby defuncto.[10]

[*Canonici*] Omnes canonici debent esse presentes in capitulo quolibet die Sabbati iuxta statutum[11] ; et multi canonici existentes in re non obseruant illud statutum.

[*xxviij*.☞] Petit declaracionem statuti xxviij[ui] .[12]

[*Vicarij*] Vnus vicariorum qui celebrat missam beate Marie diceret *horas beate Marie*[13] cum choristis , sub pena amissionis vnius denarij qualibet vice . Quidam vicarij hec faciunt , quidam non faciunt ; et tamen non ita facientibus non infligitur pena.

[*xxviij*.☞][14] Nec canonici nec vicarij sunt presentes in choro tempore diuinorum , vt deberent iuxta tenorem statutorum ; et petit declaracionem horum terminorum , interesse et continue.

[*Pauperes*] Fundator ordinauit quemlibet pauperem recipere vnaquaque septimana septem denarios , et alius benefactor ordinauit quemlibet pauperem ex dono suo vnaquaque septimana vnum obulum . Dicti septem denarij septimanatim soluntur[15] , et huiusmodi

---

[1] *Sic :* for *soluti.*
[2] This statute, applying to receipt of revenues in general, is numbered 67, u.s., p. 131, with which cf. p. 71, where in the form delivered by bishop Gynewell in 1355, it bears the number 66.
[3] An interlined word cancelled.   [4] *concessit* cancelled.
[5] Elmsall in Yorkshire.   [6] *Sic :* for *omittuntur.*
[7] Cransley, Northants., near Kettering. The manor and advowson were given to the college by Simon Symeon in 1379–80. See *Hist. Coll.*, u.s., p. 84, and index.
[8] Written *diuidutur* or *diuiditur.*   [9] *infirmitatis* cancelled.
[10] William Derby, prebendary of the second prebend 1489–1524, had died before 10 Nov. 1524, when he was succeeded by John Whetwod (u.s., p. 234, and note).
[11] See stat. 37 (u.s., p. 128, and cf. pp. 57, 58).
[12] Relating to the presence of the vicars in choir. See above, pp. 3, 133*n.*
[13] *missam* cancelled.   [14] *Diuin' diuin* cancelled.   [15] *Sic :* for *solvuntur.*

obulus non soluitur nisi semell in anno . Et si vnus pauperum moriatur ante finem anni , illa solucio obulorum tuc[1] insolutorum diuiditur inter canonicos . An bene vel non bene declaretur.

[*lxxxiij.* ☞] Petit declaracionem statuti de mulieribus in domibus canonicorum recipiendis.[2]

[*lxxxij.* Mulieres pauperum] Plures sunt mulieres quam deberent[3] in domo pauperum[4] contra statutum.

[*lxvj.*[5] *Hospitalis*] Magister Gerard , magister Swillyngton' , magister Weatewod non obseruant hospitalitatem[6] iuxta statuta.

[*lxix.*[7] *Jocalia*] Jocalia collegij deberent obseruari sub tribus clauibus , et iam sunt in custodia[8] cantoris tunc.

[*xxvj. Hora matutinarum*][9] Matutine non inchoantur *circa* horam sextam limitatam in statuto.[10]

[*xxiij.*[11] *Abusio*] Decanus et capitulum comedunt quibusdam dies[12] recreacionis , vltra dies de re.[13]

[Wetwood] Magister Weatewod pluries abfuit quam deberet de stautis.[14]

Fiat determinatio temporis pro clausura et apertura portarum.

[*Oonley vicarius*] Dominus Johannes Oneley[15] , vicarius , abfuit a vesperis , et sic incurrebat perditiones ; et huiusmodi perditiones erant sibi remisse per locum tenentem et alium canonicum.

[*Mulieres pauperum*] Mulies[16] custodes pauperum[17] (omissa custodia pauperum[18]) sunt in[19] domo magistri Burton' circa eius victualia preparanda et ministranda contra statutum.

[*Wetwood*] Dominus Weatewod temere effundebat seruiciam in faciem magistri Gillot animo maliuolo , et dixit postea[20] that master Gillot was happy that it was not wors.

[*Wetwood*] Idem dominus Weatewod recusat soluere perditionem pro absentia ab vna missa , cum fuerit confabulando cum decano Warwici.[21]

[Wetwood] Idem dominus Weatewod non soluebat xxvj s. viij d. debitos pro introitu suo infra tempus[22] limitatum in[23] ordinacione

---

[1] *Sic :* for *tunc.* [2] See p. 3 above, note 7.
[3] *contra statutum x lxxxij* cancelled. [4] *quam deber* cancelled.
[5] Numbered 77, u.s., p. 132, and see p. 78. [6] *contra sta* cancelled.
[7] Numbered 70, u.s., pp. 131, 132, and cf. pp. 72, 73.
[8] *pre* cancelled. [9] *Petit* cancelled.
[10] The time was limited in the additions made to stat. 25 in 1491. See u.s., p. 127, and c.f. pp. 54, 55.
[11] Numbered 24, u.s., p. 126 cf. pp. 53, 54. [12] *Sic :* for *diebus.*
[13] I.e. *dies de recedendo*, the statutory period allowed by stat. 24. Cf. the rolls of re. and ve. [*veniendo*] kept to mark the presence and absence of the canons in choir at Lincoln.
[14] *Sic :* for *statutis.* [15] *ab* cancelled. [16] *Sic :* *depu* cancelled.
[17] Written like *pauperūt.* [18] Written like *pauperūt.*
[19] *domibus quorundam* cancelled. [20] *t* cancelled.
[21] At this date the dean of St. Mary's, Warwick, was John Carvannell, who had succeeded 8 March, 1515–16 and resigned in 1542. (Dugdale, *Ant. Warw.,* ed. Thomas, I, 434.)
[22] Written *ten* ; but *tempus* was evidently meant. [23] *statuto* cancelled.

contra iuramentum suum , licet bis pro eadem solutione fuerit monitus.

[fo. 9.]

BROKESBY.

[*Decanus*] Decanus non soluit x mercas pro ingressu suo iuxta statutum et iuramentum suum infra dimidium primi anni.

[*Decanus*] Decanus ex statuto non reciperet in absentia sua nisi xl s. de collegio , et tamen annuatim recipit xx li. preter fenum[1] , focalia et prebendam equorum et villanos obitus ad valorem quinque vel sex librarum annuatim.

[*Decanus*] Item preter premissa dominus decanus anno nono regni regis Henrici viij^{ul} habuit de bonis collegij xx li. sibi liberatas per manus magistri Dale tunc[2] *prepositi* . Et alias xx li. habuit idem decanus tempore composicionis facte coram domino episcopo preter annuale stipendium xx li. in composicione expressatum . Et idem decanus iam dudum habuit xij li. ad procurandum appropriacionem ecclesie de Hanslapp . Et habet alias viij li. pro expensis suis in comitatu Lancastrie ad superuidendum duo beneficia ibidem , quod debuisset expediri per prepositum racione officij sui . Et eciam habuit remissionem decem librarum cuiusdam obligacionis vltra summas predictas , pro quibus promisit procurare remissionem quarundam pecuniarum concernencium dominum regem.

[*Decanus . Gerard*] Petrus Gerard canonicus voluit emisse annuitatem iiij li. x s. a dicto collegio imperpetuum pro cxx li. ; et pro eo quod aliqui de capitulo contradixerunt non contentabatur decanus , et dixit quod voluit conquerere[3] domino regi et eius consilio de eisdem . Et iste iuratus putat in consciencia sua quod huiusmodi concessio annuitatis esset in dampnum collegij.

[*Decanus*] Dominus decanus tempore eleccionis cantoris hoc anno , pro *eo* quod iste deponens et alij de collegio[4] iuxta eorum consciencias[5] nominauerunt idoneum in cantorem et non secundum mentem eiusdem decani , protulit eisdem plurima verba obprobriosa , vocando eosdem false churles , false prestis , et plura huiusmodi , videlicet : master Bekansaw , I will gyve noo credence to thy wordis , but I will suspend thy voice , for thow arte a false periured preste . And to master Dale : thow arte a false churle[6] . I remembre[7] the wordis that[8] thow spokest when the Walshe men were in thy hows[9] . And to master Wigston'[10] he said : thow arte a false preste .

[1] *lig* cancelled.	[2] *decani* cancelled.	[3] *Sic :* for *conqueri.*
[4] *co* cancelled.	[5] Something cancelled.	[6] *and thow* cancelled.
[7] Something cancelled at the end of *remembre.*		[8] *were spoken* cancelled.

[9] The business of these Welshmen probably had something to do with the failure of the college to present to the vicarage of Llandyfaelog. In any case their presence in Leicester would be explained by the extensive property of the college in the neighbourhood of Llanelly and Kidwelly.

[10] *tho* cancelled.

And to this deponent : thow arte[1] a lewyd preste . And to master
Gillot he said : sett your hert at rest , for ye be not able to be
chanter , nor ye shall not be . Vel eis consimilia verba . And lyke
wise he doith for the moste parte in euery chapitre , so that many
off the canons darre not speek theyre myndes[2] in the chapiter for
suche mynatory wordis.

[*Decanus*] Quoddam[3] beneficium in Wallia de patronatu decani
et capituli , cuius presentationem vltima vacacione eiusdem
perdiderunt per lapsum , eo quod decanus noluit consentire maiori
parti capituli.

[fo. 9*d*.]

[*Decanus*] Dominus decanus nominauit duos choristas , vnum
post alium , qui nesciunt legere neque cantare , in diminutionem
cultus diuini ; non obstante quod regia maiestas concessit eisdem
eligere de optimiis[4] vbi voluit , preter loca excepta in eadem
concessione.

[*Decanus*] Dicit eciam quod decanus tempore quodam iuit in
thesaurariam collegij , vocando secum Henricum Ridyng et Petrum
Swillington' , habentes claues thesaurarie et ciste vbi reponuntur
pecunie collegij ; et cum ibidem venerint[5] , aperta cista
numerauerunt pecunias ad summam lx li. et vltra[6] Et dixit
decanus illis : I will see the state off the colledge . Et ipsi dixerunt
ei[7] : Well, my lorde , ye will not take noone off this a waie . And
he said : noo, by his honour and his preste hode . And when the
money was told , he put them into a bag , and said : I will have
this money , and I will[8] gyve yow a letter off my hand for my
discharge . And then master Ridyng privily sent oon off the clarkis
for meer company , fearyng the takyng awaye off the said money .
And yet the dean toke the said money , and agaynst theyr myndes
brought it down into the revestry , and wold haue borne it a waie .
And ther met hym moo off the company , and desierd hym to leav
the money bihynd[9] hym , master Darby sayng to hym : Benedictus
Deus, my lord , what will ye doo . Will ye robb this pouer hows .
Iff ye haue this money away, yt will neuer comme agayn . Ye
will vndo the colledge for euer . And so then ther , the said dean
in a greate fume delyuered the said money agayn to the same
master Ridyng . Ista deponit de auditu magistri Ridyng , Dale ,
Derby , Gillot , et Swillyngton'.

[*Decanus*] Dominus decanus obiecit huic deponenti , postquam
idem[10] deponens fuerat cum domino episcopo Lincolniensi in certis

---

[1] *a false and* cancelled.
[2] *for suche* cancelled.
[3] *Sic : erat* omitted.
[4] *Sic :* for *optimis.*
[5] *numerat* cancelled.
[6] *et illis numeratis* cancelled.
[7] Interlined above *ei ye* cancelled.
[8] *gyve* cancelled.
[9] *hynde* cancelled.
[10] *decanus* cancelled.

causis , quod ipse consensit in iudicem non suum[1] ; dicendo quod ipse voluit istum deponentem corrigere pro illis excessibus , pro quibus fuerat iste cum domino episcopo Lincolniensi.

[*Decanus*][2] Erat ordinatum per[3] decanum et capitulum quod statuta collegij declarentur[4] et interpretarentur per dominum episcopum Lincolniensem et eius cancellarium ; et tamen postea dominus decanus contra illum actum capitularem accepit statuta collegij a collegio et eadem ostendebat extraneis et consiluit[5] cum eisdem.

[*Famulus domini Leonerdi*] Dicit eciam that a seruaunte off my lord Leonerd Gray[6] , called Derby , *goyng towardis the*[7] dean his hows, met this deponent goyng towardis the churche in a strayte cross way, commyng very fast with a sworde, buckler , and daggar , with a froward and hy countynaunce , so that this deponent for fear dydd [fo. 10] goo back and gave hym rowme . Wherupon this deponent complayned to the dean , to whome the *dean* said : Dydd he enny thing to you . And he said : Nay , for iff he had , yt had been to late to haue complayned[8] . Well , quoth the dean , I *can* iudge noo thoughtis . Iff ye medle with hym , I think ye shall ffynde hym a qwyk man . And this deponent said: He shall not ffynde me all dead . And the same day William Brown , seruaunte to the dean , said to sir William[9] Mosse , vicar to this deponent[10] , prepared to ministre at high masse as diacon : Thow art a reade headed ffox ; and , iff thow wer a nother maner man , I wold vse the after a nother maner.

Interrogatus de occasione prolationis dictorum[11] verborum , he saith that the iiij[th] clark , seying William Brown commyng , *said* : Yonder commyth master Vnthryfte . That heryng , the said William Brown ran after the iiij[th] clark , sweryng a greate oth , iff the chanter wold not correct hym , he wold thrast hym through both chekys with his daggar . Ista dicit ex auditu domini Willelmi Mose , vicarij huius deponentis.

[*Pauperes*] Statutum pauperum recipiendorum non obseruatur , quia plures sunt femine quam deberent esse.[12]

[*Pauperes*] Statutum duodecimum non obseruatur , cum dicitur in statuto : Si quis pauperum de infirmitate sua convaluerit , etc. , expellatur et alius subrogetur , etc.[13]

---

[1] I.e. the dean claimed that he and not the bishop was *judex ordinarius* in the college.
[2] *Dominus decanus* cancelled.   [3] *capitulum* cancelled.
[4] *Sic :* for *declararentur*.   [5] *Sic :* for *consuluit*.
[6] Lord Leonard Grey, brother of the dean and sixth son of Thomas, first marquis of Dorset. See D.N.B.
[7] Interlined above *comyng owte off my lord* cancelled.
[8] *and the dean said* cancelled.   [9] *of* cancelled.
[10] *repo* cancelled.   [11] *verborum asserit ex auditu* cancelled.
[12] The statute is no. 12 in the earlier version : see u.s., pp. 45, 46. No. 11 in the 1491 revision (p. 123) makes reference to this, but is new in form.
[13] See u.s., p. 123, and cf. pp. 45, 46.

[*Vincent* , *pauper*] Quidam[1] Vincent , vnus de pauperibus , vendidit citra receptionem suam terras et tenementa *pro*[2] x li. Et ipse et multi alij non sunt debiles , sed convalescentes.

[*Decanus*] Dominus decanus concessit lectos pauperum variis non indigentibus nec impotentibus , qui iterum illa loca vendunt contra mentem fundatoris.

[*Burton . Wetwood*] Magister Burton et dominus Weatewod petunt expensas suas eundo ad curiam domini regis , cum non fuerint missi per capitulum.

[*Decanus*][3] Dicit quod sepius imponitur ei et aliis canonicis silencium per decanum tempore capituli sub pena inobediencie . Petit declaracionem domini episcopi ad quam obedienciam canonici tenentur decano , et an licitum sit vnicuique exponere mentem suam ibidem in causis collegij.

[fo. 10*d.*]

REDYNG.

[*Matutinis*] Henricus Redyng , iuratus et examinatus , dicit quod non obseruant horam inceptionis matutinarum negligentia cantoris.

☞ Petunt declaracionem verbi interesse tempore diuinorum.[4]

[*Decanus*] Dominus decanus est multum rigorosus , and he doith speek moer roughly to some off the brethern then it hath been wonte to be . And calleth some off them churles , some false preste in the chapiter hows.

[*Decanus*] Dominus decanus quodam tempore requisiuit istum *deponentem* , *tunc* thesaurarium collegij , vt ostenderet sibi statum collegij ; et ad eius requisicionem iste deponens et alij habentes claues aperuerunt cistam , et dominus decanus numerauit pecuniam circa sumam lx li. , et illam sic numeratam pecuniam in quadam baga imposuit , et dixit quod voluit habere illam pecuniam et dare sibi litteras in exoneracionem istius deponentis . Et dixit iste deponens quod sine consensu fratrum suorum non potuit hec facere . Et tunc dominus decanus adduxit secum illas pecunias , *descendendo* vsque in vestibulum collegij . Et tunc accesserunt alij canonici et contradixerunt . Et tunc decanus pecuniam illam reliberauit huic deponenti , et ipse eandem reposuit in thesaurariam.

[fo. 11.]

ATTERCLYFF.

Credit omnia in collegio bene esse.

---

[1] Blank in original.   [2] Interlined above *valoris* cancelled.
[3] *Ite* cancelled.
[4] Apparently as used generally in the statutes.

Detecta vicariorum

BROMEHALL.

[*Matutinarum hora*] Dominus Johannes Bromehall : Aliquando tarde incipiuntur matutine.

Presbiteri in ecclesia non habent bonum vinum pro celebracione missarum.

SUTTON.

Dominus Ricardus Sutton : Omnia reformanda sunt correcta per capitulum.

[fo. 11*d*.]

SMYTH.

[*Vicarij*] Dominus Ricardus Smyth dicit *quod* vicarij sunt aliquando negligentes , dum sunt in ecclesia tempore diuinorum.

[*Diuina officia*] Officia diuina non fiunt cum debitis pausacionibus, sed aliquando cum magna festinacione.

MOSSE.

[*Matutine*] Dominus Willelmus Mosse , vicarius , dicit quod nimis tarde incipiuntur matutine , et tunc festinanter cantantur.

LIDERLAND.

Dominus Johannes Liderland , vicarius : Omnia bene asserit suo iudicio.

HORDERON.

[*Matutine*] Dominus Thomas Horderon , vicarius , dicit quod matutine non incipiuntur horis debitis secundum tenorem statuti.

[*Bull . Decanus*] Thomas Bull , quartus clericus , est omnino inaptus et inhabilis ad officium eius exercendum ; qui quidem Thomas Bull fuit impositus per dominum decanum.

[*Decanus*] Dicit eciam quod ante aduentum domini decani moderni ad dictum collegium erat bona concordia inter canonicos et ministros ecclesie , et diuinum officium decenter et debito[1] modo[2] celebratum fuit . Sed ex quo venit dominus decanus ad dictum collegium recessit charitas , discordia[3] crescit , indiesque seminatur inter *decanum et* canonicos[4] dicte ecclesie . Cultus diuinus diminuitur in tantum quod , si non apponatur remedium , erit in magnum preiudicium collegio.

[fo. 12.]

[*Decanus*] Dominus decanus nuper vituperauit dominum Willelmum Reade succentorem , vocando ipsum daw fowll[5] , etc. ; qui

---

[1] *s* cancelled. [2] *solitum* cancelled.
[3] *orta* cancelled. [4] *et ministros* cancelled.
[5] Either ' daw, fool, etc.,' or ' daw-fowl, etc.' In neither case are the dean's characteristic methods of complimenting the canons softened.

dominus Reade est vir honestus et[1] bone conuersacionis , et eius recessus multum preiudicaret ecclesie.

[*Decanus*] Dominus decanus nimis elate se gerit apud ministros ecclesie , et[2] vultum apud eos ostendit austerum[3].

[*Decanus*] Sunt iam inducti duo choriste per dominum decanum , qui sunt inhabiles et indocti in cantu plano et diuiso.[4]

[*Curfue bell*] Campana lez curfue bell non pulsatur hora requisita per statutum.[5]

BUTCHARD.

[*Villeris . Sotton*] Dominus Johannes Butchard , vicarius , dicit quod Edwardus Villers et Henricus Sutton , choriste , non sunt[6] neque apti neque docti nec in cantu plano nec diuiso.

[*Nota*] Dicit quod nunquam vidit discordiam in dicto collegio , nisi iam citra festum Pasche ex quo dominus decanus illic venit[7] . A quo tempore in ipso collegio magna est orta discordia , cuius defectu ipse nescit.

RIGMAYDEN.

[*Nota*] Dominus Thomas Rigmayden dicit quod[8] de inceptione matutinarum sunt varie opiniones.

Alia inordinata nescit.

[*Canonici . Brokisby*] Aliqui canonici non officiarij intromittunt se in choro ac si essent officiarij . Interrogatus quis est talis , dicit quod magister Brokesby , qui dixit quando precentor duxerat librum domino Sutton psalmodiam[9] : I had lever haue laid the booke on his head then haue brought it to hym.

[fo. 12*d*.]

HARDGRAVE.

Dominus Ricardus Hardgrave , vicarius.[10]

HARVY.

Dominus Willelmus Harvy , vicarius , dicit quod si aliquod leue occurrat , breviter reformatur per decanum et capitulum.

---

[1] *cal* cancelled.   [2] *est eisdem* cancelled.
[3] Apparently written *austeris*.   [4] I.e. plainsong and prick (part) song.
[5] There seems to be no definite direction on this head in the statutes.
[6] *docti* cancelled.
[7] Easter 1518 is indicated. Grey had become dean in the previous June.
[8] *Matu* cancelled.   [9] *Sic*.   [10] *nil detegit* cancelled.

[fo. 13.]

INTERROGATOURIES MYNYSTRED BY THE LORD GEORGE GRAY VNTO THE CANOUNS AND THE VYCARS OF THE COLLYGE OF NEWARK , AND OTHER MYNYSTERS OF THE CHYRCH AND SERUAUNTTIS OF THE SAYD LORD GEORGE GREY.

1. Fyrst , where the servaunttis of Syr Richard Sacheuerell have vsed any mysdemeannours to the deane , his ffrendys , lovers and servaunttis within the collyge of Newark.

2. Item , whether the servaunttis of the sayd Syr Richard haue not made ffrayes within the sayd collyge , or haue not mayhened[1] a vycar of the same collyge callyd Syr Robert Marshall.

3. Item , whether the servaunttis of the sayd Syr Rychard haue geven the porter of the sayd collyge obprobrious and vnsetting[2] wordys with sore threttenyngis of beting, hurting and kylling of him by cause he will not opyn the gatis at vnlawfull houres in the nyght.

4. Item , whether a gret nomber of his servaunttis dyd openly say they wold helv the stokkis a sunder to haue owt oon of the clerkis of the sayd collyge , which was sett their ffor his mysrule doon within the sayd collyge . And whether George Villers offered and was a bowte to pyke the same lock.

5. Item , whether the sayd Syr Richard obteigned any chapter seale owt of the house without consent of the deane.

6. Item , whether Thomas Cawardyn , servaunt vnto the sayd Syr Richard , with dyuerse other , dyd fface the deane at his own stall within the queer dore of the sayd collyge , laying hondis on theyr swordis and daggers , sayeng they wold stand their without the deane his leve.

7.[3] Item , whether oon Clerk dayly norysshyd in the house of the sayd Sacheverell dyd stryk Thomas Chauncy , servaunt vnto the sayd deane , vppon the hed with a dagger . And whether the nomber of a dosyn of the servaunttis of the sayd Sacheverell wher not their to take his part.

8. Item , whether the servaunttis of the sayd Sacheuerell did not of late chace Walter Snednall, servaunt vnto the sayd deane , in the nyght in the sayd collyge.

[fo. 13d.]

9. Item , whether the same Walter dyd complayne vppon the same vnto maister Edward Burton , levetenaunt their vnto the sayd deane . And whether the same maister Burton were not their afferd to goo owt of his house to enquyre therof ffor ffere of the servaunttis of the sayd Sacheuerell.

---

[1] I.e. maimed.   [2] *Sic.*   [3] Altered from *vij*.

10. Item , whether the said Sacheuerell and lady Hunggerford haue sold any lond to the collyge of Newerk , and , yf they haue sold ony , what mony he receyued ffor hit , and what *is* the name of the lordship that he sold . And what the value of the lordship is yeerly.

11. Item , whether the sayd Sacheuerell occupy the bedhouse barn[1] ffor his horses and other chambers within the collyge ffor lodging of his servaunttis[2] . And if he doo occupy the sayd rowmys , how long he hath occupyed them . And what he hath payed[3] ffor occupying of them to the profytt of the house.

12. Item , what grett gyftis haue be gyfn[4] at Crystmasse and other tymes to *sir Rycharde*[5] Sacheuerell and *the* lady Hungerford and other of their ffrendis.[6]

13. Item , whether the lady Hunggerford and sir Richard Sacheuerell hyr husbond haue not vsyd to haue beer betyngis other may[7] gamys and commyn spectacles , which be [prohibited][8] ffor preest to be at , dyuers tymes within the collyge of Newerk.

14. Item , whether their doggis , their hawkis and theyr houndis comme not dayly into the chyrch to the grete enoyaunce of the same , as ffyling of the chirch shamefully and barking and crying owt when men be at dyvyne servyce.

15. Item , what grett good dedys and benyfyttis the lady Hunggerford and Sacheuerell haue doon to collyge of Newark.

16.[9] Item , whether Sacheuerell dyd ever labour ffor any fferme bylonging to the collyge of Newark.

17.[10] Item , whether ther wuld haue byn gyfn any ffyne ffor any fferme that he hath obtayned.

18. Item , whether he hath[11] medelyd in any eleccions amongis the brothern and the collyge , and whether he hath counsellyd with them ffor maters concernyng the chapture of the collyge . And whether any of the chapture haue counsoillyd with him ffor any mater belonging to the deane[12] or any of the collyge.[13]

[fo. 15.]

INTERROGATORIA DECANI

BEKANSAW.

Magister Gilbertus Bekansaw iuratus et examinatus super interrogatoriis per decanum Noui operis ministratis.

---

[1] Something cancelled.

[2] In margin the note *res patet.*

[3] *ffor them* and an interlined word cancelled.   [4] *Sic.*

[5] Interlined above *the sayd* cancelled.

[6] *Item, what recompense* (separate line) cancelled.

[7] *gay* cancelled.   [8] Written *p'hibu'*.   [9] Altered from 17.

[10] 18 cancelled.   [11] *meded* cancelled.

[12] Something cancelled.   [13] fo. 14*d* is blank.

Ad primum interrogatorium dicit quod nunquam vidit aliquam deordinacionem per seruientes domine Hungreford' nisi vt sequetur.

Ad secundum , audiuit contenta in eodem quantum ad pungnam[1] extra collegium commissam , sed ille vicarius non erat mutulatus.

Ad tercium , nunquam audiuit de contentis in eisdem , vt recordatur.

Ad quartum , nescit contenta in eodem , quia tunc non erat domi , sed in beneficio suo.

Ad quintum dicit quod habet magister Sacheuerell duas concessiones , vnam videlicet officij senescalliue in comitatu Northamptonie sub feodo antiquo , et aliam firme grangie sub redditu consueto , de consensu expresso locum tenentis et totius capituli , in absentia tamen decani , prout locumtenens et capitulum aliis consimilia concedere consueuerunt in absentia decani[2] . Et dicit quod locumtenes[3] habuit *tunc* clauem decani . Nec nouit iste de aliqua reuocacione potestatis locumtenentis facta per decanum.

Ad sextum dicit quod tunc[4] absens erat a collegio in die Reliquiarum , nec nouit de contentis in eodem interrogatorio nisi de auditu.

Ad septimum dicit quod audiuit dici quod dominus Clark percussit dominum Chauncy . Quoad alia in ipso interrogatorio nescit dicere.

Ad octavum dicit quod audiuit contenta ab aliis , sed tunc non erat presens in collegio.

Ad nonum dicit quod audiuit dominum decanum sic dicentem , sed nullum alium ita audiuijt[5] dicere . Nec nouit veritatem rei.

Ad decimum dicit *quod* magister Sacheuerell et domina Hungreford vendiderunt collegio dominium de Asheley pro cccc libris ; et quo ad valorem illius dominij refert se ad librum prepositi.

Ad undecimum dicit quod magister Sacheuerell occupat illas domos . Et quid soluit pro eisdem refert se ad librum prepositi.

[fo. 15*d*.]

Ad duodecimum , refert se ad librum compotus prepositi , vbi videbitur veritas.

Ad tercium decimum dicit quod aliquando bear batyngis ibidem fiebant[6] . Touchyng Maygamys , and Robyn Hode and sanct George *many tymys* vseth[7] to comme into the colledge , where[8] lady Hungreford be here or not.

Ad quartum decimum dicit quod et canes *et falcones* eorum et canes vicariorum et canonicorum et aliorum pariformiter veniunt ad ecclesiam.

---

[1] *sed* cancelled.   [2] *Nec nouit* cancelled.   [3] *Sic.*   [4] *erat* cancelled.
[5] *Sic.*   [6] *It* cancelled.   [7] *yerely* cancelled.   [8] *Sic.*

K

Ad quintum decimum he saith that by meanes and laboures off my lady Hungreford' the colledge had lxxx li. *in money* off master Walter Barbour his goodis , whiche wold not haue been geten but by hyr meanes . Et he hath hard[1] saie that my lady Hungreford' by hyr meanys obteymed an hows at the colledge gate for a seventh chorister.

Also he saith that now off late my said lady gave vnto the high alter a goodely sudary off silk.

And he saith he hard said that the said lady gave towardis the whityng off the churche x li.

And he sath[1] she gave now lately for the whityng off the chauncell xx s. , as he hard saye.

And he saith that my lady hath[2] vsed this xxiiij yeres to gyve to the chanons euery yere a buck and vj s. viij d. to make mery with , this instant yere oonely excepted . And he[3] saith that by the help and labour off master Sacheuerell and his ffryndis[4] in the last parliament the college was exempted from payment off the subsidy.

Ad sextum decimum dicit prout supra dixit in quinto articulo.

Ad septimum decimum dicit quod nunquam audiuit de aliquo fine dato vel oblato pro illa suma quam magister Sacheuerell habet modo.

Ad octavum decimum , quantum ad primam et secundam partes nunquam cognouit contenta in eisdem . Quantum ad terciam partem eiusdem , dicit quod nunquam consiluit[5] dictum magistrum Sacheuerell in aliqua[6] causa concernente decanum et istum deponentem ;[7] sed in quadam controuersia inter eum et dominum Butcher vicarium , iste deponens retulit sibi illam controuersiam , et ipse magister Sacheuerell dixit huic deponenti quod ipse noluit intromittere in hac causa inter eos.

[fo. 16.]

BURTON.

Magister Edwardus Burton , iuratus et examinatus super interrogatoriis ministratis per decanum Noui operis Leicestrie ,

Ad primum interrogatorium refert se ad deposicionem per eum factam coram consilio domini regis.

Ad secundum refert se vt supra.

Ad tercium refert se vt supra , et nichil nouit nisi de relacione janitoris.

---

[1] *Sic*, and so elsewhere.   [2] *this* cancelled.   [3] *satih* cancelled.   [4] *the* cancelled.   [5] *Sic* : for *consuluit*.   [6] *causa* cancelled.   [7] *s* cancelled.

Ad quartum dicit quod *refert se ad predeposita per eum coram consilio domini regis.*[1]

Ad quintum dicit quod ipse et capitulum[2] concesserunt magistro Sacheuerell officium seniscallatus et firmam grangie sub sigillo communi sub feodo antiquo pro redditu consueto , sine tamen consensu decani et in eius absentia . Dicit tamen quod[3] iste deponens habuit clauem decani pertinentem sigillo communi illo tempore in sua custodia . Et dicit that other deanys dydd neuer so[4] befor this , but left theyr keys and thuse off them with the leve tenaunte[5] . And he saith that abowt *viij* yeres past my lord dean said he wold make reuocacion off this deponent his commission , and bad Biller[6] make suche a reuocacion ; but this deponent saith that he neuer saw yt.

Ad sextum , he referreth hym to that he deposed befor the kingys counsaile.

Ad septimum , refert se vt supra[7] . Examinatus de causa sciencie sue , dicit quod ita audiuit a Thoma Chauncy.

Ad octavum , refert se ad deposita per eum coram consolio domini regis.

Ad nonum , refert se vt supra.

Ad decimum dicit quod[8] magister Sacheuerell et domina Hungreford vendiderunt dominium de Asheley in comitatu Wiltes' collegio pro[9] cccc li. Et ipsa domina Hungreford de eadem summa dedit collegio xx li. Illud dominium de Asheley est valoris *annui* aliquando xvij li. , aliquando xviij li. , et aliquando xix li.

[fo. 16*d*.]

Ad undecimum dicit quod magister Sacheuerell habet easdem domos ad vsus ibidem specificatos . Sed dicit quod prepositus debet respondere et respondebit pro redditu earundem.

Ad duodecimum , refert se ad librum prepositi.

Ad tercium decimum , affirmat articulum.

Ad quartum decimum dicit quod sic . Et dicit quod eciam canes aliorum ita intrant ecclesiam.

Ad quintum decimum , nescit aliqua beneficia data collegio per magistrum Sacheuerell aut dominam Hungreford , nisi quod dictus magister Sacheuerell mediis suis et amicorum suorum procurauit collegium exemi[10] a solucione subsidij in vltimo *parliamento*[11] . Et domina Hungreford dedit xx s. pro dealbacione chori ecclesie.

[1] Interlined above *nil nouit nisi ex relacione Thome Polterton.* The last two words were cancelled, and *domini decani* interlined and then cancelled.
[2] *cons* cancelled.　　　　　　　　　　[3] *habuit ipse* cancelled.
[4] The word is uncertain.　　　　　　　[5] *and in theyr tymes* cancelled.
[6] Biller or Bellers, a notary public in Leicester.
[7] *et* cancelled.　　　　[8] *colleg* cancelled.　　　　[9] Two letters cancelled.
[10] *Sic :* for *eximi.*　　　　　　　　[11] *subsidio* cancelled.

Ad sextum decimum respondet vt supra in quinto articulo.

Ad septimum decimum dicit quod non nouit aliquem finem dari vel offerri pro firma quam ipse habet.

Ad octavum decimum nichil nouit , nisi quod suspicatur talia fieri.

[fo. 17.]

WEATEWOD.

Dominus Johannes Weatewod' , iuratus et examinatus super interrogatoriis per decanum ministratis ,

Ad primum dicit prout inferius specificabit.

Ad secundum , audiuit sic dici ; sed tunc non fuit prebendarius collegij.

Ad tercium dicit quod audiuit janitorem conquerentem locumtenenti[1] de contentis in articulo ; et aliter nescit.

Ad quartum , *audiuit* talia fieri , sed non cognouit veritatem ; quia tunc fuit in lecto.

Ad quintum dicit quod ita audiuit , sed tunc non erat canonicus.

Ad sextum he saith that vpon Relique sonday at even song , certayn off my ladies seruauntis stode in the porche at the quere door , and the dean bad them goo bak , and they stode still ; and then the dean called master Dale and told hym off it , and he made them goo bak . And then immediately cam moo other off my ladys seruauntis , and he[2] bad them goo bak , sayng yt was noo place for them ; and oon off them answerd and said , My lord , I will stand with your leve . And then the dean said , Nay , I will gyve the noo leve : here is noo place for the . And then he said , I will stand here and aske you noo leve ; and then my lord dean called this deponent and master Dale , and went all to gidder to my lady , then beyng in the churche , and the dean shued my lady the demeanour off hir seruauntis , and she said to hym ageyn , Looke well to your own seruauntis , for they kepe noughty ruele . And your brother seruauntis in the[3] ffyrth and forest[4] , ther can no woman goo theyr for them , but they wilbe busy with them , and iff they vse yt , they will be killed for yt , and that shortely . And this he hard and saw . But he saw noon off them handle neyther swerdis nor daggars.

[fo. 17d.]

Ad septimum , vidit caput Thome Chauncy percussum[5] , non sanguinolenter ; et audiuit dominum Chauncy[6] dicentem quod

[1] *et aliter* cancelled.   [2] Written like *the*.
[3] Something cancelled.
[4] Lord Dorset's servants in Leicester Frith and Charnwood Forest.
[5] *se* cancelled.   [6] *quod* cancelled.

quidam Clark , seruiens magistri Sacheuerell , taliter ipsum percusserat . Et ipse audiuit quod alij diuersi seruientes magistri
Sacheuerell reprobarunt ipsum Clark in eo quod sic fecit . De vltima
parte articuli nichill nouit nec audiuit.

Ad octavum dicit quod ita audiuit.

Ad nonum[1] dicit quod ita audiuit a magistro Burton.

Ad decimum dicit quod[2] collegium emit ab illis dominium , pro
quo soluerunt cccc li. , et ipse putat quod non valet illud dominium
vltra xvj li. , et refert se ad librum prepositi . Nomen dominij
ignorat.

Ad vndecimum affirmat contenta in eodem , sed quid soluit
pro eisdem iste refert se ad librum prepositi.

Ad duodecimum dicit quod audiuit quod collegium dedit illis
duos signos.[3]

Ad tercium decimum affirmat de sciencia sua.

Ad quartum decimum dicit quod continet veritatem.

Ad quintum decimum , audiuit quod domina dedit summam
certam pro dealbacione ecclesie.

Ad sextum decimum , nescit dicere ; quia tunc non erat
prebendarius.

Ad septimum decimum , audiuit a magistro Burton quod
potuerunt habere *finem*[4] pro firma quam magister Sacheuerell sine
fine habet.

Ad octavum decimum , nescit deponere de contentis in eodem.

[fo. 18.]

SWYLLINGTON.

Magister Petrus Swillington , iuratus et examinatus super
interrogatoriis per decanum noui operis ministratis ,

Ad primum interrogatorium dicit quod nunquam vidit seruientes
magistri Sacheuerell se male gerentes[5] , sed aliud audiuit.

Ad secundum , nescit respondere , quia tunc non fuit prebendarius.

Ad tercium , audiuit[6] that they haue gyven hym *evill* wordis ,
but not that they wold kyll hym . Hec audiujt a dicto janitore.

Ad quartum , nunquam audiuit contenta in eodem , nisi quod[7]
audiuit ab aliis quod quidam seruiens magistri Sacheuerell nitebatur
aperire ceram strictorum . Sed nomen illius seruientis ignorat.

Ad quintum dicit that master Sacheuerell hath an office off a
stywardship and a ferme off a graunge by the consent off the

---

[1] *fatetur* cancelled.   [2] *sic* cancelled.   [3] I.e. *cygnos.*
[4] Interlined above *firmam* cancelled.   [5] *erg* cancelled.
[6] *a janitore* interlined and cancelled.   [7] *quidam ser* cancelled.

levetenaunte and chapiter secundum antiquum feodum[1] et secundum antiquum redditum.

Ad sextum , vidit seruientes quosdam die[2] dominica Reliquiarum stantes prope decanum in introitu chori ; et iste[3] deponens vidit dominum decanum loquentem illis . Nescit tamen quid dixit . Et statim vidit dominum decanum vnacum dictis Weatewod' et Dale transeuntes ad dominam Hungreford' ; sed quid ibidem dixerunt , iste nescit certitudinaliter dicere.

Ad septimum , vidit dictum Thomam Chauncy venientem in domum decani percussum in fronte , et habuit a cowle[4] in his forhead ; et dixit ille Chauncy quod quidam Clark ipsum percusserat . Ad secundam partem dicti articuli dicit quod ille Chauncy dixit quod quidam Long[5] et alij seruientes domine Hungreford' venerunt dicentes , kepe peace . But they toke noo parte.

Ad octavum dicit quod audiuit contenta illius articuli.

Ad nonum , audiuit contenta illius articuli a magistro Burton'.

Ad decimum dicit quod vendiderunt collegio certum dominium pro cccc li. Et domina Hungreford' de eisdem pecuniis *dedit* collegio xx li. pro obitu suo[6] . Quantum ad valorem annuum refert se ad librum compotus.

[fo. 18d.]

Ad vndecimum dicit quod magister Sacheuerell habet tales domos in vsu suo ; sed quid soluit pro eisdem , refert se ad librum prepositi.

Ad duodecimum dicit quod mos est collegij dare vinum magnatibus venientibus ad villam Leicestrie ; et sic dederunt magistro Sacheuerell vna vice duos signos.

Ad tercium decimum , quod talia ibidem aliquando fiebant et fieri consueuerunt.

Ad quartum decimum dicit quod et canes ipsorum et canes aliorum[7] veniunt in ecclesiam.

Ad quintum decimum dicit quod domina Hungreford' dedit xx s. pro dealbacione chori ecclesie , et alio tempore dedit pecunias that the sepulchre light myght burne all the holy daies.

Ad sextum decimum dicit vt supra dixit in quinto.

Ad septimum decimum dicit quod magister Sacheuerell non dedit aliquem finem pro illa firma , nec cognouit aliquem velle dari pro illa firma.

---

[1] *et* cancelled. [2] *die* cancelled. [3] *decan* cancelled.
[4] See *Eng. Dialect Dict.*, Cowl, *sb*[3], a lump or swelling on the head. The word comes from the northern counties.
[5] *seruiens* cancelled. [6] *et* cancelled. [7] *venient in* cancelled.

Ad octavum decimum , audiuit quod ipsa domina intromittebat se *in electionibus* , sed nescit dicere a quibus hoc audiuit . Nescit contenta in secunda parte interrogatorij . Idem dicit ad[1] terciam partem quod nescit contenta in eadem , sed non audiujt quod dictus magister Sacheuerell vnquam intromisit in aliqua eleccione.

[fo. 19.]
[Nicolson.]

Magister Jacobus Nicolson , iuratus et examinatus super interrogatoriis per decanum ministratis ,

Ad primum interrogatorium nescit deponere.

Ad secundum dicit quod erat pungna inter seruientes domini Ricardi Sacheuerell et dictum Mershall vicarium ; et ipse Mershall erat vulneratus , per quem aut vbi iste nescit , quia fuit absens.

Ad tercium nescit deponere , quia non audiuit ipsos rixantes neque janitorem conquerentem.

Ad quartum dicit quod non erat domi , sed audiuit quod talis clericus erat in strictis propter correccionem . De illis verbis concernentibus seruientes Ricardi Sacheuerell nescit . Nec audiuit quod dictus Villers velit frangere aut aperire seram strictorum.

Ad quintum dicit quod Ricardus Sacheuerell , miles , optinujt duas concessiones sigillatas per consensum capituli et locumtenentis , domino decano tunc absente . Et dicit quod capitulum et locum tenens[2] consueuerunt facere et sigillare tales concessiones inconsulto decano , inquantum iste nouit . Nec sciuit aliquam restrictionem in contrarium per decanum factam ante huiusmodi[3] concessionum sigillacionem , Et dicit vlterius quod locum tenens[4] tempore sigillacionis dictarum concessionum habuit in custodia *sua* clauem[5] decani pertinentem ciste in qua erat sigillum commune custoditum.

Ad sextum nescit deponere , quod non erat presens.

Ad septimum nescit deponere , nec audiuit aliquid de contentis in eodem.

Ad octavum nescit deponere , nec aliquid audiuit de eodem.

Ad nonum nescit deponere , nec audiuit de eodem.

[fo. 19d.]

Ad decimum dicit quod Ricardus Sacheuerell , miles , et domina Hungreford' vendiderunt collegio quoddam dominium in comitatu Wilteshire vocatum Asheley , valoris annui xix li. , isto anno . Et dicit quod quolibet anno valet vltra xx li. in prima facie . Sed nescit quantum collegium soluebat pro eodem dominio.

---

[1] Something cancelled. [2] *semper* cancelled.
[3] *concessionum si*, with some alteration, cancelled.
[4] *se* cancelled. [5] *per* cancelled.

Ad vndecimum interrogatorium dicit quod Ricardus Sacheuerell , miles , occupat eandem domum cum equis suis ex permissione istius deponentis , prepositi tunc collegij ; qui quidem prepositus pro tempore consueuit dimittere tales paruas concessiones absque consensu capituli . Et dicit quod dictus magister Ricardus Sacheuerell promisit soluere pro eadem *domo* iuxta arbitrium capituli . Et dicit vlterius quod ipse deponens , magister Burton' , et *dominus*[1] Dale consueuerunt vti eadem domo cum equis suis et feno . Dicit eciam quod Ricardus Sacheuerell , miles , habet duas paruas cameras infra dictum collegium nuper dimissas magistro Johanni Silvester , tunc commissario Leicestrie[2] . Et credit iste deponens quod dictus miles habet easdem cameras ex concessione dicti magistri Silvester . Et soluti sunt collegio annuatim pro redditu earundem v s.

Ad duodecimum , quod aliquando habuerunt duos signos in festo Natalis Domini , et aliquando nichill.

Ad tercium decimum dicit quod aliquando talia consueuerunt fieri infra collegium . Et dicit quod perrochiani sancte Mergarete veniunt cum xij lez pagentis ad dominam Hungreford' propter questum pecuniarum pro ecclesia illa.

Ad quartum decimum articulum dicit quod et canes et falcones Ricardi Sacheuerell , militis , et domine sunt in ecclesia sicut canes canonicorum , vicariorum , et aliorum[3] extraneorum.

[fo. 20.]

Ad quintum decimum dicit quod Ricardus Sacheuerell , miles , procurauit per se et amicos suos pro exempcione collegij a solucione subsidij vltimo parliamento concessi . Et simili modo per se et amicos suos instancias et magnos labores fecit pro appropriacione ecclesie de Hanslap dicto collegio fienda . Domina Hungreford' dedit xx s. ad dealbacionem chori.

Ad sextum decimum interrogatorium dicit quod Ricardus Sacheuerell , miles , habet pro pecuniis suis grangiam eorum prope Leicestriam ad firmam ; et ipse bene soluit redditum eiusdem , et tantum quantum alij ante ipsum soluerunt pro eodem . Et vltimus[4] firmarius[5] adhuc est indebitatus pro redditu eiusdem in magna summa.

Ad septimum decimum dicit quod non nouit quod vnquam aliquis fecit aut soluit aliquem finem pro[6] eadem firma ; nec aliquis obtulit finem aliquem pro eadem firma , inquantum iste deponens nouit.

Ad octavum decimum dicit quod aliquando loquitur magister Sacheuerell pro amico suo , quem suo iudicio magis idoneum iudicat pro officio obtinendo . Et vlterius credit quod Ricardus Sacheuerell

---

[1] *m[agister]* cancelled. [2] See p. 131 above.
[3] *ministrorum* cancelled. [4] *firm* cancelled.
[5] *eiusdem* cancelled. [6] *eodem* cancelled.

aliquando consuluit quibusdam pro vtilitate collegij ; et multotiens canonici ibidem *rogant*¹ et requirunt eiusdem Ricardi consilium in negociis collegij . Ad terciam partem illius interrogatorij , credit eam esse veram , sed in specie nichill tale nouit , inquantum occurrit memorie sue.²

[fo. 21.]

DALE.

Magister Johannes Dale , iuratus et examinatus super quibusdam interrogatoriis per dominum decanum collegij noui operis Leicestrie ministratis in visitacione domini Lincolniensis ,

Ad primum interrogatorium dicit quod non nouit de aliqua inordinatione³ seruiencium Ricardi Sacheuerell , militis , nisi vt inferius exprimitur.

Ad secundum dicit quod⁴ dictus sacerdos non erat mutulatus , nec erat illa pungna infra collegium , nec domina Hungreford' nec dominus Ricardus Sacheuerell tunc fuerunt in villa Leicestrie . Et dicit quod magister Brokisby plus scit deponere in causa.

Ad tercium nescit deponere , nec aliquid audiuit in illa materia nisi a domino decano dicti collegij.

Ad *quartum*⁵ nescit deponere⁶ , nec vnquam audiuit aliquem velle aperire ceram eiusdem , nisi quod audiuit⁷ that it was said above that the said George shuld say that he had a kay that wold open the lok.

Ad quintum⁸ dicit quod dictus miles habet vnam firmam vocatam lez graunge a dicto collegio , pro qua firma redditus per multos annos elapsos non erat bene solutus ; et illam firmam habuit ex concessione⁹ locum tenentis et capituli . Dicit eciam quod semper locum tenens et capitulum consueuerunt¹⁰ concedere huiusmodi firmas *in absentia*¹¹ decani.

[fo. 21d.]

Ad sextum dicit that vpon Relique Sonday last at even song , oon Thomas Cawardyn stode in the porche at the chauncell doore in the college , saing his even song ; and this deponent was sensyng the highe awter¹² . And when he cam down , the dean said to this deponent , Master Dale, I pray you haue thies felloues away : they stand here facyng and bracyng . And then this deponent cam thudder , and founde Thomas Cawardyn standyng leanyng on the porche syde , saying his even song ; and he bad hym goo bak ,

---

¹ *rogant* cancelled.
³ *domini decani* cancelled.
⁵ *iiij*ᵘᵐ interlined above *v*ᵗᵘᵐ cancelled.
⁷ *quod dictus Georgius Villers dixit* cancelled.
⁹ *capituli et* cancelled.
¹¹ *sine consensu capituli* cancelled.

² fo. 20d is blank.
⁴ *erat quidam conflictus* cancelled.
⁶ *nisi* . . . . cancelled.
⁸ *v*ᵗᵘᵐ altered from *vj*ᵗᵘᵐ.
¹⁰ *concedd* cancelled.
¹² *the dean said* cancelled.

and that the dean was not content that ye shall stand here . And
then the said Cawardyn said noo worde , but went his waie . And
then oon Wilmer stode byhynde the said Cawardyn , and said ,
We stand here neyther to face nor brace , but to serue God as
other men haue been wonte to doo , and so went their waye . And
after that oon John Haryngton , gentilman , cam into the said
porche and stode ther , and then the dean called this deponent
and bad hym goo with hym ; and so they went both they to my
lady Hungreford , and sir Weatewod with them , she then beyng
in the lower end off a chapell . And the dean said to hyr , Madame,
is this a fare ruell[1] that your seruauntis shall comme into the qwer ,
and face and brace . And she said agayn to hym , I haue seen men
comme into the kingis chapell and other greate chappels , and
noo matter made off yt . And aswell may they doo this , as you
to be from seruice hunting , and comme home at mydnyght.[2]

[fo. 22.]

Ad septimum dicit quod dictus Clark non erat seruiens Ricardi
Sacheuerell , militis . Et quod audiuit quod erat controuersia inter
dictum Clark et Chauncy[3] in villa extra precinctum collegij , et
Johannes Sadler erat presens[4] . Deinde decanus misit pro isto
iurato ad domum decani , et ibidem videbat dictum Chauncy[5] ,
et dicit quod in consciencia sua[6] caput illius Chauncy non erat
fractum , sed dixit that Chauncy said he had a plumpe on his heade
asmuche as a walnote.

Ad octavum dicit quod[7] nichil in hac parte nisi per auditum
magistri Burton . Postea tamen colloqutus erat cum Sherard ,
seruiente domine Hungreford' ; et ille Sherard fuit ibidem cum
seruiente quodam magistri Parkar . Et dictus Walterus Snedall
cam riseruyng[8] and thraste them from the wall . And then Sherard
said , Thow maist take a knave with the . And he answerd and
said , I leave hym with the . And then Sherard dreue hys swerd ,
and Snydall ran a waye , but Sherard folowed hym not . Et hec
dicit ex relacione dicti Sherard.

Ad nonum fatetur quod magister Burton retulit sibi quod dictus
Walterus Snydall conquerebatur ei . Et credit quod[9] dictus magister
Burton non erat in aliquo timore , vt ibidem exprimitur.

Ad decimum fatetur quod dominus Ricardus Sacheuerell et
domina Hungreford' vendiderunt collegio dominium de Asheley
pro[10] cccc li . Et quando ipsa domina Hungreford' et eius vxor[11]
receperunt dictas pecunias , ipsa domina dedit collegio xx li. , et

---

[1] I.e. fair rule, decent behaviour.
[2] *and the dean* cancelled.
[3] *inter* cancelled.
[4] In the margin is the note *Vocetur Sadler*
[5] *sed* cancelled.
[6] *quod* cancelled.
[7] *audiuit* cancelled, but it seems to be wanted.
[8] *Sic :* the meaning is obscure.
[9] Something cancelled.
[10] A numeral cancelled.
[11] *Sic :* for *maritus.*

tribus canonicis tunc ibidem presentibus tres libras[1] . Et valet
illud dominium de Asheley xix li. anuatim , estimacione huius
deponentis . Et dicit quod magister Thame dixit that he *had* ben
gyve[2] for the lordship off Asheley syx and twenty yerys purchace
Then for the lordship off Bampton[3] twenty yerys purchace . And
the said lady Hungreford' and master Sacheuerell put the colledge
in chose whether off the said ij lordships they wold haue.

[fo. 22*d*.]

Ad vndecimum dicit quod beade hows bern occupatur per
magistrum Sacheuerell pro equis suis , et ante eum occupabatur
in eodem vsu per prepositum modernum et et[4] per magistrum
Burton et per magistrum Dale , qui nichill soluerunt pro eodem .
Et tamen magister Sacheuerell contentatur soluere redditum[5]
pro eodem . Et dicit quod dominus Sacheuerell occupat duas
cameras pro seruientibus suis , quas ante magister Siluester simili
modo occupauit pro redditu vs. Et sic contentatur magister
Sacheuerell soluere.

Ad duodecimum refert se ad librum prepositi.

Ad tercium decimum dicit quod aliquando talia fiebant ibidem.

Ad quartum decimum dicit quod et canes magistri Sacheuerell
et canonicorum ac aliorum extraneorum consueuerunt intrare
ecclesiam . Et iste deponens dicit that Sacheuerell said to hym
he wold be contented that they wer bett owt . Et simili modo dicit
de falconibus.

Ad quintum decimum[6] dicit quod dicta domina quondam *dedit*[7]
collegio xx li. , vt predeposuit , et alia vice decem libras ad dealbacionem ecclesie . Dicit eciam quod instanciis et mediis dicte
domine magister Walterus Barbur dedit collegio duo tenementa
et lxxx li. in pecuniis , cum quibus augmentatur vnus choristarius .
Et dicit quod magister Sacheuerell[8] pro exempcione collegij a
solutione subsidij fecit magnos labores , et eciam pro appropriacione
ecclesie de Hanslap magnas fecit instancias.

Ad sextum decimum dicit *quod* magister Sacheuerell habet
officium seniscalli de Wollaston'[9] cum antiquo feodo , et dictam
firmam grangie pro antiquo redditu.

[fo. 23.]

Ad septimum decimum articulum , non receperunt finem pro
illa firma , nec antea finem aliquem habuerunt de eodem . Nec
aliquis vnquam obtulit aliquem finem pro eodem , nec adhuc offertur
aliquid tale.

---

[1] Altered apparently from *librias*. [2] *Sic.* [3] ? Where.
[4] *Sic.* [5] *er ei* apparently cancelled.
[6] *he* cancelled. [7] *libro x* cancelled. [8] *feci* cancelled.
[9] In Northamptonshire. See *Hist. Coll.* u.s., p. 27, and index.

Ad octavum decimum *dicit* quod magister Sacheuerell aliquando dixit quod talis *aut talis* esset idoneus ad huiusmodi officium[1] , nominando personas idoneas ; sed aliter nunquam intromisit in huiusmodi electionibus . Ad secundam partem , nescit aliquod tale . Ad terciam partem nescit aliquid deponare.

[fo. 23*d*.]

WIGSTON'

Magister Thomas Wigston' , iuratus et examinatus super interrogatoriis per decanum collegij Noui operis ministratis ,

Ad primum interrogatorium dicit quod non cognouit aliquas inordinaciones seruiencium Ricardi Sacheuerell , nisi vt[2] plenius postea sequetur.

Ad secundum interrogatorium , audiuit quod aliquando , videlicet *circiter*[3] sex annos elapsos , duo seruientes magistri Sacheuerell insimul infra[4] precinctum collegij pungnauerunt ; pro qua ambo illi fuerunt incarcerati in[5] castro Leicestrie de mandato Ricardi Sacheuerell , militis , et ibidem longo tempore continuarunt , et tandem mediis huius iurati fuerunt liberati.

Ad tercium . nichil nouit de contentis in illo articulo.

Ad quartum , nichill nouit , nisi quod audiuit ab Hugone Asheton' , qui tunc erat presens et dixit huic iurato quod Georgius Villers iocose dixerat , I trow I cowd pyke suche a lok , iff nede wer . And then the said Hugh said to hym , I trow ye will not . And the said George said , No , I am not so madd.[6]

Ad quintum dicit quod habuit Ricardus Sacheuerell duas concessiones sub sigillo communi , vnam videlicet officij seniscallatus de Wollaston' , et alteram de ffirma grangie . Et ista erant concessa per locum tenentem et[7] totum capitulum in absentia decani . Et semper consueuerunt locum tenens et capitulum in absentia decani huiusmodi concessiones facere de sciencia huius iurati , quia ipse erat locum tenens per quatuor annos , nec vnquam audiuit contrarium . Et tempore huiusmodi concessionis facte magistro Sacheuerell locumtenens habuit clauem decani pertinentem sigillo communi.

Ad sextum dicit quod non recordatur quod Thomas Cawardyn ibidem stabat ; sed vidit *quemdam* Harington'[8] in introitu chori extra[9] extra[10] stallos , habentem librum in manu , deuote dicentem preces suas iudicio istius deponentis . Cui locutus est tunc decanus ; sed quid loquebatur nescit iste deponens . Et dicit quod tunc

---

[1] *Nec Sed nunquam* cancelled.
[2] *pelnius post* (*pelnius* altered to *plnius*) cancelled.
[3] Interlined above *cirter* cancelled.   [4] *colleg* cancelled.
[5] *s* cancelled.   [6] *N'* [*nota*] in margin.
[8] *con* cancelled.   [8] *ibidem* cancelled.
[9] *chorum* cancelled.   [10] *Sic.*

fuerunt plures ibidem[1] stantes , vt moris est ; et vnus seruiens decani erat inter decanum et dictum Harington' , et statim vidit decanum [fo. 24] ire ad dominam Hungreford' , ad quem finem ignorat . Et nescit aliter deponere in hac re.

Ad septimum , nescit deponere ; sed dicet[2] *congruum esse* quod quidam Johannes *Sadler* , qui tunc fuit presens , vocetur pro veritate in ea parte.

Ad octavum , nescit deponere ; sed audiuit aliquos dicentes ita esse , et alios dicentes ita non esse.

Ad nonum , nescit deponere.

Ad decimum dicit quod Ricardus Sacheuerell et domina Hungreford' vendiderunt collegio dominium de Asheley , valoris xx li. , pro cccc li. ; et dicit quod antequam dictum collegium emebat illud dominium , prepositus collegij et Willelmus Bolte superuiderunt illud dominium et asserebant capitulo quod erat tanti valoris . Et iste credit quod est[3] collegio[4] vtilis conuentio . Et dicit quod domina Hungreford' tempore solucionis dictarum cccc li. *deliberauit*[5] viginti libras[6] pro obitu habendo ; quem obitum ipsi capitulum hucusque obseruarunt.

Ad vndecimum dicit quod magister Sacheuerell habet le bead hows bern pro equis et feno suis , vt credit iste , ex dimissione prepositi , qui consueuit illam[7] domum ita occupare (prout magister Dale et Burton' , dum prepositi fuerunt , illam occuparunt .) Quamdiu ipse magister Sacheuerell illam domum occupabat , nescit iste dicere , neque quantum soluit pro eadem ; sed dicit quod prepositus cognoscit.

Ad duodecimum nescit respondere ; sed est consuetudo , quando nobiles veniunt ad collegium , dare eis vinum vel aliquod esculentum ; et ista faciunt domino comiti Salopie[8] , magistro Burgoyn , auditori domini regis , et aliis ex gratuitate . Et refert se ad librum prepositi.

Ad tercium decimum dicit quod aliquando talia ibidem fiebant.

Ad quartum decimum dicit quod et canes eorum et canes omnium ministrorum ecclesie et aliorum extraneorum pariformiter ingrediuntur ecclesiam ; qui per[9] flagella indifferenter expelluntur.[10]

[fo. 24d.]

Ad quintum decimum , non recolit aliqua magna beneficia eisdem ; sed racione more sue augmentantur oblaciones in collegio.

Ad sextum decimum respondet vt supra in quinto articulo.

---

[1] *dicen[tes]* cancelled.
[2] *Sic :* for *dicit*.
[3] *vtile* cancelled.
[4] *so* cancelled.
[5] Interlined above *remisit* cancelled.
[6] Altered from *librarum*.
[7] Altered from *illas,*
[8] *domino Mergroys* cancelled.
[9] *per* cancelled.
[10] *Et idem* cancelled.

Ad septimum decimum , nunquam audiuit nec cognouit aliquem finem dari aut offerri pro illa firma quam magister Sacheuerell modo habet.

Ad septimum decimum[1] : ad primam partem , non nouit ipsum magistrum Sacheuerell intromittere circa aliquam eleccionem cum canonicis . Idem respondet ad secundam partem , et simili modo respondet ad tercium.

[fo. 25.]

GILLOT.

Magister Willelmus Gillot , iuratus et examinatus super interrogatoriis per dominum decanum ministratis ,

Ad primum interrogatorium dicit quod nullam nouit deordinacionem *seruientium* magistri Ricardi Sacheuerell , nisi vt sequetur.

Ad secundum interrogatorium dicit quod[2] dictus vicarius fuit vulneratus per seruientem magistri Sacheuerell[3] extra collegium ; et credit quod sacerdos dedit occasionem huiusmodi conflictus.

Ad tercium , nescit deponere.

Ad quartum , nescit deponere , nisi quod talis clericus erat in[4] strictis.

Ad quintum dicit quod magister Sacheuerell , ex libera concessione locumtenentis et capituli , habuit officium seniscalli de Wollaston' et firmam grangie sub sigillo communi , locumtenente tunc habente sigillum decani et eius auctoritatem . Et consueuerunt[5] tales concessiones fieri per locumtenentem et capitulum temporibus retractis in absencia decani.

Ad sextum dicit quod vidit Harington' et alios seruientes magistri Sacheuerell vnacum seruientibus decani et aliis extraneis stantes in porticu chori extra chorum , quibus dominus decanus loquebatur ; sed non audiuit quid dixit . Nor[6] he sawe noo leyingis off handis neyther off daggars nor swordes , nor no facyng . Et statim tunc dominus decanus discendebat ad dominam Hungreford' cum magistro Dale et domino Weatewod : quid ibidem cum ea agebant iste nescit . Dicit vlterius quod ad[7] mocionem magistri Dale ipsi recesserunt a porticu predictis[8] . Et est communis mos quod laici et seruientes ibi stant temporibus diuinorum.

Ad septimum , audiuit quod dictus Chauncy erat percussus , sed per quem nescit ; et[9] ad secundam partem nescit dicere.

Ad octavum dicit quod audiuit quod seruiens quidam magistri Sacheuerell prosequebatur Walterus[10] Snydale : aliter nescit dicere.

---

[1] *Sic* (*xvij*[m]).
[2] *Vidit quemdam Neale* cancelled.
[3] *se* cancelled.
[4] *strictus* altered to *strictis*, and then cancelled.
[5] *hu* cancelled.
[6] Altered from *Nec.*
[7] *insta* cancelled.
[8] *Sic :* for *predicta.*
[9] *vlt* cancelled.
[10] *Sic :* for *Walterum.*

[fo. *25d.*]

Ad nonum nescit deponere.

Ad decimum dicit quod collegium emebat dominium de Asheley de magistro Ricardo Sacheuerell et domina Hungreford' pro cccc li. ; de qua summa ipsa domina dedit xx li. collegio . De valore anuo illius dominij refert se ad prepositum , et credit quod vtile erat collegio.

Ad undecimum dicit quod magister Sacheuerell occupat illam domum cum feno et equis suis ; et ita erat illa domus occupata per prepositos collegij pro tempore existentes , priusquam ille domum ipsam habuit . Et dicit quod magister Sacheuerell habet illam domum de consensu prepositi . Et dicit quod due camere infra dictum collegium fuerunt dimisse magistro Silvester[1] , que quidem camere[2] , vt iste credit , occupantur per seruientes magistri Sacheuerell , ex concessione dicti magistri Silvester . Quamdiu illas cameras sic occuparunt , et quid solutum est pro eisdem , iste nescit.

Ad duodecimum , nescit , sed refert se ad prepositum et eius librum.

Ad tercium decimum dicit quod talia aliquando ibidem fiebant de sciencia sua.

Ad quartum decimum dicit quod et canes sui et canes aliorum[3] pariformiter intrant ecclesiam.

Ad quintum decimum dicit quod magister Sacheuerell et domina Hungreford' ipsorum sumptibus fecerunt *totam* ecclesiam ibidem dealbari ; et contulit ipsa domina vnum[4] sudarium . Et dominus Hastyngis[5] optinujt a domino regi[6] licenciam et facultatem acceptandi pueros pro ecclesia illa in quibusdam locis (exceptis quibusdam locis in huiusmodi concessione specificatis) . Et ipsa domina alia vice contulit collegio xx li. , prout antea deposuit.

Ad sextum decimum dicit vt predeposuit in quinto[7] interrogatorio.

Ad septimum decimum , non nouit aliquem finem oblatam[8] dari velle pro illa firma.

Ad octavum decimum , non nouit pro certo primam partem . Nec nouit aliquid de secunda parte . Nec nouit aliquid de tercia parte eiusdem.

---

[1] *sed* cancelled.
[2] *Ad xij*m was written at this point and then cancelled.
[3] *si* cancelled.   [4] *sudarium* cancelled.   [5] *obtulit pro* cancelled.
[6] *Sic :* for *rege*.   [7] *articulo* cancelled.
[8] *Sic* (for *oblatum*), followed by an erasure.

[fo. 26.]

BROKESBY.

Magister Ricardus Brokesby , iuratus et examinatus super interrogatoriis per decanum collegij Noui operis Leicestrie ministrandis ,

Ad primum interrogatorium , non nouit aliquam inordinacionem[1] seruiencium magistri Sacheuerell , nisi de auditu domini decani.

Ad secundum dicit quod ipse erat presens in platea extra portam collegij , et cum eo erat Ricardus Neale ; et vidit dominum Robertum Marshall stantem ante portam collegij ex altera parte platee . Et dictus dominus Mershall extraxhit gladium , veniens cum eodem gladio evaginato versus dictum Ricardum Neale ferme ad medium platee ; qui Neale[2] videns ipsum sic venientem dixit , Arte thow ther then , welcome , and drew his swerd , and so they faught to gedder . And then oon Slory cam owt off the Swan , and stroke at the said preste with his sworde , the scabers beyng on ; and the preste was ther hurte but not maymed.

Ad tercium , non *nouit*[3] nec audiuit de contentis in eodem , vt recordatur.

Ad quartum , non audiuit nec cognouit de contentis in prima parte . Ad secundam partem dicit quod ipse quesiuit a dicto clerico Thoma[4] Wales[5] an aliquis[6] nitebatur aperuisse ceram strictorum , quando ipse erat in eisdem . Et dictus Wales dixit fide sua quod nemo nitebatur illam aperire.

Ad quintum dicit quod cum consensu locumtentis[7] et *totius* capituli magister Sacheuerell habuit officium cuiusdam seniscallatus in comitatu North' , et vnam firmam grangie sub antiquo feodo et redditu firme consuete in absentia decani . Et dicit quod consuetum est quod locum tenens et capitulum faciunt huiusmodi concessiones in absentia decani.

Ad sextum dicit quod vidit dominum Cawardyn stantem in porticu in introitu cancelli extra chorum et stalla , dicentem super librum suum preces suas . Et dominus decanus precepit ei discedere . Et ipse paululum stetit , et iterum precepit ei decanus discedere , et ipse recessit . Et statim venit quidam Johannes Harington' , extraneus , et stetit ibidem vbi prius Cawardyn steterat , dicendo preces suas super librum . Et consiliter[8] decanus precepit ei quod discederet ; et que alia verba erant inter eos iste deponens nescit , sed stetit dictus Harington' in eodem | [fo. 26d.] loco . Et statim dominus decanus[9] vocauit Dale et Weatewod' , et iuerunt ad dominam Hungreford' , tunc existentem in ecclesia ; sed vlterius

---

[1] Altered from *onordinacionem*.
[2] *dixit* cancelled.
[3] Interlined above *audiuit* cancelled.
[4] Altered from *Thomas*.
[5] *al* cancelled.
[6] *velit* cancelled.
[7] *Sic :* for *locumtenentis*.
[8] *Sic :* for *consimiliter*.
[9] *m* cancelled.

nescit in hac re . Sed dicit virtute iuramenti that ther was noo man facyng with swordis nor daggars . And he saith that off custome straungers and other seruyng men stand ther , and so dyd then some off the dean seruauntis.

[*Folgeham*] Ad septimum , nescit deponere , sed credit quod Folgeham , constabularius regis , scit testificare quid actum erat ibidem.

Ad octavum , nescit deponere , quia tunc non erat in opido.

Ad nonum , nescit deponere.

Ad decimum dicit quod magister Sacheuerell et domina Hungreford' vendiderunt certas terras collegio , et audiuit quod receperunt a collegio cccc li. pro dominio de Ashely . Et ipsa domina Hungreford' dedit partem eiusdem summe collegio pro obitu suo : quantum nescit . Hec dicit de auditu , et putat quod illud dominium valet per annum xviij li. claro . Et credit illam vendicionem esse vtilam collegio.

Ad undecimum dicit , magister Sacheuerell habet beadhows bern pro stabulo , et duas cameras pro famulis infra collegium . Quid soluit pro eo refert se ad prepositum , qui solet habere occupacionem et dmissionem.[1]

Ad duodecimum dicit quod solet capitulum dare magnatibus venientibus ad collegium aliquando vinum , et aliquando signos ; et sic dederunt aliquando magistro Sacheuerell , prout eciam aliis extraneis dederunt.

Ad tercium decimum dicit quod aliquando talia ibidem fiebant.

Ad quartum decimum dicit quod et canes eorum et canes aliorum extraneorum veniunt ad ecclesiam pariformiter.

[fo. 27.]

Ad quintum decimum dicit quod mediis *magistri Sacheuerell*[2] et amicorum suorum fuit collegium exemptum a solucione subsidij . Et domina Hungreford' pro dealbacione chori exposuit xx s.

Ad xvj dicit vt supra dixit in quinto articulo.

Ad xvij , non audiuit vnquam aliquem *finem* oblatum fuisse pro illa firma grangie quam magister Sacheuerell modo habet.

Ad octavum decimum , non nouit aliquid de contentis in eodem , nisi quod aliquando petunt eius consilium pro negociis communibus collegij et vtilitate eiusdem.

[fo. 27d.]

RYDYNG.

Magister Henricus Ridyng , iuratus et examinatus super interrogatoriis per decanum ministratis ,

---

[1] *Sic :* for *dimissionem.*   [2] Interlined above *suis* cancelled.

Ad primum interrogatorium , nescit aliquam deordinacionem per seruientes magistri Sacheuerell.

Ad secundum , non cognouit primam partem . Ad secundam partem *dicit* quod audiujt dici quod vicarius ille erat percussus per seruientem magistri Sacheuerell , sed extra collegium , vt audiuit.

Ad tercium , non nouit contenta in eodem.

Ad quartum , non nouit contenta in eodem , nec aliquid audiuit de contentis in eodem.

Ad quintum dicit quod magister Sacheuerell habuit concessiones duas , videlicet vnam officij seniscallatus , et aliam firme grangie sub feodo antiquo et[1] redditu grangie consueto de consensu locum-tenentis et[2] capituli in absentia decani , vt iste putat . Et consuetum semper fuit inter eosdem facere tales concessiones in absentia decani per locumtenentem et capitulum.

Ad sextum , erat absens extra villam , et nil videbat[3] ; sed audiuit ab aliis[4] , et putat quod ipsi hoc dixerunt ex malo zelo.

Ad septimum , non nouit contenta in eodem.

Ad octavum , non nouit contenta in illo.

Ad nonum , non nouit contenta in eodem.

Ad decimum dicit quod magister Sacheuerell et domina Hungre-ford' vendiderunt[5] collegio dominium de Asheley : quantum collegium soluerunt iste deponens nescit . Quantum ad valorem dominij , iste refert se ad officiarios , et credit quod huiusmodi emptio illarum terrarum erat vtilis collegio.

Ad undecimum , credit quod magister Sacheuerell habet illam domum in vsu suo , et quo ad cameras nescit . Quantum soluit pro eadem iste nescit , sed refert se ad prepositum.

[fo. 28.]

Ad duodecimum dicit quod aliquando dederunt illis et eciam alijs nobilibus venientibus ad villam Leicestrie vinum et caupones[6] aut similia.

Ad xiij dicit quod talia[7] , videlicet beare batyngis , aliquando fiebant ibidem , et aliquando May games fiebant ibidem pro vtilitate ecclesiarum parrochialium ville Leicestrie.

Ad quartum decimum articulum dicit quod et falcones et canes seruiencium magistri Sacheuerell veniunt in ecclesiam , sed non in nocumentum eiusdem : et sic accedunt canes aliorum ministrorum ecclesie et extraneorum . Et habent flagellum ad expellendum eosdem.

---

[1] *firm* cancelled.   [2] *totius* cancelled.
[3] *nec audiebat de eisdem* cancelled.   [4] *non bono zelo motis* cancelled.
[5] *terras* cancelled.   [6] *et . . .* cancelled.   [7] *ibidem* cancelled.

Ad quintum decimum dicit quod magister Sacheuerell et domina Hungreford' semper sunt proni et parati ad benefaciendum collegio in omnibus requisitis.

Ad sextum decimum dicit prout superius est expressum in quinto articulo.

Ad septimum decimum dicit quod non nouit aliquem finem oblatum fuisse pro firma illa . Nec credit aliquem velle dare aliquem finem pro eadem firma . Et optat quod antiquus redditus illius firme integre soluatur.

Ad xviij , nichil nouit de contentis in eodem.

[fo. 28d.]

ATTURCLYFF.

Magister Seth Atterclyff , iuratus et examinatus super interrogatoriis per decanum ministratis ,

Ad primum interrogatorium dicit , non nouit aliquas inordinaciones per eos factas infra collegium.

Ad secundum , audiuit de controuersia quadam in opido Leicestrie inter dictum vicarium et alium ; sed credit quod dictus vicarius non erat mutulatus.

Ad tercium , audiuit de quibusdam verbis indecentibus inter eos pro apertura portarum collegij.

Ad quartum , nunquam aliquid[1] audiuit de ibidem articulatis.

Ad quintum dicit quod magister Sacheuerell habet firmam grangie pro redditu consueto et officium seniscalli sibi concessum per capitulum et locumtenentem in absencia decani ;[2] et dicit quod talia in eius absentia concedi consueuerunt.

Ad sextum dicit quod vidit vnum seruientem magistri Sacheuerell infra porticum chori , extra tamen chorum , stantem et reclinantem se versus murum[3] ; et iste deponens percipiebat quod decanus non fuit contentus cum eo , et putat quod decanus precepit magistro Brokesby quod ipse mandaret seruientem illum recedere . Et ipse Brokesby hec cuidam de clericis mandauit ; et clericus accessit ad dictum seruientem , et ipse seruiens ibidem permansit nichill dicendo[4] . Deinde decanus recessit a choro ad dominam Hungreford' : quid ibidem fecit aut dixit iste nescit dicere.

Ad septimum , nescit deponere de contentis in eisdem.

Ad viij , non audiuit de contentis in illo articulo.

Ad nonum , nichill audiuit de contentis ibidem.

---

[1] ib cancelled.
[3] cui dominus decanus cancelled.
[2] prout cancelled.
[4] Something cancelled.

Ad decimum , quod magister Sacheuerell et domina Hungreford' vendiderunt collegio certas terras , sed cuius valoris ac pro qua summa nescit dicere.

[fo. 29.]

Ad vndecimum dicit quod magister Sacheuerell habet in sua occupacione huiusmodi domum[1] vocatam beade hows bern ; sed quantum soluit pro illa nescit dicere , sed refert ad prepositum . Et quo ad cameras nescit dicere.

Ad duodecimum , nescit deponere de aliquibus denariis datis magistro Sacheuerell aut domine Hungreford'.

Ad tercium decimum dicit quod talia aliquando fiunt.

Ad quartum decimum dicit quod sic , sicut aliorum canes.

Ad quintum decimum , non recordatur de aliquibus beneficiis huiusmodi.

Ad sextum decimum dicit prout supra in quinto articulo.

Ad septimum decimum dicit quod nunquam audiuit quod aliquis vnquam obtulit aliquem finem[2] pro illa[3] . Et dicit quod illa ita care dimittitur quod pauci desiderarunt habere eandem.

Ad octavum decimum dicit quod nil nouit de contentis in illo articulo , nisi quod ipsi canonici rogabant ipsum magistrum Sacheuerell adiuuare eos pro appropriacione ecclesie de Hanslapp.

[fo. 29d.]
Vicarij

Bromehall.

Dominus Johannes Bromehall , vicarius , iuratus et examinatus super interrogatoriis per decanum ministratis ,

Ad primum dicit quod seruientes dicti magistri Sacheuerell in omnibus bene se gerunt , et ipsa domina Hungreford' est bona et graciosa domina , et ipse magister Sacheuerell est bonus[4] dominus ministris collegij.

Ad secundum dicit quod Mershall vicarius fuit vulneratus , et putat iste deponens quod[5] hec fuit culpa propria illius vicarij . Et consultum erat eadem vice quod illo tempore non exiret . Et ille Mershall erat talis malifactor quod abstulit calicem et alias res collegij a collegio.

Ad tercium dicit quod ipse audiuit quod ille janitor[6] est ingratus omnibus ministris ecclesie . Et aliter nescit dicere.

Ad quartum dicit quod nil scit deponere de contentis in illo articulo . Et dicit quod audiuit dici quod vnus de seruientibus

[1] quad cancelled.
[3] firma cancelled.
[5] ille cancelled.
[2] Something cancelled.
[4] et g cancelled.
[6] Interlined above ingenitor cancelled.

domine fuit cum illo clerico strictis mancipatus , dicens quod[1] ille sic strictis mancipatus habuit iniuriam.

Ad quintum , nunquam audiuit contenta in illo articulo.

Ad sextum dicit quod[2] vidit diuersos seruientes aut domine Hungreford' aut magistri Sacheuerell stantes extra chorum in porticu introitus chori , ad audiendum diuina , suo iudicio , prout alij solebant ibidem tempore diuinorum stare ; et vnus seruientium decani stetit eciam ibidem . Quos dominus decanus bis alloquebatur : quid dixerat nescit iste[3] deponens . Et tunc discendit decanus cum domino[4] Weatewod' et alio canonico ad dominam Hungreford' , tunc existentem in ecclesia : quid ibidem faciebant nescit . But he saw neyther facyng nor brasyng ; and he thinketh fastely that , iff they had been enny other mennys seruauntis then master Sacheuerels , that the dean wold not haue[5] spoken to them for standyng ther.

Ad septimum , he hard saye that a busynes was with Chauncy , but he knaweth not what , nor[6] by[7] whiche off my ladyes seruauntis ; but he hard[8] that Chauncy had a buffett . Off any numbre of seruauntis resortyng therunto he knaweth nott.

[fo. 30.]

Ad octauum , nescit deponere de contentis in eodem.

Ad nonum , nescit deponere de contentis ibidem.

Ad decimum nescit dicere.

Ad undecimum , refert se ad prepositum.

Ad duodecimum he saith that he hath hard that my lady hath gyven gyftis to the college , but he hard neuer off enny thing gyven to them by the college.

Ad tercium decimum he saith he hath seen suche ther.

Ad quartum decimum dicit quod canes *et falcones* ipsorum , et eciam *canes* aliorum ministrorum omnium ecclesie intrant ecclesiam . Et dicit quod canes ministrorum plus dampni faciunt in ecclesia quam canes magistri Sacheuerell aut domini.[9]

Ad quintum decimum dicit quod illa domina Hungreford' est semper benevola collegio . Et[10] quo ad specialia refert se ad canonicos collegij.

Ad xvj , xvij , et xviij , non interrogatur iste , quia non pertinet[11] ad eum , sed tantummodo ad canonicos.

---

[1] Something cancelled.
[2] *die quodam erant* cancelled.
[3] *decanus* cancelled.
[4] *dno* apparently altered from *duobus.*
[5] *spoken* altered from *spos* and cancelled.
[6] Apparently altered from *nay.*
[7] *whome* cancelled.
[8] The *h* in *hard* altered from *s.*
[9] *Sic :* for *domine.*
[10] *quad* cancelled.
[11] *Sic :* for *pertinent.*

[fo. 30*d*.]

SUTTON.

Dominus Ricardus Sutton , vicarius , iuratus et examinatus super interrogatoriis ministratis per decanum ,

Ad primum interrogatorium , affirmat articulum vt sequetur.

Ad secundum , refert se ad deposita[1] *per eum* coram consilio regis.

Ad tercium , refert se vt supra ad deposita per eum coram consilio regis.

Ad quartum , non fuit presens , et nil nouit de auditu , vt deposuit coram consilio domini regis.[2]

Ad sextum , refert se ad depositum per eum coram consilio domini regis , dicendo that he saw *by* the maner that my lord dean was inquieted , but he hard not the wourdis.

Ad septimum , he saith he saw the said Chauncy[3] , when he cam to my lord dean and said he was he was[4] hurte by oon Clark *with a daggar pommell* , and shued a knob vpon his forheade. Ad vltimam partem articuli nescit respondere.

Ad[5] octavum , affirmat contenta in eodem ex relacione Snydall , et ad cetera refert se ad deposita per eum coram consilio regis.

Ad nonum , refert se ad predeposita per eum coram consilio domini regis.

Ad decimum[6] dicit quod habet in sua occupacione huiusmodi domos.[7]

Ad tercium decimum dicit quod talia ibidem fiunt.

Ad quartum decimum fatetur articulum , addendo quod canes vicariorum et aliorum *ministrorum ecclesie* intrant ecclesiam.

Ad quintum decimum , non nouit aliqua beneficia data per eosdem , excepto vno sudario nuper dato per dominam Hungarford'.

De aliis articulis non examinatur , quia non tangunt eum.

[fo. 31.]

SMYTH.

Dominus Ricardus Smyth , vicarius , iuratus et examinatus super interrogatoriis per decanum ministratis ,

Ad primum interrogatorium dicit quod non nouit aliquam deordinacionem seruiencium magistri Sacheuerell , nisi vt sequetur.

---

[1] *coram eo* cancelled.
[2] No answer to article 5.
[3] *hurted and* cancelled.
[4] *Sic.*
[5] *ix*[um] cancelled.
[6] This should be *undecimum.*
[7] No answers to 11 and 12.

Ad secundum dicit quod audiuit quod dictus dominus Mershall fuit vulneratus per Neale et Slory , *seruientes magistri Sacheuerell* , extra portas collegij.

Ad tercium dicit quod[1] a janitore audiuit ita vt ibidem interrogatur.

Ad quartum , nescit deponere de contentis in illo articulo.

Ad sextum dicit quod vidit Cawardyn stantem in porticu in introitu[2] chori , extra tamen chorum , habentem primarium in[3] manu sua . Et vidit dominum decanum eidem loquentem ; sed quid dixit iste nescit . Sed dictus Cawardyn non recescit[4] donec veniebat magister Dale[5] , ad cuius monitionem Cawardyn recessit . Et statim postea ipse Cawardyn et quidam Haryngton reuertebantur et iterum ibidem steterunt ; quibus dominus decanus loquebatur[6] , sed nescit quid , et ipsi non recesserunt . Et tunc dominus decanus cum dominis Weatewod et Dale iuerunt ad dominam Hungreford' : quid ibidem fecerunt iste nescit . Et dicit quod[7] consueuerunt alij seruientes et extranei ibidem temporibus diuinorum stare . He saw noo handis laid vpon swerd nor dagar.

Ad septimum , audiuit ita dici[8] vt[9] in prima parte articuli continetur . Et idem dicit ad secundam partem . Sed nescit a quibus audiuit nec de[10] numero eorum seruiencium.

Ad octavum , audiuit de contentis in eodem , sed non erat presens.

Ad nonum[11] , primam partem audiuit a magistro Burton . Secundam partem non audiuit.

[fo. 31*d*.]

Ad tercium decimum dicit , talia ibidem fiebant.

Ad quartum decimum affirmat , addendo quod canes et falcones vicariorum et aliorum ministrorum ecclesie pariformiter intrant ecclesiam.

Ad[12] quintum decimum dicit , domina Hungreford' fundauit obitum suum infra collegium , sed quomodo iste nescit.

De aliis articulis non examinatur , quia non concernunt eum.

[fo. 32.]

MOSSE.

Dominus Willelmus Mosse , vicarius , iuratus et examinatus super interrogatoriis per dominum decanum ministratis ,

---

[1] *ita* cancelled.
[3] *libro* cancelled.
[5] *et* cancelled.
[7] *cotidie* cancelled.
[9] *i* and a sign interlined cancelled.
[11] *audiuit ita dici vt* cancelled.

[2] *ecc[lesie]* cancelled.
[4] *Sic :* for *recessit.*
[6] *vt recederent* cancelled.
[8] Written *dicit : t* cancelled.
[10] *nu* cancelled.
[12] *xiiij*[um] cancelled.

Ad primum interrogatorium , non[1] *nouit* de aliqua inordinacione , sed bene se gerunt : non *nouit*[2] contrarium.

Ad secundum dicit quod[3] *circiter* octo annos preteritos duo seruientes domine Hungreford' adinuicem[4] pungnabant infra collegium , propter quod ambo illi erant incarcerati in castro Leicestrie[5] *a die cinerum vsque ad dominicam palmarum* de mandato eiusdem domine Hungreford' . Et aliter nescit de aliqua pungna infra collegium . Dicit eciam quod dominus Mershall[6] fuit vulneratus extra portas collegij per Neale et Slory occasione sua propria . Et domina Hungreford' non erat tunc commorans infra collegium.

Ad terciam , nichill nouit , nec audiuit aliqua huiusmodi verba per aliquos eorum seruientes prolata fuisse ; sed seruientes eiusdem domine Hungreford' sunt honesti et bene se gerunt in consciencia sua.

Ad quartum dicit quod nichil audiuit de prolacione huiusmodi verborum , nec quod Georgius Villers nitebatur aperire ceram strictorum.

Ad sextum dicit quod ipse tunc fuit extra opidum , et igitur nescit deponere de isto articulo.

Ad septimum , nescit dicere de contentis in eodem , nec audiuit quod ille Chauncy erat percussus , nec de numero seruiencium.

Ad viij , ignorat[7] contenta in illo articulo.

Ad nonum , non audiuit aliquid de contentis in articulo.

Ad vndecimum , patet.[8]

[fo. 32*d*.]

Ad tercium decimum , fatetur quod[9] fiebant bearbatyng' et alie demonstraciones , et ille demonstraciones solebant fieri , siue domina Hungreford' et magister Sacheuerell fuerunt presentes , siue non.

Ad quartum decimum , fatetur articulum de canibus eius et omnium aliorum veniencium ad ecclesiam.

Ad quintum decimum dicit quod domina Hungreford' fundauit obitum in collegio , et est ipsa et eius coniux multi[10] benevoli[11] ministris ecclesie.

De aliis articulis non examinatur , quia non spectant ad eum.

[fo. 33.]

LIDERLAND.

Dominus Johannes Liderland , vicarius , iuratus et examinatus super interrogatoriis per decanum ministratis ,

[1] *audiuit* cancelled.　　　　　　[2] Interlined above *audiuit* cancelled.
[3] *nunquam ad* cancelled.　　　　[4] *rixabant* cancelled.
[5] *per ab totum pl* cancelled.　　　[6] *tunc* cancelled.
[7] *ren* cancelled.　　　　　　　　[8] *verit* cancelled.
[9] *consueuerunt* cancelled.　　[10] *Sic :* for *multum.*　　[11] *omnibus* cancelled.

Ad primum interrogatorium , non nouit aliqua inordinata inter eos de sua sciencia.

Ad secundum dicit quod[1] , quando ipse *erat* clericus in collegio , circiter ix annos elapsos , audiuit quod duo seruientes[2] domine Hungreford' simul pugnabant . Dicit quod dominus Mershall fuit[3] percussus extra[4] clausuram collegij : nescit[5] , aut per Neale vel per Slory . Et credit quod dominus Mershall fuit in culpa lesionis sue.

Ad tercium , nunquam audiuit de contentis in eodem , nisi per janitorem.

Ad quartum dicit quod nunquam antea audiuit contenta in illo articulo , nisi[6] , vt iam nuper audiuit , dictum Villers vocari *coram* consilio regis in hac parte.

Ad sextum dicit quod erat in[7] presens in choro , et vidit Cawardyn ibidem[8] *stantem* . Et credit quod decanus *non* fuit[9] commotus cum dicto Cawardyn : causam ignorat et verba inter eos ignorat , sed mandato domini decani , dominus Johannes Dale precepit eidem *Cawardyn* recedere , et recessit . Et tunc dominus decanus vna cum dominis Dale et Weatewod' iuerunt ad dominam Hungreford' : quid ibidem fecerunt aut dixerunt iste nescit . Nec vidit aliquos huiusmodi seruientes ponentes manus suas neque super pugiones neque super gladios . Et aliter nescit.

Ad septimum dicit quod veritatem rei non nouit , nec de numero seruiencium audiujt.

[fo. 33*d*.]

Ad octavum dicit quod audiuit de talibus , sed nescit veritatem.

Ad nonum dicit quod audiuit quod dictus Snydall conquestus est magistro Burton de tali perturbacione . Cetera nescit deponere.

Ad tercium decimum dicit quod talia fiebant ibidem ; et quantum ad demonstraciones[10] , solebant semper fieri infra collegium , domina Hungreford' presente vel absente.

Ad quartum decimum dicit quod pariformiter canes eorum et canes aliorum ingrediuntur ecclesiam.

Ad quintum decimum dicit quod ipsa domina fundauit obitum in collegio , et semper est bona et benevola ministris illius collegij.

De aliis articulis non examinatur , quia non spectant ad eum.

---

[1] *quando* cancelled.   [2] *eorum* cancelled.
[3] *vulneratus* cancelled.   [4] *por* cancelled.
[5] *per quem* cancelled. Either *nescit* should have been cancelled also, or *an* written instead of *aut*.
[6] *ex quo* cancelled.   [7] *Sic*.
[8] *sttm* cancelled.   [9] *decanus* repeated.
[10] *et spectacula* cancelled.

[fo. 34.]

HURDERON.

Dominus Thomas Hurderon , vicarius , iuratus et examinatus super interrogatoriis per decanum ministratis ,

Ad primum dicit quod nullam deordinacionem eorundem cognouit , sed sunt viri honesti , semper honorando et preferendo ministros ecclesie.

Ad secundum , non nouit contenta in prima parte . Quantum ad verberacionem domini Mershall iste nescit deponere , quia actum erat ante accessum suum ad dictum collegium : audiuit tamen de eadem , et ipse dominus Mershall notatus erat[1] pro malifactore ; et quod *clam* abstraxit res collegij , et quod recepit stipendium quando non erat vicarius , vt audiuit medijs magistri Burton.

Ad tercium , nescit contenta in eodem , nec talia de illis seruientibus audiuit , inquantum recolit.

Ad quartum, non[2] cognouit contenta ibidem[3] , nisi quod audiuit quod talis clericus erat in strictis . Causam *ob* quam erat in strictis iste ignorat.

Ad sextum dicit quod erat[4] presens in vesperis , et vidit dictum Cawardyn[5] stantem cum libro in manu sua[6] , deuote precantem extra chorum in porticu chori extra stalla chori . Nec decanus potuit eum videre , nisi declinauerit caput suum a stallo suo . Et iste multotiens vidit plures alios stantes propius choro quam ipse tunc stetit . Alloquebatur decanus eundem Cawardyn : que verba dixit , nescit . Et dicit quod magister Thomas Wigston dixit hec vel similia verba , Jhesus , that a man may not say hys prayers , but *if* he must be thus spoken vnto . Vidit decanum cum domino Weatewod' descendentem ad dominam Hungreford' , sed nescit quid ibidem fecerunt aut dixerunt . Nec videbat dictum Cawardyn nec aliquem alium ponentem[7] manus tunc super gladios aut pugiones.

[fo. 34d.]

Ad septimum dicit quod audiuit ipsum Chauncy percuti , per quem nescit . Audiuit vlterius that Chauncy said[8] , May not I be sent on my master his erand[9] , except I be thus dalt with all . Et quod quidam Long , seruiens domine[10] Sacheuerell , dixit eidem , Goo your wey : ther shall noo man doo you noo harme . De numero seruiencium accedencium in partem Clark non audiuit.

Ad octavum , de sciencia nil nouit . Audiuit a quibusdam talia fieri , et a quibusdam talia non fieri audiuit.

---

[1] *de* cancelled.
[2] *quo* cancelled.
[3] *nec* cancelled.
[4] *in* cancelled.
[5] *deuote* cancelled.
[6] *pi* and an interlineation cancelled.
[7] *manum* cancelled.
[8] *I was* cancelled.
[9] *but* cancelled.
[10] *Sic.*

Ad nonum , audiuit quod Chauncy conquerebatur magistro Burton . De timore magistri Burton nescit dicere.

Ad tercium decimum , fatebatur quod talia ibidem fiebant aliquando.

Ad quartum decimum , fatetur[1] articulum , addendo quod canes domini decani et aliorum canonicorum et ministrorum pariformiter ingrediuntur ecclesiam.

Ad quintum decimum dicit quod domina Hungreford' ibidem stabiliuit obitum suum.[2]

Ad octavum decimum , nunquam audiuit talia fieri.[3]

[fo. 35.]

BUTCHARD.

Dominus Johannes Butchard' , vicarius , examinatus et iuratus super interrogatoriis per decanum ministratis ,

Ad primum interrogatorium , non nouit aliquam deordinacionem eorum , sed audiuit quod inter seruientes decani et domine Hungreford' est discordia plerumque[4] , in quorum defectu ipse nescit . Audiuit quod festo sancti Andree tempore vesperarum , seruiens magistri Singulton , capellani domini decani , ambulabat in ecclesia accinctus gladio , et vertendo se to hys sworde , hyt my ladys seruaunte vpon the shynys , and some tyme i[t] was betwixt his leggis . And then my ladys seruaunte said to hym , Ye myght walkar[5] further.

Ad secundum dicit quod semell duo seruientes domine Hungreford' inter se infra collegium pungnabant , propter quod erant ambo illi incarcerati in castro Leicestrie iussu magistri Sacheuerell et domine Hungreford' . Et dicit quod ante aduentum suum erat quedam pungna inter Neale et Slory , seruientes domine , ac dominum Mershall[6] , et quod dictus dominus Mershall prebujt occasionem eiusdem pungne , vt iste audiuit . Et dicit quod ipse dominus Mershall fuit[7] malifactor et iniustus collegio et magistro suo . Et dicit quod dictus dominus Mershall recepit stipendium vicarij , quando non erat vicarius ex statuto.

Ad tercium , non nouit nec audiuit talia.

Ad quartum , nescit deponere , quia erat in comitatu Lancastrie. tunc temporis.

Ad sextum , nescit deponere , quia erat tunc in comitatu Lancastrie.

Ad septimum , nescit deponere.

---

[1] *quod canes sui* cancelled.
[2] *et* cancelled.
[3] *ib* cancelled.
[4] *chorum* cancelled.
[5] *Sic.*
[6] *ex* cancelled.
[7] Something cancelled.

Ad octavum nescit respondere , quia aliqui dicunt sic , aliqui non.

Ad nonum nescit respondere , quia aliqui dicunt sic , aliqui non.

[fo. 35*d*.]

Ad tercium decimum , affirmat articulum ; et consuetum est[1] demonstraciones , videlicet Sanct George , the moneths , et huiusmodi , et processiones publicas ibidem fieri , vt iste vidit tempore suo.

Ad quartum decimum dicit quod canes eorum veniunt in ecclesiam sicut canes aliorum . Et quando canes intrant chorum , effugiuntur per flagella.

Ad quintum decimum dicit quod[2] omnes ministri ecclesie tenentur orare pro domina Hungreford' et magistro Sacheuerell , quia sunt benevoli et grati eisdem ministris , et precipue tempore infirmitatis , mittendo eis salubria et necessaria pro salute eorum . Et ipsa domina Hungreford' fundauit ibidem obitum suum cum pluribus aliis beneficiis , que iste nescit modo specificare . Et dicit quod magister Sacheuerell procurauit collegium exemij[3] a solucione subsidij in vltimo parliamento.

Ad octavum decimum nescit respondere , et credit quod magister Sacheuerell non intromittit in huiusmodi consiliis.

De aliis articulis non examinatur , quia non tangunt eum.

[fo. 36.]

RIGMAYDON.

Dominus Thomas Rigmayden , vicarius , iuratus et examinatus super interrogatoriis per decanum ministratis ,

Ad primum interrogatorium , dicit quod quodam die in crepusculo noctis iste deambulabat in claustro . Videbat Walterum Snydall , famulum domini decani iuxta ostium[4] domini decani ; et iste ibat ad eum ; et qui astabant petiebant[5] que res erat . Ipse Snydall dixit quod erat in periculo vite sue , quia videbat gladios evaginatos vsque eum . Alia nescit deponere.[6]

Ad secundum dicit quod precedencia fiebant infra collegium . Et *audiuit* quod talis erat percussus ; an intra vel extra collegium ignorat , quia erat ante aduentum suum[7] ad dictum collegium.

Ad tercium , audiuit janitorem et nullum alium dicentem that by cause he wold not open gates after[8] the owr apoynted by the dean , they haue said that he was noon honest man.

---

[1] Something cancelled.
[2] *domina* . . . cancelled.
[3] *Sic :* for *eximi*.
[4] *cla* cancelled.
[5] *Sic :* for *petebant*.
[6] *nisi quod* cancelled.
[7] *ad* . . cancelled.
[8] *inconuenyent* cancelled.

Ad quartum dicit quod erat presens quando Thomas Wales iussu domini decani erat commissus strictis , sed non audiuit seruientes domine Hungreford' proferre talia verba ibidem articulata . Nec scit deponere de Georgio Villers de ibidem interrogatis.

Ad sextum , non erat tunc in opido , sed apud Garradon[1] . De veritate rei nescit dicere.[2]

Ad septimum[3] dicit quod vidit dictum Chauncy in fronte leuiter percussum , habentem a knoyll vpon his brow as big as a hasil[4] nutt . Quis ipsum percussit iste nescit , nisi ex relatu dicti Chauncy . Et audiuit quod Long aut Villers , seruientes domine , cessabant brigam.

[fo. 36d.]

Ad octavum dicit vt supra dixit in primo articulo.

Ad nonum , audiuit et vidit Chauncy[5] conquerentem magistro Burton . Whether master Burton wer a ferd or not he can not tell , but he hard master Burton say , Seyng ye haue noo harme , the matter may rest tyll to morow.

Ad tercium decimum dicit quod vidit lez bear baytyngis bis , and Robyn Hode , et audiuit mimos ibidem.

Ad quartum decimum , affirmat articulum.

Ad quintum decimum , ipse non nouit aliqua talia , nisi de fundacione obitus sui facta ante eius accessum ad collegium , et de vno sudario dato collegio per dominam.

Ad octavum decimum[6] , nichill scit deponere de contentis in eodem.

De aliis interrogatorijs non examinatur , quia non tangunt eum.

[fo. 37.]

HARDGRAUE.

Dominus Ricardus Hardgrave , vicarius , iuratus et examinatus super interrogatorijs domini decani ,

Ad primum articulum[7] , affirmat vt postea patebit.

Ad secundum[8] , non nouit nisi vt sequetur.

Ad tercium , nescit de sciencia deponere , sed audiuit ab alijs quod talia verba proferebantur ; sed nescit a quibus audiuit.

Ad quartum , de sciencia nil nouit , sed de talibus audiuit , per quos nescit.

---

[1] Garendon.
[2] *ad septimum dicit , responsum est supra in primo articulo* cancelled.
[3] A *caret* cancelled.   [4] *not* cancelled.   [5] *q* cancelled.
[6] *nil* cancelled.   [7] *respondit (sic)* cancelled.   [8] *dicit* cancelled.

Ad sextum dicit quod vidit Cawardyn[1] ibidem stantem ex aduersa parte decani . Cui loquebatur decanus , sed quid dixit iste nescit ; et deinde iussu magistri Dale ipse paululum retro-gradiebatur[2] . Et statim postea venerunt alij et ibidem steterunt . Et deinde dominus decanus cum domino Johanne Gray , fratre domini decani , et magistro Dale iuit ad dominam Hungreford' , tunc existentem in capella fundatoris . Quid ibidem erat[3] *dictum* aut factum iste nescit.

Ad septimum dicit quod audiuit dictum Chauncy ita dicentem , et vidit vnum lez knoyll in fronte eius firme[4] ad quantitatem vnius lez crabb[5] . Et audiuit quod erant tres presentes , videlicet famulus magistri Long , Bett , et dictus Clark.

Ad octavum dicit quod erat in claustro collegij ambulando , et audiuit dictum Chauncy currentem ad domum domini decani , et postea iuit ad domum magistri Burton.

Ad nonum , credit quod dictus Snydall conquerebatur magistro Burton , et quod dictus magister Burton erat percussus timore exeundi domum suam.

[fo. 37*d*.]

Ad tercium decimum dicit quod talia ibidem fiebant.

Ad quartum decimum , affirmat articulum ; et ita intrant canes aliorum.

Ad quintum decimum , non nouit de aliquibus huiusmodi beneficijs.

Ad octavum decimum , quantum ad primam partem nescit respondere . Quo ad secundam et terciam partes , dicit quod ita audiuit ; sed nescit a quibus talia audiuit.

De alijs interrogatorijs non examinatur , quia non tangunt eum.

[fo. 38.]

HARVY.

Dominus Willelmus Harvy , vicarius , examinatus et iuratus super interrogatorijs per decanum ministratis ,

Ad primum , non nouit aliquam deordinacionem seruiencium.

Ad secundum[6] dicit quod audiuit duos famulos dicte domine quondam insimul pugnantes circiter vj annos elapsos . Audiuit quod dominus Mershall erat percussus super brachium , sed non mutulatus , extra portas collegij . Et erat ille dominus Mershall leuis persona , et abstulit certas res furtiue infra collegium.

Ad tercium , audiuit quod aliqui ex dictis . seruientibus pro-tulerunt janitori verba indecencia , sed non[7] comminatoria mortis

---

[1] *Stan* cancelled.
[2] *Sic.*
[3] *actum* cancelled.
[4] *Sic :* for *ferme.*
[5] I.e. a crab-apple.
[6] *non* . . cancelled.
[7] *audiuit* interlined and cancelled.

nec verberacionis ; but that[1] he hard that some off them said that they wold mete with hym , for openyng off the gatis.

Ad quartum , nunquam aliqua talia audiuit ; but that some said that George Villers meryly spak , Thow shall not syt *here* , horeson[2] , thow shall se me open the[3] lok anon . But he saith that Villers went not abowt the lok , for he saith he is to wise so to doo.

Ad sextum , vidit dominum decanum loquentem quibusdam ad ostium chori : quid dixit nescit . Sed dicit quod decanus non erat contentus , eo quod ipsi noluerunt retroire ad mandatum suum ; but he saw noo facyng . And then he saw my lord dean with master Weatwod and Dale goo to my lady . What they dydd ther he cannot tell , nor he saw noo man lay noo hand on sworde nor daggar . He said[4] neuer noon prohibit' to stand ther befor.

Ad septimum , audiuit quod in opido percussus erat Chauncy in capite ; et erant separati per constabularium domini regis . De numero seruiencium veniencium in partem[5] Clark nunquam audiuit.

[fo. 38*d*.]

Ad octavum , audiuit contenta in[6] illo articulo , sed veritatem nescit.

Ad nonum , credit quod Chauncy conquerebatur magistro Burton . De timore magistri Burton nichil nouit.

Ad tercium decimum , he hath *seen* ij or thre bear baytyngis ther ; and other ostensions , as rydyngis off Sanct George , ridyng off the moneths , and Robyn Hode ar vsed to be doon yerely for the welth off the churches , and for that purpose they comme.

Ad quartum decimum , he knaweth nor barkyng nor cryyng off doggis in the churche ; but he saith they comme into the churche , as other doggis doo , and hawkis lyke wise.

Ad quintum decimum , he saith that master Sacheuerell hath alweys be redy to help the ministres off the colledge in theyr causes , that the haue to doo in enny place.

Ad octavum decimum , audiuit magistrum Thomam Wigston dicentem that the provest[7] said he wold noo moer off his office , and yet he maide meanes to haue ffryndis to haue yt still . Ad secundam et terciam partes nescit deponere.

[fo. 39.]

REDE.

Dominus Willelmus Rede , vicarius , examinatus et iuratus super interrogatoriis per decanum ministratis ,

[1] *son* cancelled.   [2] *I* cancelled.   [3] *lok* cancelled.   [4] *Sic :* ? for *saw*.
[5] *cha* cancelled.   [6] *in* appears to be cancelled.   [7] *Sic*.

Ad primum articulum , non nouit contenta in eodem.

Ad secundum articulum dicit quod non nouit contenta in prima parte articuli . Et ad secundam partem dicit quod dictus Marshall erat vulneratus extra portas et occasione sua , non tamen mutulatus , vt audiuit ex relacione aliorum.

Ad tercium articulum dicit quod audiuit dici quod janitor quodam tempore in nocte erat captus aliquantisper seruicia[1] , et recusabat aperire portam quibusdam seruientibus magistri Secheuerell venientibus ante tempus claudendi portas . Et propter hoc reprehendebant eum : quibus verbis nescit , quia[2] non erat presens.

Ad quartum , dicit ad primam partem eiusdem quod nunquam nouit aut audiuit contenta in eodem . Et quo ad Georgium Villeris , dicit quod non nouit that he was abowght to peyke the lokke of the stokkis,

Ad quintum.

Ad sextum articulum dicit quod in dominica Reliquiarum vltima ad vesperas vidit quosdam seruientes magistri Secheuerell stantes in porticu chori , extra tamen chorum , habentes libros in manibus ac dicentes preces , vt isto[3] iurato apparuit . Quibus decanus loquebatur , seying , Goo backe or avoide . Et steterunt in oracionibus . Et seruientes decani steterunt[4] in porticu ex altera parte maius[5] prope decanum[6] . Et decanus irascebatur multum ; sed que veba[7] erant prolata hincinde alias nescit . Et in consciencia istius iurati the seid seruauntis dede nat face the seid dean , nor leid no handis of ther daggaris nor[8] knyvis . Et dicit quod seruientes aliorum et extranei ex consuetudine solebant stare in dicta porticu , vbi dicti seruientes steterunt sine aliqua reprehensione.

Ad septimum articulum dicit quod audiuit dici de contentis in prima parte ; sed nunquam audiuit verba contenta in secunda parte , nec credit ea verba esse vera.

[fo. 39*d*.]

Ad octavum dicit quod non audiuit contenta in eodem.

Ad nonum dicit quod non nouit contenta in eodem.

Ad decimum tercium dicit quod habuerunt berebaytyngis and other maye gamys of the town ; which may gamys[9] ar wonte to cume thither ofte tyms whan my lady is absent.

Ad decimum quartum dicit quod canes quidam ipsorum[10] multociens veniunt ad ecclesiam , et canes aliorum multorum.

---

[1] I.e. just the least bit overtaken by beer.
[2] Something cancelled (? *er*).
[3] *Sic :* for *isti.*
[4] *e* cancelled.
[5] *Sic :* for *magis.*
[6] *sed* cancelled.
[7] *Sic :* for *verba.*
[8] *or kv* cancelled.
[9] *is acu* cancelled.
[10] Something cancelled.

Ad decimum quintum dicit quod fundauit obitum infra collegium , sed quomodo nescit . Et dicunt quod sunt omnino fauorabiles canonicis et ministris ecclesie tam in sanitate quam in infirmitate.

Ad vltimum articulum , non nouit contenta in eodem articulo , nec in aliqua parte eiusdem.

DALDERBY.

Dominus Johannes[1] Dalderby , vicarius , examinatus et iuratus super interrogatoriis per decanum ministratis ,

Ad primum articulum dicit quod non nouit contenta in eodem.

Ad secundum dicit quod non nouit nec audiuit contenta in eodem.

Ad tercium dicit quod nescit deponere de contentis in eodem articulo.

Ad quartum dicit quod audiuit dici quod talis clericus erat incarceratus . Sed de aliis contentis in eodem articulo nescit deponere.

Ad sextum articulum dicit quod quidam Cawerden , seruiens[2] magistri Secheuerell , stetit in porticu chori tempore vesperarum[3] , sicut tam ille quam alij extranei consueuerunt facere[4] . Cui decanus precepit dicendo , Goo backe , vt credit . Et dictus [fo. 40] Cawerden went sume thing backe . Et deinde venit magister Dale , ad cuius mandatum ipse recessit . Et ista vidit , and he nor non other at that tyme dede face the dean , ne yet leid hand of ther daggardis or swordis , as farre as he knowith or hard tell.

Ad septimum dicit quod non nouit neque audiuit de contentis in eodem.

Ad octauum dicit quod[5] non nouit neque audiuit de contentis in eodem.

Ad nonum dicit quod nescit deponere.

Ad decimum tercium dicit quod talia fiebant ibidem aliquando.

Ad decimum quartum dicit quod tam canes eorum quam canes domini decani[6] et canes aliorum veniunt ad ecclesiam , quod male patitur.

Ad decimum quintum dicit quod fundauit obitum infra collegium . Et audiuit dici quod intendit[7] fundare vnam capellam duorum sacerdotum infra ecclesiam collegij.

Ad vltimum dicit quod non nouit neque audiuit contenta in aliqua parte ipsius articuli . Vlterius dicit quod dicti domina et magister Sacheuerell fuerunt omnino fauorabiles pro vtilitate ecclesie.

---

[1] *Dall* cancelled. [2] *d* cancelled.
[3] *habens librum oracionum in manibus* cancelled. [4] *quem* cancelled.
[5] *nescit* cancelled. [6] *ve* cancelled. [7] *v* cancelled.

fo. 40*d*.

Cantariste

WILLIAMSON.

Dominus[1] Johannes Williamson , cantarista , examinatus et iuratus super interrogatoriis per decanum ministratis ,

Ad primum articulum dicit quod non nouit[2] nec audiuit contenta in eodem , nisi vt infra patebit.

Ad secundum dicit quod fuerunt controuersie aliquando inter[3] seruientes ipsos , sed non inter eosdem et aliquem de collegio infra dictum collegium . Et dicit quod dominus Marshall erat vulneratus , sed non mutulatus , vt credit.

Ad tercium dicit quod non nouit neque audiuit contenta in eodem.

Ad quartum dicit quod non nouit neque audiuit contenta in eodem.

Ad sextum dicit quod vidit quosdam seruientes magistri Sacheuerell stantes in porticu chori honesto modo ad audiendum diuina . Quibus decanus precepit recedere ; et , vt credit , recesserunt . Et deinde dominus decanus adiuit dominam Vngerford' : quid dixit ei nescit . Et deinde reuertebatur in stallum suum . Et tandem alij tres vel quatuor de seruientibus domine Vngerford' venerunt et steterunt vbi ante alij steterunt ; sed que verba erant prolata inter decanum et eos nescit deponere . Et ista videbat : non vidit tamen enny fasyng or brasyng with swardis[4] or daggardis . Dicit vlterius quod cotidie in diebus festiuis seruientes et extranei solebant stare ibidem , vbi ipsi steterunt , sine aliqua reprehensione.

Ad septimum dicit quod neque nouit neque audiuit contenta in eodem.

Ad octavum , non nouit , sed audiuit[5] de dictis verbis ; sed non credidit , vt dicit.

Ad nonum dicit *quod* non nouit neque audiuit de contentis in eodem.

Ad decimum tercium dicit quod talia fiebant de sciencia sua.

[fo. 41.]

Ad decimum quartum dicit quod tam canes eorundem quam eciam aliorum , tam de ecclesia quam extraneorum , veniunt ad ecclesiam ; sed male patitur , quia aliquando nocent ibidem , et presertim canes de collegio magis nocent.

Ad decimum quintum dicit quod continet in se veritatem de sciencia sua , quia dedit a certeyn goodly cloth of silke[6] for the

---

[1] *Wil* cancelled.   [2] *co* cancelled.   [3] *int'*, altered from *inte*.
[4] *Sic*.   [5] *dicta verba* cancelled.
[6] *called* cancelled. The ' cloth of silk ' was the *sudarium* already mentioned, suitable for use as a humeral veil in carrying the paten or for wrapping round the stem of the processional cross.

patent or for the crosse , and a tabill[1] at the ffowndaris aultere ;
and she[2] ys euer kynde and fauorable to them that belongith to
the college.

Ad vltimum articulum[3] dicit quod non nouit neque[4] audiuit
contenta in aliqua parte ipsius articuli.

MARSHALL.

Dominus Thomas Marshall , cantarista , iuratus et examinatus
super interrogatoriis per decanum ministratis ,

Ad primum articulum dicit quod non nouit neque audiuit de
contentis in eodem interrogatorio . Et dicit quod seruientes magistri
Sechauerell[5] sunt honesti et bone conuersacionis.

Ad secundum articulum dicit quod non audiuit nec nouit contenta
in eodem.

Ad tercium dicit quod non audiuit de contentis in eodem.

Ad quartum dicit quod nunquam audiuit de contentis in eodem.

Ad sextum dicit quod erat absens in dominica Reliquiarum
apud parentes suos in patria , et sic nescit deponere.

Ad septimum dicit quod non nouit neque audiuit de contentis
in eodem ante hoc tempus.

Ad octavum dicit quod audiuit a seruientibus decani seu ab
eius vicario quod sic factum erat ; et aliter nescit.

[fo. 41d.]

Ad nonum dicit quod non nouit neque audiuit de contentis in
eodem interrogatorio.

Ad decimum tercium quod habuerunt certeyn tyms bere
baytingis[6] . Quo ad alios ludos nescit.

Ad decimum quartum dicit quod tam canes ipsorum quam
aliorum veniunt ad ecclesiam , et deturpant aliquando ecclesiam.

Ad decimum quintum dicit quod dicta domina[7] est multum
fauorabilis ministris ecclesie , et facit multa bona opera pauperibus.

Ad vltimum dicit quod non audiuit de contentis in huiusmodi
interrogatorio , nec in aliqua parte eiusdem.

COOPER.

Dominus Thomas Cooper , cantarista , iuratus et examinatus
super interrogatoriis per decanum ministratis ,

Ad primum interrogatorium dicit quod nunquam nouit aliquas
inordinaciones seruiencium magistri Secheuerell infra dictum

---

[1] I.e. a reredos. [2] *en* cancelled. [3] *non* cancelled.
[4] *audiuit* cancelled. [5] *Sic.* [6] *and* cancelled.
[7] Something cancelled.

collegium[1] . Et dicit quod nouit seruientes eiusdem pro tempore existentes , et in consciencia sua fuerunt et sunt boni et honeste conuersacionis.

Ad secundum dicit quod non nouit neque audiuit contenta in prima parte ipsius interrogatorij ; sed quo ad Marshall , dicit quod ipse erat vulneratus extra portas collegij[2] per Neile et Slorye , seruientes magistri Sechauerell[3] ad octo annos elapsos , vt credit , sed non erat mutulatus.

Ad tercium dicit quod non nouit neque audiuit contenta in eodem.

Ad quartum dicit quod non nouit contenta in eodem . Et audiuit dici quod seruiens decani , videlicet Chauncy , erat magis in culpa quam clericus incarceratus , et quod seruientes[4] magistri Secheuerell dixerunt clerico incarcerato , Ye ar within the college , therfor[5] we will nat medle with you , but and ye[6] war without , we wold helpe to haue you out.

[fo. 42.]

Ad sextum dicit quod erat presens in choro collegij in dominica Reliquiarum ad vesperas tempore Magnificat , et vidit quendam Cawerden stantem in porticu behynde master Watwode stall , bare hedide and his booke in his hande , and many other moo off strawngeris and of the town and other seruauntis[7] , as many as myght stonde conuenyently in the porche , as they and other hath don ther by the space of xiiij^{ten} yeris . Et audiuit tunc et ibidem decanum dicentem eidem Cawerden , Stand backe . And Cawerden seid agayn , I may stond here to serve God as[8] thes other men doith . And than the dean bade hym goo backe agayn ; and than the seide Cawerden[9] steppit sume thing bake and stoide still , his cappe beyng of and his booke in his hande[10] . Et dicit iste deponens that ther was neyther fasyng nor brasyng with swerdis or daggaris . Et dicit that Harryngton stoide in the seid porch at[11] Cawerden bakke , heryng seruyce , his cappe also beyng of , and makyng neithere fasyng or brasyng . Et iste deponit de sciencia quia erat presens in choro , in loco vbi melius poterat videre et audire que acta fuerunt ibidem . Et dicit quod dominus decanus tunc adiuit dominam Hungerford' cum magistris Watwood et Dale . Et quid actum erat coram ea nescit deponere . Et credit si[12] seruientes aliorum stetissent ibidem , decanus eos non reprehendisset.

Ad septimum dicit quod non nouit neque audiuit de contentis in eodem.

---

[1] *sed* cancelled. [2] *et se* cancelled. [3] *Sic.*
[4] *dixerunt* cancelled. [5] *and ye* cancelled. [6] *wt* cancelled.
[7] . . *aspull* cancelled. [8] *othe* cancelled. [9] *went* cancelled.
[10] *an* cancelled. [11] *h* cancelled. [12] *q* cancelled.

Ad octavum dicit quod audiuit dici[1] a quibusdam quod Walter erat fugatus , et ab alijs audiuit quod non erat sic , sed materea[2] ficta.

Ad nonum dicit quod non nouit neque audiuit dici de contentis in eodem.

Ad decimum tercium dicit quod tales berebaytingis aliquando fiebant ibidem . Et alij ludi , videlicet the xij monethis and seynt Georg[3] ridyng consueuerunt fieri circa ecclesiam et collegium , siue domina sit presens siue absens.

[fo. 42d.]

Ad decimum quartum dicit quod canes magistri Secheuerell veniunt ad ecclesiam aliquando et[4] deturpant ecclesiam , sed non veniunt in chorum . Sed dicit quod canes decani et seruiencium eius veniunt ad ecclesiam et deturpant aliquando in capella beate Marie . Et canes aliorum eciam veniunt ad ecclesiam , quod male patitur.

Ad decimum quintum dicit quod dicta domina et eius antecessores fecerunt plurima bona in dicto collegio , et dicta domina fundauit obitum *suum* in dicto collegio , et est eciam multum fauorabilis ministris ecclesie et eciam pauperibus in domo pauperum , que[5] multociens reficiuntur per eandem . Et plurima pia opera facit pauperibus in collegio et in villa Leicestrie.

Ad vltimum dicit quod non nouit neque audiuit de contentis in dicto interrogatorio neque in aliqua parte eiusdem.

HAYWARDE.

Dominus Nicholaus Haywarde , cantarista , iuratus et examinatus super interrogatoriis per decanum ministratis ,

Ad primum interrogatorium dicit quod non nouit tales inordinaciones.

Ad secundum dicit quod non nouit neque audiuit contenta in prima parte . Et quo ad Marshall , dicit quod audiuit quod erat vulneratus , sed extra portas collegij , per Slory vel Neile ; et domina Hungreford tunc erat absens a collegio , vt credit.

Ad tercium dicit[6] quod non nouit neque audiuit contenta in eodem.

Ad quartum dicit quod non nouit contenta in eodem ; et quo ad Georgium Villeris , nunquam audiuit contenta in articulo.

Ad sextum dicit quod erat absens[7] nocte *Reliquiarum* a vesperis ; sed dicit quod est communis consuetudo quod seruientes *et* extranei[8]

---

[1] *quod Wa* cancelled. [2] *Sic :* for *materia.* [3] *rig* cancelled.
[4] This word appears to be cancelled. [5] *Sic :* for *qui.*
[6] *nou* cancelled. [7] *hac* cancelled. [8] *et* cancelled.

starent ad audiendum diuina in porticu chori dicti collegij . Et nunquam audiuit de contrario in diebus trium decanorum.

Ad septimum dicit quod non nouit neque audiuit de contentis in eodem.

[fo. 43.]

Ad octavum dicit quod nescit deponere.

Ad nonum dicit quod non nouit neque audiuit de contentis in eodem.

Ad decimum tercium dicit quod tales le berebaytyngis aliquando fiebant ibidem , et alij ludi fiebant pro ecclesiarum vtilitate aliquando ibidem.

Ad decimum quartum dicit quod canes eorum et aliorum veniunt ad ecclesiam et deturpant ecclesiam aliquando.

Ad decimum quintum dicit quod[1] dicta domina fundauit obitum suum . Et dicit quod dicta domina est multum fauorabilis ministris ecclesie , et facit multa bona opera pauperibus in dicta villa de sciencia istius iurati.

Ad vltimum articulum dicit quod non[2] nouit neque audiuit de contentis in eodem nec in aliqua parte eiusdem.

WILSON.

Dominus Willelmus Wilson , cantarista , iuratus et examinatus super interrogatoriis per decanum ministratis ,

Ad primum dicit quod non nouit tales inordinaciones.

Ad secundum dicit quod non nouit contenta in eodem , nisi quod Mershall erat vulneratus ; sed infra vel extra nescit.

Ad tercium dicit quod non nouit neque audiuit contenta in eodem.[3]

Ad quartum dicit quod nescit deponere de contentis in eodem.

Ad sextum dicit quod[4] erat presens in choro[5] ad vesperas in die Reliquiarum , et videt Cawerden stantem in porticu , extra tamen chorum , nudo capite , *vt recordatur* , cum libro in manu dicendo preces[6] ; et seruientes domini decani steterunt ibidem et multi alij . Et non videbat aliquam malam conuersacionem in eo . Et credit quod decanus loquebatur eidem , sed nescit quid loquebatur . Et dicit that master Dale bade Cawarden goo his way, and so he deide[7] ; and he seith that he dede see neyther fasyng nor brasyng in hym . Et aliter nescit.

---

[1] *fun* cancelled.
[3] A letter cancelled in line below.
[4] *non vidit* cancelled.
[6] Something cancelled.

[2] *a* cancelled.
[5] *in* cancelled.
[7] *b* . . cancelled.

[fo. 43d.]

Ad septimum dicit quod nescit deponere , nisi de auditu ; quia audiuit dici that ther was busines[1] bitwixt them . Et aliter nescit . Et quo ad vltimam partem ipsius articuli , dicit quod non audiuit contenta in eodem.

Ad octavum dicit quod audiuit dictum Walterum dicentem locumtenenti that he was ffraid and chaside with men , but by whom and what they war he[2] seid[3] at that tyme he knewe nat.

[4]Ad nonum dicit[5] vt[6] in precedente articulo . Et aliter nescit.

Ad decimum tercium dicit quod talia fiebant ibidem aliquando.

Ad decimum quartum dicit quod tam canes ipsorum quam aliorum veniunt ad ecclesiam , et aliquando deturpant ecclesiam.

Ad decimum quintum dicit quod[7] dicta domina fundauit obitum suum ibidem . Et omnino est multum fauorabilis ministris ecclesie , et facit multa pia opera pauperibus tam infra collegium quam in villa , et maxime egentibus , per modum elemosine.

Ad vltimum dicit quod nescit deponere de aliqua parte eiusdem.

Bruar.

Dominus Johannes Brewer , cantarista , iuratus[8] et examinatus super interrogatoriis per decanum ministratis ,

Ad primum interrogatorium dicit quod non nouit tales inordinaciones.

Ad secundum dicit quod non nouit quod seruientes magistri Secheuerell sic fecerunt . Et quo ad Marshall nescit , quia tunc non erat infra collegium.

Ad tercium dicit quod nunquam audiuit nec nouit de contentis in eodem , quod sic fecerunt.

Ad quantum dicit quod nunquam nouit neque audiuit quod sic fecerunt.

Ad sextum dicit quod erat presens in choro , et videbat quendam seruientem magistri Secheuerell stantem tempore Magnificat in dominica Reliquiarum in porticu chori , extra tamen chorum[9] , behynde master [fo. 44][10] Waitwood stall, nudo capite audiendo diuina ; and he stoide the formeste of that siede[11] . Fuerunt alij ibidem stantes . Et dicit that he dede make neither fasing ne brasyng , and the dean dede speke to hym : quid iste nescit deponere , but he saith the seid seruaunt went sume thing bake . And then the seid dean spake to hym agayn , sed quid nescit .

---

[1] I.e. business.
[3] *he k* cancelled.
[5] *q[uod]* cancelled.
[7] *f* cancelled.
[9] *be* cancelled.
[11] I.e. the foremost on that side.

[2] *kn* cancelled.
[4] *J* cancelled.
[6] *preceden'* cancelled.
[8] *ex* cancelled.
[10] *Wood* cancelled.

And he went farther bake and toike his booke in his hande . And than dominus decanus adiuit dominam Hungerford' : quid loquebantur nescit . Et reuertebatur dictus dominus decanus ad stallum suum ; et tunc incontinenter venerunt tres vel quatuor de seruientibus domine , quorum vnus stetit vbi alter antea stabat , et alij post eum in eodem[1] porticu ; et omnes[2] fuerunt nudi in capitibus suis . Et ista videbat.

Ad septimum dicit quod[3] nescit deponere de contentis in eodem , vtrum sic erat factum vel ne.

Ad octavum dicit quod non nouit contenta in eodem , neque quod sic factum erat , nec eciam audiuit.

Ad nonum dicit quod non audiuit contenta in eodem neque nouit.

Ad decimum tercium dicit quod talia fiebant ibidem de noticia sua ad portam domine Vngreforde.

Ad decimum quartum dicit quod multi canes tam ministrorum quam aliorum veniunt ad ecclesiam et multum nocent , et eciam perturbant diuina officia , et male patitur ; sed nescit quorum dicti canes sunt.

Ad decimum quintum dicit quod nescit deponere ; sed dicit quod sunt fauorabiles ministris ecclesie , vt ipse credit.

Ad vltimum dicit quod nescit deponere de contentis in illo interrogatorio neque in aliqua parte eiusdem , quia non est de capitulo nec habet vocem in capitulo.

[fo. 44d.]

Scott.

Dominus Willelmus Scotte[4] , cantarista , iuratus , etc.

Ad primum interrogatorium dicit quod nescit contenta in eodem de huiusmodi inordinacionibus , nisi quod audiuit dici a vicario decani quod duo vel tres of my ladis seruauntis dede chaise Waltere the dean seruaunt.

Ad secundum dicit quod non audiuit neque nouit contenta in eodem , et quo ad Marshall nescit.

Ad tercium dicit quod non audiuit neque nouit de contentis in eodem quod sic erat factum.

---

[1] *Sic :* for *eadem.*   [2] Written *oies.*
[3] *non nouit* cancelled.   [4] *iura* cancelled.

Ad quartum dicit quod non nouit neque audiuit de contentis in eodem , nisi quod audiuit quod talis clericus erat incarceratus.

Ad sextum dicit quod erat absens a choro in vesperis in dominica Reliquiarum , et sic non nouit quid factum erat ibidem.

Ad septimum dicit quod nescit deponere , nisi de auditu Chause[1] , qui dixit huic iurato that the seruauntis of master Secheuerell wolde haue smytten hym . Et quo ad vltimam partem , dicit quod non audiuit de contentis in eodem.

Ad octavum dicit vt supra dixit in primo interrogatorio.

Ad nonum dicit quod non nouit neque audiuit de contentis in eodem.

Ad decimum tercium dicit quod talia fiebant ante portam domine Hungreford'.

Ad decimum quartum dicit quod nescit deponere , quia non recordatur de talibus ibidem contentis.

Ad decimum quintum dicit quod de sciencia sua domina Hungreford' impendit multa bona opera pauperibus tam infra collegium quam extra.

Ad vltimum dicit quod nescit deponere de contentis in eodem , nec in aliqua parte eiusdem.

[fo. 45.][2]

SECUNDUS ARTICULUS

probatur { quod seruientes Sacheuerell adinuicem percusserunt ad vij annos elapsos , propter quod fuerunt correcti et puniti et incarcerati.

probatur { quod dominus Mershall fuit percussus occasione sua propria , extra collegium , magistro Sacheuerell et domina absentibus tunc a villa Leicestrie.

[3] testes { Brown.[4]
Brokesby.

---

[1] *Sic :* for *Chauncy.*
[2] Here follows a summary list of points proved in the examination upon the dean's interrogatories.
[3] *t* cancelled.   [4] See p. 224 below (fo. 78).

TERCIUS ARTICULUS   ⌠ that master Sacheuerell ser-
                         | uauntis stode at the quear door
                         | on Trinytie Sonday with swerdis
                         | and bucklers , and wold not goo
                         | bak at the deans byddyng.
                         | Weatewod.
SEPTIMUS ARTICULUS probatur ⟨ that Clak[1] smot Chauncy vpon
                         | the head.

                         | pars ⎫
                         | ⎬ fatetur.
                         | ita ⎭

OCTAVUS ARTICULUS | that Sherard chased Snydall.
                         | testis.   Vernam.[2]
                         | and that Snydall complayned to
                         | master Burton , leve tenaunte.
                         ⌊   testis.   Burton.[3]

[fo 46.][4]

Provideatur quod canonici cursorie ministrent *in capa* vt diaconi
decano , cum altam missam celebrauerit , vnus quisque in cursu
suo per se vel per alium.

[fo. 9[5]]   [6] Vocetur Vincent pauper.

            [7] Vocetur eciam Edwardus de lez Vestry.

(fo. 7 et 9[8]) 1.[9] Declaretur terminus interesse , et eciam terius[10]
continue interesse.

2. De statuto pro mulieribus in domibus canonicorum fiat
declaracio.

3. Fiat declaracio statuti de hospitalitate seruanda per canonicos
et recepcione vicariorum in mensam canonicorum.

(fo. 10) 4. De hora inceptionis matutinarum.

5. De conuenticulis non faciendis.

6. De communis vicariorum in mensa canonicorum , eciam
absente canonico.

(fo. 6) 7. De finibus applicandis et non diuidendis inter
canonicos , et de oblationibus.

(fo. 3º) 8. De deambulacionibus canonicorum in ecclesia
tempore diuinorum.

---

[1] *Sic :* for *Clark*.   [2] See p. 226 below (fo. 80).
[3] fo. 45*d* is blank.
[4] Here follow memoranda for use in composing injunctions.
[5] I.e. fo. 10. The original foliation begins on fo. 2, fo. 1 being left unnumbered.
[6] *1* cancelled.   [7] *2* cancelled.
[8] I.e. ff. 8, 10. See note 5 above, which similarly applies to other references
below.
[9] *3* cancelled.   [10] *Sic :* for *terminus.*

9. Vicarij racione missarum Simonis Symeon pluries et communiter se absentant a matutinis.

10. Vicarius celebrans missam de Requiem ante missam beate Marie exiit chorum in principio matutinarum , et poterit bene[1] exspectare in chorum vsque post psalmum Te Deum.

11. Fiat prouisio de canibus ab ecclesia expellendis.

12. Vicarius celebrans missam matutinalem , que dicitur in lez bead hows ante matutinas , non vult intrare chorum ad matutinas diebus feriatis.

(fo. 7) 13. Fiat prouisio de portis collegij[2] claudendis et aperiendis.

(fo. 3º) 14. ☞ Memorandum de euidencijs *de terris* emptis de magistro Ricardo Sacheuerell . Capitulum nondum habent illas euidencias.

(fo. vᵗᵒ) 15. Fiat prouisio ne concedantur annuitates pro pecuniis , nisi cum illis terris[3] emantur terre ad tantam vel ampliorem sumam.

(fo. 7) 16. Canonici existentes in re[4] non veniunt ad capitula. [fo. 46d.]

(fo. 7) 17. De diuisione obuli inter pauperes qualibet septimana.

(fo. 7[5]) 18. De custodia jocalium[6] collegij.

(fo. 7)[7]

19. Decanus nimis rigorose in capitulo habet se inter fratres , nec eos sinit libere loqui , prout de iure possunt.

20. Decanus non dum est iuratus ad statuta collegij . An sit intrusus dubitatur , in eo quod non prestitit huiusmodi iuramentum tempore installacionis sue.

21. Item quod decanus exhibeat titulum incumbencie sue.

22. Quod priuate porte ducentes in ortos canonicorum[8] extra murum collegij claudantur et immurentur propter honestatem collegij et infamiam repellendam.

§ Memorandum de examinacione super interrogatorijs.

§§ Vocetur magister Dale pro respondendo domine Hungerford.

[Nota.] Memorandum de reconsiliacione fienda inter famulos rixantes.

☞ Memorandum de x d. septimanatim soluendis pauperibus tempore penurie , et de obolo vno qualibet ebdomada.

[1] *il* cancelled.
[2] *dic* cancelled.
[3] *Sic :* left uncancelled.
[4] See p. 136 above, note 13.
[5] *fo.* 4 cancelled.
[6] *se* cancelled.
[7] *De incepcione matutinarum* cancelled.
[8] *ex* cancelled.

[Nota.] Item inspiciatur liber visus pauperum , et quis vltimo recepit aliquid pro locis eorundem.

Videatur statim pro correccione ministrorum . Nam decanus corrigit huiusmodi ministros sine consensu capituli . Quere an hoc licet.

Decanus crudeliter verberabat quendam choristam , cuius correccio pertinet ad precentorem.

Decanus recepit magnam summam pecunie.

Declaretur statutum de assignacione[1] locum tenentis per decanum fienda , casu quo omnes canonici velint refutare huiusmodi officium.

[fo. 47.]

Item pro dimissione firmarum antequam vacauerint.

De factura serarum pro sigillo communi.

Videatur statutum xlvj^{tum} de expensis decani.[2]

[INTERROGATORIES MINISTERED BY SIR RICHARD SACHEVERELL]

[fo. 48.]

1us. First, whether the lieuftenaunt to the dean of the college of Newarke in Leicestre , and the chapitour of the same in the absence of the seid dean, haue auctorite to graunte offices and to make leasses by ther chapitoure seale or nat.

2. Item, wether ther be eny thing grauntide by the chapitour seale to sir Richard Sacheuerell , knyght , but only an office of stuardshipe with the olde fee of xxvj s. viij d. , and a ferme , reseruyng the olde rent ; which stuardship with the same fee was grauntide to the lord Vaux' decesside.[3]

3. Item, wether the seid sir Richard and the lady Hungerforde haue procuride any thing of the seid college by ther chapitour seale , contrarye to good ordere , charite , and conscience , or nat.

4. Item , whether ther were enny malice betwixte the dean and the seid sir Richarde befor the puttyng in of the byll of complaynte by the seid dean befor the kyngis most honorable councell or nat.

5. Item , wether any of the seruauntis of the seid sir Richardis haue lettide the deuyne seruice within the seid college or natt.

6. Item , whether the statutis of the kyngis college of Newarke in Leicestre be broken and mysse vside by the seid dean or his seruauntis ; the prouffe wherof , and of all other mysse demeanouris

---

[1] *precentorjs* cancelled. [2] fo. 47d blank.
[3] Nicholas, first Lord Vaux of Harrowden, d. 1523.

the seid sir Richard by his reyoynedour hath referride to the triall of the chapitoure of the college aforseide . And that the verrye trowthe therof may be perfightlie knowen before his[1] most honorabill cowncell , the seid sir Richarde desirith that the wholle chapitour may be examynede by ther oothes perticulerlie vpon suche poyntis and articles as hereafter folowe.

7.[2] First, wether the dean at his admission be sworne to keipe the statutis and ordynauncis of the college of Newarke in Leicestre or nat.

8.[3] Item , wether the deane at his admission be sworne to paye six poundis , xiij s. iiij d. within halffe a yere after his admission for necessaris of the church by the statutis of the same college or nat.

9.[4] Item , if he be sworne to pay the seid vj li. xiij s. iiij d. in maner and forme aboueseide , wether it be paid accordyng to the seid statutis or natt.

10.[5] Item , whether ther be any statute that , yf the dean be absent aboue fyve monethis of the kalendare in the yere , that he shall natt receyue of the prouest aboue xl s.

11.[6] Item , whether the dean , beyng absent aboue v[th] monethis by the kalendare in the yere , haue receyvide any more than xl s. of the proueste yerelie or nat , contrarie to the same statute.

[fo. 48d.]

12. Item , whether ther were an acte made by the consent of the ordynarye and the dean , that the deane shulde haue yerely xx li ; and whether, contrarye to the same acte, he hathe receyuide enny more moneye or prouffette aboue the same sume or nat.

13. Item , whether at the chosyng of the chauntour ther be any statute that the dean and the ffewere parte in nombre shall haue the wholle eleccon or natt . And , if ther be noo suche statute , whether the deane hath made any such eleccon or not . And what demeanour the seide dean was of at the same eleccon.

14. Item , whether ther be any statute or ordynaunce that the dean and chapitour may graunte or sell any rent charge in fee symple or annuyte other than to ther lernyde councell for terme of liffe , or their officeris , oute of any of the landis and tenementis spirituall or temporall belongyng to the seid college or natt.

15.[7] Item , wether he haue procuride to sell or graunte any suche corrodye or annuyte to any persone or persones to the hynderaunce of the seid college or not.

[1] I.e. the king's. [2] 6 cancelled. [3] 7 cancelled.
[4] 8 cancelled. [5] 9 cancelled. [6] 10 cancelled.
[7] Altered from 13. The numerals from 12 onwards were all thus altered, owing to the mistake made in the case of no. 7 above. Cancelled words, etc., are noted below.

16.   Item , wether it be lefull to euery chanon of the seid college , beyng in their chapitour house , to speke and shewe ther myndis for the welthe of the same house without controlment of the dean or nat.

17.[1] Item , whether they be lettide by the seid dean by threttis and malicious wordis , or commaundide to sylens , so that they dare nat speke nor shewe ther myndis , as they be bounde to doo , or nat.

18.   Item , whether ther be any statute or graunte that the dean and the chapitor shulde haue yerely oute of the chace of Leicestre ffyve bukkis and x does or not.

19.   Item , whether the deane , yf enny suche graunte or statute be , haue demaundide the seid duety or nat .[2] And wether parte of the chanons haue their duety or parte haue not.

20.   Item , wether ther be any statute that the chapitour , within fiften dais that the seid office of the dean be voide , shall electe and chose ij honest and discreate persons of the same chapitour to be sent vnto the ffounder , and he at his pleasure to appoynt and ordeigne which of them shalbe deane.

21.[3] Item , whether the dean at the last eleccon were oone of the chapitour or not . And wether he wer chosyn after the fourme of the same statute or nat.

[fo. 49.]

22.   Item , whether ther be any statute that the deane with the more parte of the chapitour shall correcte and reforme the mynisteris off the churche or natt.

23.   Item , whether the seid dean hath correctide any mynister contrarye to the seid statute or nat.

24.   Item , whether the seid dean of the seid college maye laufully keipe in his house any woman , beyng of good name and fame , by the statutis of the seid college or nat.

25.   Item , whether the seid dean or any of the seid canons kepe any suspecte women in ther housis , contrarye to the seid statute , or nat.

26.   Item , whether by the abidyng of the lady Hungreforde , the seid sir Richarde , and their seruauntis within the college of Newarke , the mynisterys of the seid college be inquyetide , wherbye deuyne seruyce ys distourbide , or nat.

27.[4] Item , whether the lord Hastyngis or his auncestres haue ben benefactoures to the seid college of Newarke , and haue given and opteynid to the same such thingis and benefittis as hereafter

---

[1] 16 cancelled.   [2] First stroke of *W* cancelled.   [3] *eo* cancelled.
[4] 26 cancelled.

folowe , wherbye the seid lady Hungreforde ought to haue the more fauour.

28. First , the lord William Hastyngis opteynede of kyng Edwarde the iiij[th] a licence of mortemayne for a c li. londe , at his owne costis and chargis.

29. Item , he opteynede londis and tenementis to the seid college to the value of lx li. yerelie and aboue , at his costis and chargis.

30. Item , the seid William lord Hastyngis gave to the seid college in redye monye the some of xx li. sterling.

31.[1] Item , the seid William lord Hastyngis ffoundede an obitte yerelie for hym selffe , and by the same ordeignede that euery canone yerelie shulde haue—ij s. , euery vicare—xij d. , euery clerke xij d. , and euery querester—vj d. ; which is double and more by the halffe than any other obitte.

32. Item , he ffoundide for the lady Katheryn his wiff an other obitt , giveng yerelie to euery canon—xij d. , euery vicare— vj d. , euery clerke—vj d. , and euery querester—iij d.

33. Item , the seid William lord Hastyngis , gave vnto the seid college a coope and a vestyment of right cloth of gold , and an other coope of cloth of tysue , and asmyche blake velvitt for pryncipall obittis as made a vestyment the[2] deacon and sub-deacon.

[fo. 49d.]

34. Item , the seid William lord Hastyngis gave a godelie tabelette of golde , sett with precious stonys and peerle , to the seid college.

35. Item , the seid Richarde Sacheuerell at the last parliamente by his own laboure causide the seid college to be dischargide of dismes[3] . And by a speciall prouyso in the acte of perliament it doith appere.

36. Item , where the college of Newarke and the bedehouse of the same hath hade wode to burne in their housis oute of the chace off Leicestre , which chace is nowe spent and dekayde ; for recompence wherof the seid sir Richard svede vnto the kingis grace , and opteynede of his highnes his gracious letteris patentis vnder his greate seale , and opteignyde by the same a licence[4] to improvere the personage of Hanslape to the seid college , and hath doon many goode actys , as cane be reportide by the seid canons.

37.[5] Item , the seid lady Hungerforde , sithe her age of xxv yeris vnto this tyme , hath alwaies intendide and myndide , and

---

[1] 30 cancelled.   [2] *Sic.*   [3] I.e. tenths.
[4] *to* cancelled.   [5] 36 cancelled.

yet intendith to lye within the seid churche of Newarke , in so
myche that the place wher she intendithe to be buriede is assignyde ,
well knowen , and kepte for hir sithe hir seid age of xxv yeris vnto
this presente day , as yt may be reportide and provide by the seid
canons ; ffor which buriall so to be hadde , the seid lady dailye
intendithe and is vtterly determyned to be a greate and a speciall
benefactour to the seid college . Wherfor , yf the seid dean wolde
be any maner of meanys lette or hyndar the prouffette of his seid
college , he therby shulde breake the statutis and ordynauncis
of his seid college wherunto he is sworne , as it apperith by the
statutis of the same ; and in brekyng of the statutis he is
periurede.

38. Item , wher the dean , of his envious and extreme malicious
mynde , wold haue the same lady Hungerford to remove out of
the precincte of the college in his crafty feynede maner , as he
pretendithe the conseruacon of the statutis and the welthe of the
college ; the which may clerely appere that it is contrarie , for
of trouthe the seid dean hath licencide master William Gillott to
haue women in his howse dailye , and ther can nor may so myche
profight cume to the seide college by the seid women licencide by
the seid dean[1] , as ther can and daily doith by the seid lady ; the
which apperith to be desiride and purposide by the dean off malice
and for no welth of the college.

[fo. 50.]

39. Item , where by long tyme ther war but sex queristeris
in the seide college , the seid lady Hungreford by her good meanes ,
labour, and procuryng , hath causide oon other querester to be
ffoundede in the seid college , the which maketh vij and soo shall
contynue ; and also by hir meanys , labour , and procuryng causide
in money noumbred lxxx li. to be gyven vnto the seid college ,
the which was trewly delyuerid and paide to the prouest to thuse
of the college ; the which shulde nat haue ben doon but by the
meanys of the seid lady.[2]

[fo. 52.]

Interrogatoria Sacheuerell

Weatewod.

Magister Johannes Weatewod , canonicus , iuratis et examinatus
super interrogatorijs ,

Ad primum interrogatorium , nescit an locum tenens habet
talem auctoritatem vel non.

Ad secundum , affirmat articulum.

Ad tercium interrogatorium , refert se ad eos qui huiusmodi
concessiones fecerunt.

---

[1] and cancelled.   [2] ff. 50d, 51, 51d blank.

Ad quartum , nescit an aliqua talis malicia erat inter eos vel non.

Ad quintum , refert se ad deposita per eum coram consilio domini regis.

Ad sextum , ipse non cognouit quod decanus aut seruientes eius infregerunt statuta illius collegij.

Ad septimum , credit quod decanus deberet iurari ad statuta collegij . An sit sit iuratus , iste nescit.[1]

Ad viij dicit quod audiuit a domino decano quod nunquam erat iuratus ad statuta illius collegij.

Ad nonum , nescit deponere an decanus soluit illas pecunias vel non , quia ipse non dudum venit ad collegium.

Ad decimum dicit quod est tale statutum.

Ad undecimum dicit quod audiuit doctorem[2] Morgan , quondam decanum huius collegij[3] , quod ipse in absentia sua recepit annuatim a dicto collegio xx li. ; et putat quod modernus decanus plus recepit quam xl s. a dicto collegio in absentia *sua*.

Ad duodecimum , credit quod talis composicio erat facta de consensu ordinarij et decani moderni . Ad secundam partem nescit deponere.

[fo. 52*d*.]

Ad decimum tercium[4] , refert se ad statuta . Ad secundam partem dicit quod decanus nullam talem eleccionem fecit . Ad partem terciam illius dicit quod tempore electionis cantoris my lord dean said , This is the ffyrst at my beyng at enny eleccon , and my desier is to haue[5] master Weatwod chaunter , and off my conscience I think hym moste mete for yt . And the moste parte off the chapiter said , We haue graunted our voues all redy , and we woll not chaunge . And then my lord dean said , I will se whether the statute will bear[6] you or me , and shew it to my lord of Lincoln.

Ad decimum quartum , non est tale statutum , vt ipse credit.

Ad quintum decimum , non nouit quod decanus procurauit aliquod tale contentum in illo articulo.

Ad sextum decimum dicit quod licitum est omnibus et singulis canonicis exprimere mentes et consciencias suas in capitulo.

Ad septimum decimum respondet negatiue ; but he saith some tyme ther rong[7] hot reasonyngis on both partes.

---

[1] *Audiuit tamen a decano quod nunquam* cancelled.
[2] *quondam* cancelled.
[3] John Morgan, dean 1485–1496, bishop of St David's 1496–1504. See *Hist. Coll.* u.s., pp. 119, 232.
[4] *dicit quod non* cancelled.
[5] Something cancelled.
[6] I.e. bear out.
[7] I.e. rung or rang.

Ad octavum decimum dicit quod collegium habet talem concessionem factam per fundatorem , et confirmatam per reges.

Ad nonum decimum respondet affirmatiue ad omnia contenta in eodem.

Ad vicesimum dicit quod est tale statutum.

Ad vicesimum primum dicit quod decanatus[1] non erat de numero canonicorum . An[2] erat electus secundum illam formam dubitat.

Ad vicesimum secundum dicit quod est tale statutum.

Ad vicesimum tercium dicit quod , inquantum ipse nouit , decanus correxit secundum tenorem statutorum , et non aliter.

[fo. 53.]

Ad vicesimum quartum[3] , credit quod decanus sic potest.

Ad vicesimum quintum , credit quod non.

Ad vicesimum sextum , respondet affirmatiue ad totum articulum.

Ad vicesimum septimum , non nouit contenta in eisdem.

Ad vicesimum octauum dicit quod erat licencia quedam ad manum mortuam obtenta medijs domini Hastingis , vt audiuit ; cuius sumptibus nescit.

Ad vicesimum nonum nescit deponere.

Ad tricesimum nescit deponere .

Ad tricesimum primum , nescit certitudinaliter respondere , quia ipse non cognouit aliquod tale.

[4]Ad tricesimum secundum , credit quod sic.

Ad xxxij dicit quod ita dici audiuit.

Ad tricesimum quartum , audiuit contenta esse vera.

Ad tricesimum quintum dicit quod audiuit contrarium.

Ad tricesimum sextum , negat contenta in eodem.

Ad tricesimum septimum dicit quod nescit locum sepulture dicte domine , nec audiuit de[5] loco illo . Neque[6] constat sibi de beneficijs per ipsam dominam fiendis.

Ad tricesimum octauum dicit quod magister Gillot pecijt et obtinujt licenciam a domino decano pro mulieribus in domo sua existentibus . Sed domina Hungreford' nunquam pecijt aliquam huiusmodi licenciam , vt ipse credit.

[fo. 53d.]

Ad tricesimum nonum nescit deponere.

---

[1] *Sic :* for *decanus.*   [2] Interlined above *nec* cancelled.   [3] *dicit* cancelled.
[4] *Add* cancelled.   [5] *contentis* cancelled.   [6] *constab* cancelled.

[fo. 54.]

NICOLSON.

Magister Jacobus Nicolson , prebendarius , in virtute iuramenti examinatus super interrogatorijs ,

Ad primum interrogatorium , an auctoritatem habent vel non ignorat , sed consueuerunt semper huiusmodi[1] concessiones fieri per capitulum et locum tenentem , absente decano.

Ad secundum dicit quod , inquantum ipse noujt , dictus magister Sacheuerell non habet aliquas concessiones , nisi duas ibidem spificatas.[2]

Ad tercium dicit quod dictus magister Sacheuerell nil procurauit a dicto collegio contra conscienciam[3] et caritatem.

Ad quartum dicit quod non nouit de aliqua malicia inter eos ante oblacionem huiusmodi bille.

Ad quintum , refert se ad deposicionem alias per ipsum super alijs interrogatoriis decani factam.

Ad sextum nescit respondere.

Ad septimum dicit quod procurator decani tempore installacionis sue erat iuratus ad obseruanciam statutorum.

Ad octavum dicit quod est tale statutum.

Ad nonum nescit[4] deponere aut an ille pecunie sunt solute vel non.

Ad decimum dicit quod est tale statutum.

Ad undecimum dicit quod contra huiusmodi statutum recepit decanus vltra xl s.

Ad duodecimum dicit quod erat talis composicio facta de consensu ordinarij et decani ; et ipse[5] decanus recepit xx li. anuatim , et vltra eas recepit decanus xx li. pro consensu suo huiusmodi composicionj prestando.

[fo. 54d.]

Ad decimum tercium , non nouit tale statutum quod decanus et minor pars capituli possunt[6] facere electionem cantoris . Et dicit quod decanus non fecit talem eleccionem ; sed dicet[7] quod decanus tempore eleccionis[8] precentoris protulit quibusdam canonicis verba indecencia.

Ad quartum decimum[9] dicit quod non est tale statutum.

Ad quintum decimum , erat talis questio mota per diuersas personas in capitulo , sed nichill erat conclusum.

---

[1] *conse* cancelled.   [2] *Sic :* for *specificatas.*
[3] *et* cancelled.   [4] *respondere* cancelled.   [5] *consen* cancelled.
[6] *eligere* cancelled.   [7] *Sic :* for *dicit.*   [8] *vb* cancelled.
[9] *nescit* and *non ignorat talia fieri* cancelled.

Ad sextum decimum dicit quod licitum est vnicuique canonico proferre mentem suam in capitulo.

Ad septimum decimum dicit quod dominus decanus aliquando dominus decanus[1] libenter sinit eos loqui . Aliquando grauiori modo loquitur eis.

Ad octavum decimum dicit quod est talis concessio.

Ad nonum decimum , dubitat an decanus pecijt damas vel non , et dicit quod aliqui canonici habuerunt partes suas , aliqui non.

Ad vicesimum dicit quod est tale statutum.

Ad vicesimum primum dicit quod decanus non erat de numero capituli[2] . Et quo ad electionem decani , dicit quod consueuit dominus rex nominare et presentare.[3]

Ad vicesimum secundum dicit quod est tale statutum.

Ad vicesimum tercium dicit quod ipse non cognouit quod decanus in talibus correccionibus fecit contra statutum.

Ad vicesimum quartum dicit quod decanus potest retinere in domo sua mulieres[4] non suspectas.

Ad vicesimum quintum , non cognouit aliquem canonicum habere aliquam mulierem in domo sua.

[fo. 55.]

Ad vicesimum sextum dicit quod non nouit aliquem ministrum *ecclesie* perturbari per eosdem , nisi dominum Robertum Mershall.

Ad vicesimum septimum dicit quod predecessores domini Haistingis fuerunt benefactores collegio.

Ad vicesimum octavum dicit quod dominus Willelmus Hastingis obtinujt huiusmodi licenciam pro c li. ad manum mortuam ponendis , et suis sumptibus *propriis* , inquantum iste nouit.

Ad vicesimum nonum nescit deponere.

Ad tricesimum nescit deponere.

Ad tricesimum primum , nescit certitudinaliter dicere , nisi fuerit in obitibus in fine anni.

Ad tricesimum secundum , affirmat contenta in eodem.

Ad tricesimum tercium dicit quod due cape erant date collegio per dominum Hastingis , et credit residuum eiusdem esse verum.

Ad tricesimum quartum nescit deponere certitudinaliter.

Ad tricesimum quintum dicit quod ipse magister Sacheuerell cum alijs amicis collegij procurauerunt collegium exemi[5] a solucione subsidij.

---

[1] *Sic :* repeated.   [2] *nec erat electus* cancelled.
[3] See *Hist. Coll.*, u.s., p. 232. The Crown, by reason of the duchy of Lancaster, had presented continuously to the deanery since 1472.
[4] *su* cancelled.   [5] *Sic :* for *eximi*.

Ad tricesimum sextum , affirmat articulum et contenta in eodem.

Ad tricesimum septimum dicit quod[1] cognouit primam partem illius articuli esse venum[2] per duodecim annos elapsos . Ad secundam partem , credit quod ipsa domina intendit benefacere collegio.

Ad tricesimum octavum , dicit quod , si concessit magistrum Gillot habere mulieres in domo sua , non tantum commodum accrescet monasterio[3] per illas mulieres quantum poterit accrescere per dominam Hungreford'.

[fo. 55d.]

Ad xxxix dicit[4] primam partem articuli continere veritatem , et secundam partem eiusdem credit continere veritatem.

[fo. 56.]

GILLOT.

Magister Willelmus Gillot , canonicus[5] , examinatus in virtute iuramenti super interrogatoriis ,

Ad primum interrogatorium dicit quod locum tenens et capitulum semper consueuerunt concedere sub sigillo communi collegij et feoda et firmas et officia in absencia decani . De auctoritate locumtenentis nescit dicere , quia ignorat commissionem , but he saith they all weys haue taken the leve tenaunte as the deanes auctoritie.

Ad secundum dicit quod non nouit quod magister Sacheuerell[6] habet aliquas concessiones nisi illas duas ibidem specificatas.

Ad tercium he saith they haue noon ayenst thordre off charitie , nor noon other wise then other men haue had them bifor.

Ad quartum , non cognouit aliquod tale.

Ad quintum[7] , non cognouit aliquos seruientes eiusdem impediuisse dicta seruicia.

Ad sextum , credit quod tempore installacionis decani procurator suus erat iuratus ad obseruanciam statutorum nomine decani.

Ad septimum , credit quod procurator decani fuit iuratus ad solucionem dictarum pecuniarum , eo quod statuta sic cauent.

Ad viij dicit quod , inquantum ipse nouit , huiusmodi pecunie non fuerunt solute.

Ad nonum dicit quod est tale statutum.

Ad decimum dicit quod decanus recepit vltra xl s. , quia annuatim recepit xx li. , et habuit alias pecunias : refert se ad officiarios.

---

[1] *contenta* cancelled.
[2] *Sic :* for *veram.*
[3] *Sic (mon').*
[4] Interlined above *credit* cancelled.
[5] *iurat* cancelled.
[6] *non* interlined and cancelled.
[7] *respondet* cancelled.

Ad vndecimum dicit quod est talis composicio , et sic recepit ; et preter illas summas recepit fenum , prebendam pro equis , focalia et obitus villanos.

[fo. 56d.]

Ad duodecimum dicit quod non *est* statutum tale , sed maior pars debet eligere . Ad secundam particulam , in eleccione dixit decanus quod iste deponens omnino erat inhabilis ad officium cantoris , et didstulit[1] eleccionem , et misit pro isto deponente in[2] ortum suum , and said vnto hym : I wold vise you leave off your handis off thoffice . Iff ye will not , I will bring you bifor my lord off Lincoln , and iff I can not opteyn my purpose , I *trust my lord will*[3] *leave me at suche libertie as to bring you*[4] bifor my lord Cardynall *or*[5] his counsaile . And after ward the dean sent down a letter to master Burton , and bad hym commaund hym to the chaunter , and bydd hym loke well vpon hym selff and his office , for this shalbe the last tyme that I will send to hym for yt. Thes or other lyke wordis he spoke . And he is redy to declare further , si vocetur per episcopum . Ad terciam particulam , refert se ad detecciones factas per ipsum in *instanti* visitacione domini episcopi.

Ad tercium decimum , non est tale statutum.

Ad quartum decimum he saith that my lord dean[6] wold[7] haue had the colledge to haue receyved cxx li. off master Gerard for[8] a chauntry of iiij li. vj s. viij d. yerely , to haue been paid by the colledge for euer , and the said money to haue purchased land for the same.

Ad quintum decimum dicit quod est licitum vnicuique proferre mentem suam in capitulo.

Ad sextum decimum dicit that the dean hath *said* dyuerse tymys *that he wold* put[9] dyuerse off the chanons to silence in the chapiter , when they haue spoken ageynst his mynde ; in so muche that oon tyme the dean said to master Dale in the chapiter that he wold thraste hym owt at the dores . And master Dale said , I trust ye shall neuer see that day.

[fo. 57.]

Ad septimum decimum dicit quod habent talem deuocionem pro fundatore approbatam per reges.

Ad octavum decimum he saith the dean said that *he* wold demand them , but noon was had as lyuerey that he knaweth off.

Ad nonum decimum dicit quod est tale statutum.

---

[1] *Sic :* for *distulit.*   [2] *domum* cancelled.   [3] Interlined.
[4] *will bring you further* cancelled.   [5] *and* cancelled.
[6] *which* cancelled.   [7] *and procured* cancelled.
[8] *an annuytie* cancelled.   [9] *thems* cancelled.

Ad vicesimum dicit quod decanus non erat ex numero capituli , nec erat electus secundum formam illius statuti.

Ad xxj dicit quod est tale statutum.

Ad vicesimum secundum[1] dubitat.

Ad vicesimum tercium dicit quod est statutum quod decanus potest[2] concedere canonicis licenciam habere mulieres in domibus suis.

Ad vicesimum quartum , non nouit aliquas suspectas mulieres in domibus suis.

Ad vicesimum quintum , he knaweth noo disturbance off Godis seruice by[3] theyr beyng here , but that the seruice off God is the better mayntened by theyr beyng here.

Ad vicesimum sextum , affirmat articulum.

Ad xxvij , credit quod sic.

Ad vicesimum octavum , credit quod dominus Willelmus Hastyngis[4] optinujt collegio hospitale sancti Johannis et domum sancti Leonardi : valorem nescit.

Ad vicesimum nonum nescit respondere.

[fo. 57d.]

Ad xxx[5] , habent talem obitum expressum in illo articulo.

Ad xxxj[6] , affirmat articulum.

Ad tricesimum secundum dicit quod nouit de vna capa data collegio per dominum Hastingis : de alijs audiuit.

Ad tricesimum tercium affirmatiue respondet.

Ad tricesimum quartum dicit quod magister Sacheuerell fecit in hoc quod potuit , et ipse cum alijs procurauit huiusmodi exemptionem.

Ad tricesimum quintum , ita dicitur , vt iste audiuit.

Ad tricesimum sextum , audiuit quod ipsa domina intendit ibidem sepiliri[7] , et cetera eciam ibidem contenta audiuit.

Ad tricesimum septimum , respondet affirmatiue ad totum interrogatorium.

Ad vltimum nescit respondere.

[1] *refe* cancelled.　　[2] *habere canonicos* cancelled.
[3] *my lady* cancelled.　[4] *obt* cancelled.　　[5] *het* cancelled.
[6] *affrim* cancelled.　　[7] *Sic :* for *sepeliri*.

[fo. 58.]

WIGSTON.

Magister Thomas Wigston , canonicus , examinatus in virtute iuramenti super interrogatorijs per d[ominum R. Sacheuerell ministratis].

Ad primum dicit quod ipse firmiter credit quod locumtenens et capitulum possunt in absentia decani facere huiusmodi concessiones , eo quod decanus in absentia sua dimittit locum tenentem cum eius auctoritate et[1] claue . Nec audiuit de aliqua restriccione potestatis locum tenentis nisi post huiusmodi concessiones magistro Sacheuerell factas.

Ad secundum , he knaweth not off enny other grauntis made to master Sacheuerell.

Ad tercium , he knaweth noo grauntis made to master Sacheuerell ayenst goode conscience or charitie ; for he saith that iff they wer to lett ayen , he knaweth not wher they myght be better letten.

Ad quartum nescit respondere.

Ad quintum , he neuer saw[2] master Sacheuerell *nor my lady nor noon off theyr* seruauntis lett enny dyvyne seruice , as he hath answerd in thother interrogatories ministred by the dean.

Ad sextum , refert se ad sequencia.

Ad septimum he saith that either the dean or his procurator for *hym wer* sworn , vt iste credit.

Ad octavum , dubitat an sit iuratus decanus ad illud statutum , sed dicit quod est tale statutum.

Ad nonum , putat quod illa summa non est soluta.

Ad decimum dicit quod est tale statutum.

Ad vndecimum dicit quod decanus hath moer yerely in his absence then xl s. by composicion , and so he had bifor the said composicion[3] wer made *yerely xx li.* , and for *grauntyng to*[4] the sayd composicion the dean *had* xl li. , as this deponent thinketh.

[fo. 58d.]

Ad duodecimum dicit quod est talis composicio . And he saith the dean hath receyved moer , as he hath deposed in the next article.

Ad tercium decimum[5] dicit quod statutum contrarium sonat , videlicet quod decanus cum minori parte non potest[6] eligere ; and he saith the dean wold haue elected a chaunter with the best

---

[1] *sigillo* cancelled.
[3] *yerely xx li.* interlined and cancelled.
[4] Interlined above *makyng off* cancelled.
[6] *elige* cancelled.

[2] *enny* cancelled.
[5] *none* cancelled.

parte off the chapiter . And as to his demeanour he saith the dean called oon false churche[1] , a nother falsse , a nother false periured man , and this deponent false preste.

Ad quartum decimum , putat quod non possunt talia concedere.

Ad quintum decimum , putat quod decanus non procurauit tales concessiones.

Ad sextum decimum dicit that euery chanon shuld haue ffre liberty to speek hys mynde in the chapiter.

Ad septimum decimum he saith that the dean is so haisty that thys deponent hath been ferde to speek hys mynde , in so muche that he[2] hath desierd off the leve tenaunte that they myght haue theyr free voices , els it boted not them to speke ; and *he hard* master Dale say to the dean openly in the chapiter hows , Except we may haue leve to speek our myndis , we will speek no moer.

Ad octavum decimum dicit quod habent talem concessionem et cartam[3] confirmatam per reges.[4]

Ad nonum decimum he saith the hole chapiter desierd my lord dean and master Burton and master Weatewod to speek for the same ; but he saith that Burton , Swyllington and Weatwod had oon buck , but the residue off the chanons had noon.

[fo. 59.]

Ad vicesimum , est tale statutum , vt dicit.

Ad vicesimum primum dicit quod neque erat de capitulo , neque erat sic electus decanus quemadmodum statuta cauent.

Ad vicesimum secundum dicit quod in quibusdam , videlicet minoribus , decanus et locumtenens possunt : in quibusdam , videlicet maioribus , non possunt.

Ad vicesimum tercium , non nouit quod decanus taliter correxit.[5]

Ad vicesimum quartum[6] , credit quod cum licencia episcopi decanus potest habere mulieres in domo sua . Et sicut decanus potest in quibusdam casibus dare licenciam[7] canonicis , sic episcopus potest dare licenciam decano ; et si decanus offendit[8] statuta , canonici non possunt ipsum corrigere , sed recurrendum est ad episcopum Lincolniensem.

Ad vicesimum quintum , non nouit aliquas tales mulieres suspectas.

Ad vicesimum sextum , non nouit[9] disturbacionem officiorum diuinorum per eos.

---

[1] *Sic :* for *churle.*   [2] *and other* interlined and cancelled.
[3] *et* cancelled.   [4] *et sunt in pos* cancelled.
[5] *nisi in correccione* cancelled.   [6] *dicit* cancelled.   [7] *ca*[cis] cancelled.
[8] Written like *offendet* with curved abbreviation above *e* ? *offenderit.*
[9] *es* cancelled.

Ad vicesimum septimum dicit quod dominus Hastingis et eius antecessores fuerunt optimi et precipui benefactores huius collegij post[1] fundatorem.

Ad vicesimum octavum , vicesimum nonum , tricesimum , tricesimum primum , tricesimum secundum , tricesimum tercium , et tricesimum quartum interrogatoria dicit quod contenta in eisdem sunt vera de sciencia sua.

Ad tricesimum quintum dicit quod magister Sacheuerell erat precipuus procurator in ipsa re ibidem expressata.

Ad tricesimum sextum dicit quod magister Sacheuerell magnos labores fecit in ea parte.

Ad tricesimum septimum , putat totum articulum esse verum.

[fo. 59d.]

Ad tricesimum octavum dicit quod putat contenta illius articuli esse vera , nec vidit aliqua incommoda prouenire collegio ex mora dicte domine in ipso collegio.

Ad tricesimum nonum nescit respondere.

[fo. 60.]

ATTURCLYFF.

Dominus Seth Atturclyff , canonicus , examinatus in virtute iuramenti super interrogatorijs S[acheuerell].

Ad primum dicit quod locum tenens et capitulum in absentia decani consueuerunt talia concedere.

Ad secundum , non nouit nisi ibidem specificata.

Ad tercium , non nouit aliquid eisdem concedi[2] contra charitatem.

Ad *quartum* , non nouit de aliqua discordia inter ipsos ante porreccionem bille domini regis.

Ad quintum[3] dicit quod nunquam impediuerunt officia diuina.

Ad sextum nescit certitudinaliter dicere.

Ad septimum[4] nescit dicere.

Ad octavum dicit quod est talis consuetudo.

Ad nonum dicit quod decanus non soluit tales pecunias , inquantum ipse nouit.

Ad decimum , est tale statutum , vt dicit.

Ad vndecimum , est composicio[5] facta per decanum cum consensu ordinarij quod decanus haberet annuatim xx li. in absentia sua , et sic recepit.

---

[1] *decanum* cancelled. [2] *preter* cancelled. [3] *non* cancelled.
[4] *credit decanum* cancelled.
[5] *inter de* cancelled : *facta* interlined above and cancelled.

Ad duodecimum responsum est supra in vndecimum interrogatorium . Et dicit quod vltra illud stipendium , decanus recepit
ligna , fenum , et prebendas pro equis suis.

[fo. 60d.]

Ad tercium decimum dicit quod maior numerus capituli potest
eligere . Quantum ad terciam partem , dicit quod decanus tempore
eleccionis cantoris erat *iratus*[1] et iurauit , et verba vilipendiosa
canonicis[2] protulit , vocando quosdam eorum churles ; et dixit
decanus quod magister Gillot erat inhabilis , et siue fuerit electus
siue non , non haberet illud officium.

Ad quartum decimum nescit respondere.

Ad quintum decimum , ipse non nouit , vt dicit.

Ad sextum decimum dicit quod licitum est vnicuique canonico
proferre mentem suam in capitulo.

Ad septimum decimum dicit that the dean had maliciouse wordis
and called master Gilbert[3]and master Thomas Wigston false prestes
or other lyke wordis . And he saith *he thinketh that* the company
refrayneth them selff off saying theyr myndis for inquietyng off
the dean.

Ad xvij he saith that ther is suche a graunte.

Ad nonum decimum he saith that they wer wonte to haue suche
dear , but this yere they had noon , as he saith . Whether it wer
asked by the dean he can not tell.

Ad vicesimum dicit quod est tale statutum.

Ad vicesimum primum dicit quod decanus non erat de numero
capituli , nec electus secundum formam illius statuti.

Ad vicesimum secundum dicit quod est tale statutum.

Ad vicesimum tercium nescit dicere.

fo. 61.

Ad vicesimum quartum , non nouit tale statutum de decano.[4]

Ad vicesimum quintum , non nouit aliquas tales suspectas
mulieres.

Ad vicesimum sextum he saith the dyvine seruice is not dis-
turbed by theyr tarrying in the colledge.

Ad vicesimum septimum , he saith lord Haistyngis and his
auncetouris haue been greate benefactoris to the colledge.

Ad xxviij dicit quod non audiuit.

Ad vicesimum nonum , credit quod sic , quia dederunt collegio
hospitale sancti Johannis et domum sancti Leonardi.

---

[1] Interlined above *iuratus* cancelled.   [2] Interlined above *eisdem* cancelled.
[3] *Sic :* Becansaw is meant.   [4] *et* cancelled.

Ad tricesimum[1] nescit dicere.

Ad tricesimum primum , affirmat , quia sic recipit iste deponens , vt , dicit.

Ad tricesimum secundum dicit quod est talis obitus.

Ad tricesimum tercium dicit quod dominus Hastingis dedit capas , sed dubitat de velvet.

Ad tricesimum quartum dicit quod habent tale jocale , et dubitat quis illud dedit collegio.

Ad tricesimum quintum dicit quod magister Sacheuerell fecit multum in hac parte.

[fo. 61d.]

Ad tricesimum sextum , affirmat contenta in eodem.

Ad xxxvij , audiuit contenta in eodem , et credit quod ipsa erit specialis benefactrix collegio , et quod est[2] bona domina.

Ad xxxviij , he thinketh that moer proufight shall comme to the colledge by the lady Hungreford beyng here then by master Gillotis women.

Ad vltimum , nescit dicere de contentis in eodem.

[fo. 62.]

BURTON.

Magister Edwardus Burton , canonicus collegij Leicestrie , examinatus in virtute iuramenti super interrogatorijs d[omini Ricardi Sacheuerell].

Ad primum interrogatorium , credit quod locumtenens et capitulum possunt concedere similia in absencia decani . Non nouit de aliqua restrictione potestatis sue[3] , nisi quod audiuit dominum decanum dicere that he wold make a reuocacon . Et audiuit[4] iam nuper infra triduum Biller[5] dicentem that he made a reuocacon.

Ad secundum , ipse non recolit alias concessiones fieri eisdem nisi illas duas ibidem specificatas , exceptis certis conuentionibus factis inter ipsos et collegium per indenturam[6] super empcione dominij de Asheley.

Ad tercium , he knaweth noon[7] other grauntis but as is bifor rehersed , but he saith it is thought that is agaynst conscience that so muche money was paid for the lordship off Asheley.

Ad quartum nescit dicere.

---

[1] credit cancelled.   [2] specialis cancelled.   [3] si cancelled.
[4] Interlined above nouit cancelled.   [5] See p. 147 above, note 6.
[6] per cancelled.   [7] bu cancelled.

Ad quintum , he knaweth noon other lett but that was vpon Relique Sonday , as he hath bifor deposed in his other[1] answerys afor the counsaile.

Ad sextum dicit quod ipse nescit respondere an dominus decanus fregit statuta vel an ea obseruauit.

Ad septimum dicit iste deponens quod ipse vt procurator domini decani fuit installatus nomine procuratorio domini decani . Et dicit quod ipse vt procurator eiusdem domini decani fuit iuratus ad obseruanciam statutorum tempore installacionis huiusmodi . Et credit *iste deponens quod ipse tunc*[2] habuit sufficiens procutorium[3] ad illud faciendum.

Ad octavum , *credit*[4] iste deponens quod ipse vt procurator domini decani fuit iuratus ad obseruanciam illius statuti.

Ad nonum , credit quod illa summa erat remissa domino decano.

Ad decimum dicit quod est tale statutum.

[fo. 62*d*.]

Ad vndecimum dicit quod dominus decanus plus recepit , vt patebit per compotum.

Ad duodecimum dicit quod dominus decanus plus recipit anuatim quam vult illa composicio , vt focalia , fenum , prebendam equorum , et obitus.

Ad tercium decimum dicit quod statutum cauit[5] quod elecciones fierent per maiorem partem , sed non nouit quod decanus aliquam eleccionem fecit in contrarium . And he saith that at thelleccon of the chaunter the dean was rough in wordis with the canons.

Ad quartum decimum , non habent aliquod tale statutum , inquantum ipse credit.

Ad quintum decimum dicit quod non nouit decanum procurare aliquod tale , sed erat mocio quedam facta , pro cantaria quadam de iiij li. vj s. viij d. ; sed non suscepit effectum.

Ad sextum decimum dicit quod licitum est vnicuique canonico exprimere mentem suam in capitulo.

Ad septimum decimum dicit quod dominus decanus aliquando profert quibusdam de canonicis verba dura et aspera , dicendo eisdem : Speek as ye shuld doo for the welth off the colledge , and I am well contented to here you , and els I will not here you.

Ad octavum decimum dicit quod habent talem concessionem.

Ad nonum decimum dicit quod audiuit *decanum* petentem dictas damas a domino merquys[6] , et ipse deponens eciam pecijt easdem .

---

[1] *attes* cancelled.   [2] *quod* cancelled.   [3] *Sic :* for *procuratorium.*
[4] Interlined above *putat* cancelled.   [5] *Sic :* for *cauet.*
[6] I.e. the marquis of Dorset.

Et dicit quod ipse deponens , dominus Weatwod et Swyllyngton habuerunt vnam damam : alij non habuerunt.

Ad vicesimum dicit quod est tale statutum.

[fo. 63.]

Ad vicesimum primum dicit quod decanus non fuit de numero capituli , nec electus iuxta illud statutum.

Ad vicesimum secundum dicit quod est tale statutum in quibusdam minoribus.[1]

Ad vicesimum tercium , non nouit quod decanus aliquem correxit contra statutum iudicio suo.

Ad vicesimum quartum , credit quod decanus non potest mulieres[2] in domo sua , quia statutum est pro canonicis et alijs ministris , et non pro decano.

Ad vicesimum quintum , non nescit aliquas suspectas mulieres in dicto collegio.

Ad vicesimum sextum , non cognouit aliquam disturbacionem nisi fuerit in die Reliquiarum , et nisi fuerit cum canibus vel falconibus.

Ad vicesimum septimum he saith that my lord Hastingis auncetouris haue been benefactouris to the colledge.

Ad xxviij , credit contenta in[3] eodem.

Ad vicesimum nonum , credit quod sic.

Ad xxx , dubitat.

Ad tricesimum primum dicit quod est talis ibidem obitus pro *illo* domino Haistingis.

Ad tricesimum secundum dicit quod dicta domina Katerina fundauit obitum suum personaliter , vt ipse credit.

Ad tricesimum tercium , dicit quod dictus dominus Hastingis dedit vnam capam : cetera nescit.

[fo. 63d.]

Ad tricesimum quartum dicit quod dictus dominus Hastingis dedit huiusmodi lez tablet , vt ipse audiuit.

Ad tricesimum quintum dicit quod magister Sacheuerell erat bonus et diligens in procuracione huiusmodi exempcionis.

Ad tricesimum sextum dicit quod audiuit quod magister Sacheuerell fuit diligens in huiusmodi negocio.

Ad xxxvij , audiuit contenta in illo statuto esse vera.

Ad tricesimum octavum , nescit dicere de contentis in illo.

Ad vltimum , non adiuit[4] contenta in illo.

---

[1] c cancelled.
[3] *eisdem* cancelled.

[2] *Sic :* *habere* omitted.
[4] *Sic :* for *audiuit.*

[fo. 64.]

BEKANSAWE.

Magister Gilbertus Beckensawe , canonicus , iuratus et examinatus ,

Ad primum articulum dicit[1] quod sic , et sic vsitatum fuit et obseruatum toto tempore quo iste iuratus stetit canonicus ibidem sine aliqua contradiccione.

Ad secundum dicit quod non sunt facte alie concessiones nisi due concessiones contente in hoc articulo , et conceduntur sub antiquis feodo et firma , et non alias.

Ad tercium dicit quod non in consciencia sua.

Ad quartum dicit quod non nouit maliciam inter eos , et dolet quod aliqua discordia est inter eos.

Ad quintum dicit quod non in consciencia sua.

Ad sextum dicit quod decanus non obseruat statuta.

Ad septimum dicit quod quilibet decanus deberet[2] iurari tempore installacionis sue ad obseruandum ea que continentur in iuramento suo , et sic erat iuratus decanus modernus per procuratorem suum magistrum Burton.

Ad octavum dicit quod quilibet decanus iuratur ad soluendum dictam pecuniam , et sic erat iuratus decanus modernus per suum procuratorem predictum.

Ad nonum[3] negat aliquam solucionem factam in hac parte.

Ad decimum dicit quod talia habent statuta.

Ad vndecimum dicit quod recepit vltra illam summam magnam quantitatem pecunie.

Ad xij dicit quod sic de sciencia sua , vt patet per scripturam sub sigillo[4] reuerendi patris domini Atwater dudum Lincolniensis episcopi.

Ad decimum tercium dicit quod non est tale statutum quod decanus cum minori parte faceret eleccionem , sed cum maiori parte ; sed decanus voluit eligere aliquem in cantorem sine consensu maioris partis , sed non fecit aliquam talem eleccionem . Ad vltimam partem , videlicet , what demeanor the dean was of , etc. , dicit *quod* protulit verba obprobriosa contra fratres et canonicos qui noluerunt dare voces suas secundum mentem eius , et vocauit istum iuratum falce priste , et reprehendebat omnes alios qui contradixerunt menti sue.

---

[1] *et* and another word cancelled.   [2] A letter or letters cancelled.
[3] *dicit quod* cancelled.   [4] *quondam* cancelled.

[fo. 64d.]

Ad decimum quartum[1] , refert se ad statutum.

Ad decimum quintum dicit quod dominus decanus persuadebat canonicis pro quadam tali concessione facienda , et dicit quod multum reprehendebat eos qui contradixerunt ; et erat talis concessio facienda pro domino Petro Gerard'.

Ad decimum sextum dicit quod est tale statutum quod quilibet *habeat*[2] in capitulo[3] vocem liberam , honesto modo proferendo vocem suam.

Ad decimum septimum dicit quod continet in se veritatem quod fiunt tales comminaciones per decanum.

Ad octavum decimum dicit quod sic de sciencia sua.

Ad nonum decimum , nescit an decanus pecijt contenta in articulo : tamen dicit quod rogabant dominum decanum[4] ad petendum contenta in eodem articulo . Et ad vltimam partem nescit deponere quod canonici habuerunt partem in hac parte vel non.

Ad vicesimum dicit quod est tale statutum.[5]

Ad xxj dicit quod non de sciencia sua.

Ad vicesimum secundum dicit quod sic , et refert se ad statutum.

Ad xxiij nescit deponere.

Ad vicesimum quartum dicit quod sic , vt credit.

Ad vicesimum quintum dicit quod non , in quantum ipse nouit.

Ad vicesimum sextum dicit quod non in consciencia sua.

Ad vicesimum septimum respondet vt sequitur in articulis sequentibus.

Ad vicesimum octavum credit quod sic.

Ad xxix dicit quod continet in se veritatem de sciencia sua.

Ad tricesimum nescit , sed audiuit quod sic.

Ad tricesimum primum dicit quod continet in se veritatem.

Ad tricesimum secundum dicit quod continet in se veritatem de sciencia sua.

[fo. 65.]

Ad tricesimum tercium dicit quod continet in se veritatem de sciencia sua.

Ad tricesimum quartum dicit quod sic audiuit dici , et aliter nescit.

---

[1] *dicit* cancelled.
[3] Something cancelled.
[4] *vt* cancelled.

[2] Interlined above *dicat* cancelled.
[5] *quod duo* cancelled.

Ad tricesimum quintum dicit quod continet in se veritatem.

Ad tricesimum sextum dicit quod continet in se veritatem de sciencia sua.

Ad tricesimum septimum dicit quod continet in se veritatem in consciencia sua , quia audiuit multociens dictam dominam sic dicere.

Ad tricesimum octavum dicit quod continet in se veritatem de sciencia sua.

Ad tricesimum nonum dicit quod audiuit dici quod contenta in eodem sunt vera.[1]

[fo. 65d.]

DALE.

Magister Johannes Dale , *canonicus* , iuratus et examinatus ,

Ad primum articulum dicit quod locumtenens et capitulum in absencia decani fecerunt tales concessiones de sciencia sua , quia erat locumtenens per tres annos tempore doctoris Yong decani[2] ; et tunc emanarunt tales concessiones sub sigillo capituli de sciencia sua , et nunquam impugnabantur in consciencia istius iurati.

Ad secundum dicit quod non sunt alie concessiones facte nisi dicte due concessiones , et[3] facte sunt sub antiquis[4] *feodo* et redditu.

Ad tercium dicit quod non procurarunt aliquid contra bonum ordinem , charitatem et conscienciam.

Ad quartum , non nouit de aliqua discordia inter eos.

Ad quintum dicit quod non.

Ad sextum , credit quod violauit statuta.

Ad septimum dicit quod sic , per se vel per eius procuratorem.

Ad octavum dicit quod est statutum sic editum in hac parte.

Ad nonum dicit quod non soluebatur dicta summa.

Ad decimum dicit quod est tale statutum in libro.

Ad vndecimum dicit quod sic.

Ad duodecimum dicit[5] quod facta erat talis ordinacio.

Ad decimum tercium dicit quod non est tale statutum quod decanus faceret tales elecciones cum consensu minoris partis , et in eo quod maior pars contradixit menti decani non contentabatur , sed protulit contra canonicos in capitulo verba obprobriosa , vocando istum iuratum falce jurle ; et vocauit magistrum Gilbertum periurum cum alijs verbis minatoribus.

[1] *se* cancelled.
[2] John Yong, LL.D., dean 4 Jan. 1512–13 to Dec. 1515, a period just short of three years. See *Hist. Coll.*, u.s., pp. 138, 232–33.
[3] *h* cancelled.   [4] *officio* cancelled.   [5] *s* cancelled.

Ad decimum quartum refert se ad statutum.

Ad decimum quintum dicit quod dominus decanus nitebatur hoc facere et fecit labores et instancias ; et iratus erat in eo quod non habuit effectum.

[fo. 66.]

Ad decimum sextum dicit quod sic.

Ad decimum septimum dicit quod continet in se veritatem , quia erat presens quando decanus sic se habuit.

Ad decimum octavum dicit quod est talis ordinacio.

Ad decimum nonum , nescit.

Ad vicesimum dicit quod est tale statutum , sed non obseruabatur statutum in eleccionibus quatuor vel quinque decanorum.

Ad vicesimum primum dicit quod non.

Ad vicesimum secundum dicit quod sic , nisi in casibus reseruatis ordinario per statutum.

Ad vicesimum tercium dicit quod puniuit quendam clericum in strictis sine consensu maioris partis capituli.

Ad vicesimum quartum dicit quod credit quod statutum non est in contrarium.

Ad vicesimum quintum dicit quod non nouit aliquem habere suspectam mulierem in domo.

Ad vicesimum sextum credit quod non in consciencia.

Ad vicesimum septimum dicit quod fecerunt plurima bona opera collegio.

Ad vicesimum octavum , vicesimum nonum , tricesimum , tricesimum primum , tricesimum secundum , tricesimum tercium , et *tricesimum quartum* dicit quod continent in se veritatem.

Ad tricesimum quintum[1] dicit quod iste iuratus gracias egit Rogero[2] Wiggiston' pro impetracione dicte exempcionis , et dictus Rogerus dixit huic iurato , Agatis gracias magistro Sacheuerell , quia , licet ego et magister Swillyngton' dede as much as we myght therin[3] , it hade nat be gotten but by master Secheuerell.

Ad tricesimum sextum , credit quod sic.

Ad tricesimum septimum , credit quod sic.

Ad tricesimum octavum dicit quod dedit talem licenciam magistro Gillotte , et cetera credit.

Ad xxxix dicit quod continet in se veritatem.[4]

---

[1] *cre* cancelled.
[2] Brother of the well-known Leicester merchant William Wigston, and of Thomas Wigston, canon of the Newarke. See *Wyggeston Hosp. Records*, pp. xiv, xv.
[3] *an* cancelled.   [4] fo. 66*d* is blank.

[fo. 67.]

Rydyng.

Dominus Henricus Rydyng , canonicus , in virtute iuramenti examinatus super interrogatorijs ,

Ad primum dicit quod semper ita est consuetum , et nunquam nouit contrarium.

Ad secundum , non nouit aliam concessionem sibi factam ni[1] ibidem specificatam.

Ad tercium dicit quod nunquam nouit quod[2] aliquid erat eis concessum contra charitatem aut bonum ordinem.

Ad quartum dicit quod nunquam nouit aliquam displacentiam *inter eos* antequam dominus merquys obtinuit[3] excambium terrarum prope Leicestriam cum domino rege.

Ad quintum dicit quod nunquam nouit aliquos seruientes magistri Sacheuerell aut domine Hungreford' perturbasse officia divina quantum ad suam scienciam.

Ad sextum , nescit directe respondere ad articulum.

Ad septimum dicit quod , si decanus non sit iuratus , deberet iurari , quia consueuerunt decani ad hoc iurari . Dubitat an decanus sit sic iuratus : dicit tamen quod ita deberet iurari.

Ad octavum , dubitat an sit iuratus : credit tamen quod deberet ita iurari.

Ad *ix*[4] , non nouit nec audiuit quod illa summa est soluta.

Ad decimum[5] dicit quod est tale statutum.

Ad vndecimum dicit quod decanus plus recepit , quia in absentia sua recepit annuatim xx li. Et credit quod vltra illas viginti libras decanus recepit alias summas , et refert se ad libros officiariorum.

Ad duodecimum dicit quod est talis ordinacio inter ordinarium , decanum et capitulum , et credit quod decanus plus recepit , videlicet fenum , focalia , prebendam et obitus.

[fo. 67d.]

Ad decimum tercium dicit quod semper maior et sanior pars debet eligere ; attamen decanus semel cum minori parte voluit eligere , sed non cepit effectum . Et dicit quod tempore eleccionis vltime cantoris decanus erat nimium iratus[6] , dicens quod illa electio non *erit*[7] secundum mentem contrarie partis sed secundum

---

[1] *Sic :* for *nisi.*   [2] *ipsum* cancelled.   [3] *perm* cancelled.
[4] Interlined above *viij* cancelled.
[5] *x^{um},* altered from *ix^{um}.*
[6] *et* cancelled : *ad xiiij^{um}* (next line) interlined and cancelled.
[7] Interlined above *esset* cancelled.

mentem eius . Et eodem tempore habuit multa verba aspera et dura canonicis.

Ad xiiij , putat quod non est tale statutum , et credit quod non debet[1] vendere corrodium.

Ad decimum quintum dicit quod decanus mouebat capitulum concedere magistro Gerard' anuitatem iiij li. vj s. viij d. pro cxx li. Non tamen cepit effectum.

Ad decimum sextum dicit quod est statutum quod canonici debent libere loqui in capitulo , et 'ita semper consueuerunt qui habent stallum in choro et locum in capitulo vsque iam dudum.

Ad decimum septimum dicit quod sic decanus aliquando tractabat canonicos quod non audiebant[2] libere exprimere mentes suas.

Ad decimum octavum dicit quod habent talem concessionem .

Ad decimum nonum dicit quod capitulum rogarunt et decanum et *locum tenentem*[3] loqui pro damis suis ad dominum merquys , et dicit quod isto anno quidam canonici habuerunt huiusmodi damas et quidam non habuerunt.

Ad vicesimum dicit quod est tale[4] statutum.

Ad vicesimum primum dicit quod decanus modernus non erat de numero capituli , nec erat electus secundum ordinem illius statuti.

Ad vicesimum secundum dicit quod est tale statutum.

Ad vicesimum tercium , non nouit contenta in eodem.

[fo. 68.]

Ad vicesimum quartum , iste putat quod decanus potest habere mulieres honestas in domo sua.

Ad vicesimum quintum , non noscit aliquas tales mulieres *suspectas* in domibus canonicorum.

Ad vicesimum sextum dicit quod dicta officia non disturbantur nec per dominam Hungreford' nec magistrum Sacheuerell nec per eorum seruientes.

Ad vicesimum septimum dicit quod sic.

Ad vicesimum octavum , vicesimum nonum , affirmat contenta in eisdem.

Ad tricesimum nescit dicere.

Ad tricesimum primum , tricesimum secundum , et tricesimum tercium , affirmat contenta in eisdem.

---

[1] Apparently altered from *debere*.
[3] *capitulum* cancelled.
[2] *Sic :* for *audebant*.
[4] Altered from *talem*.

Ad tricesimum quartum , affirmat[1] contenta in eodem.

Ad tricesimum quintum dicit quod magister Sacheuerell cum magistro Swillington' procurarunt huiusmodi exemptionem.

Ad tricesimum sextum dicit quod magister Sacheuerell specialiter laborabat pro huiusmodi appropriacione.

Ad tricesimum septimum , audiuit pluries dictam dominam ita affirmantem.

Ad tricesimum octavum , credit maiora beneficia prouenire collegio per dictam dominam Hungreford' quam per mulieres magistri Gillot . Credit quod decanus concessit licenciam huiusmodi magistro Gillot , et audiuit decanum dicentem quod ipsa domina non expectabat infra collegium cum suo favore.

[fo. 68d.]

Ad vltimum nescit respondere.

fo. 69.

DECANUS.

Trew and playn answers made by the lord George Grey , deane of the collyge of Newark , vnto certayn interrogatorys deliueryd vnto him in wrytting by the right reuerent ffather in God John , bysshop of Lyncoln.

To the ffirst interrogatory , ffyrst , whether the lyvetenaunt , etc. To this the deane sayeth that oons he made mayster Burton a generall proxse to be his lyvetenaunt , the which afterward he revoked , thincking that summe preiudice myght ffall to him by the reason of gifing owt so generall auctoryte . In the which revocacion be[2] wytnesse Syr Thomas Lymden[3] , now of saynt Marys , than vycar of the collyge of Newark , and Syr Richard Sutton , now vycar to the deane within the college of Newark , and Byllars , scribe , of Leycester.

To the second interrogatory , whether ther be any thing graunttyd , etc. , to that the deane sayeth that he knoyth nothing that hath be graunttyd but these too thingis that he rehercyd in the sayd interrogatory , saving o[4] obitt to be had ffor the lady Hunggerford was craftly[5] conveyd by sale of lond , as apperith by a indenture[6] made bytwene the collyge and the sayd lady Hunggerford . And ffor the troith to be knoyn in this mater the deane reporttyth all thingis to the purport of the sayd indenture.

---

[1] *in eodem* cancelled.   [2] Altered from *by*.

[3] Thomas Lyndon, prebendary of St Mary's in the Castle, named in the Subsidy of 1525, p. 114, and probably identical with Thomas Linden, rector of Desford (*ibid.*, p. 99).

[4] Altered, with an interlined letter cancelled.

[5] *Sic*.   [6] *made bytweyn* cancelled.

To the thyrd interrogatory , whether the sayd Syr Richard , etc, . to that the deane sayeth that those thingis purchesyd by Syr Richard Sacheuerell afore rehersyd in the secound interragatory[1] , with the obitt addyd by the deane in his answer to the same interrogatory , wer optayned and gotten withoute the deane his consent , contrary to all consyence , good order , and charyte of neyghbored , consydering the goodwill of the deane was neuer askyd , he being a gentilman of ryght good blod , and the kingis powre kynsman , and a leyd[2] to the lady Hunggerford , and , as she sayeth , hyr kynsman . Also in this the deane[3] thinckyth he is not so symple but hit myght withstaund to the ladis Hunggerford honour and Sacheuerell honesty oons ffor to be demaundyd the goodwill and the consent of the deane other by mouth or by writtyng.

[fo. 69d.]

To the iiij[th] interrogatory , whether ther wer any malyce , etc. , to that the deane reffers him to the ffyrst part of his[4] replecacion made to the answer of Syr Rychard Sacheuerell made afore the kyngis *most* honorabyll counsell.

To the vth interragatory[5] , whether the servaunttis of Syr Rychard Sacheuerell , etc. , to that the deane reffers him to the report of all them that wer in the queyr vppon Relyke Sonday at nyght and in the church , aswell to them of the collyge as other servaunttis belonging to the deane , and other men that wer present in the chyrch at the same season.

To the vj[th] interrogatory , item , whether the statutys, etc. , to that the deane sayeth hit is generall and not *to* be answerd vnto . But to them that ffoloweth it the deane sayeth he will answer truly and playnly to them lykewise as he hath doon to them aboverehercyd.

To the vij[th] , whether to the deane , etc. , the deane sayeth that he was installyd by a proctor , to the which proctor he gaffe no speciale mandatum , to take any owith in periculum anime decani . But whether is proctour dyd giff any oith he cannot tell , nor what it was . But the deane is well assuryd that he staundyth in no jeoperdy of the sayd owth , consydering he gaffe his proctour no speciall commaundement . And in this mater he referrith him to them that be lernyd in the law.

To the viij[th] interrogatory , whether the deane at his admyssion be sworne , etc. , to that he sayeth that ther is a statute in deyd that the deane shuld be sworn to pay vj li. xiij s. iiij d. How be hit the deane that now is was neuer sworn , lykewise as is a ffore rehercyd . Albe hit that he had byn , the trewith is he hath payed

---

[1] *Sic.*   [2] I.e. allied.   [3] *sayeth* cancelled.
[4] *supplycacion* cancelled.   [5] *Sic.*

vj li. xiij s. iiij d. according to the statutys . Wherin a answer is made to the ix[th] interrogatory.

[fo. 70.]

To the xth interrogatory , whether ther be any statute , etc. , to that the deane sayeth that of troith ther is such a oon . How be hit the deane was neuer sworn vnto hit , lykewise as he rehercyth be fore . And all be hit he wer , the deane fforcyth not therof , ffor he hath bullys to shew for him to discharge him of any such owth And fferthermore the deane sayeth that he neuer receyued any more than the sayd xl s. otherwise than by the payment of the provest , which was commaundyd so to doo by all the canons of the house . Wherfor hit may well appere , if the sayd payment be vnlefull and agayn the statutis , and payn of periury to ffall vppon hit , then that payn must nedys be executyd vppon the canons , which be sworn to the observaunce of the statutys , and not vppon the deane , which was neuer sworne . And in this is contayned the perfytt answer to the xj[th] interragatory.[1]

To the xij[th] interragatory[2] , whether ther wer any acte made , etc. , to this the deane sayeth that ther was such a oon made as is rehercyd , the which , as he supposith , is vnlawfull . Wherfor he desyrith the sayd acte may be brokyn as vnlawfull by the aduyce of your good lordship and your counsell.

To the xiij[th] interragatory[3] , whether that the chusing of the chaunter , etc. , to this the deane sayeth that he doith nothing but he myght lawfully doo , as he will sufficiently prove before your lordship.

To the xiiij[th] interrogatory , whether ther be any statute , etc, . to that the deane sayeth he supposith that their is such a statute.

To the xv[th] interragatory[4] , whether he hath procuryd , etc, , to that the deane sayeth he neuer procuryd anything agayn the welthe of the collyge.

To the xvj[th] interragatory[5] , whether hit be leefull , etc. , to that the deane sayeth that it is leefull ffor every canon [fo. 70d.] to speke as they think ffor the welthe of the house , but not agayn the welth of the house . And as towching countrolment , the deane neuer countrollyd non of the canons in speking ffor the profyt of the house , but he hath countrollyd them dyuers tymes ffor speking agayn the profyt of the house , ffor ther jeangling in the chapter house agayn all good order and reason . And ffor this the deane hath oonly put them to sylens dyuers tymes , as he may

[1] *Sic.*   [2] *Sic.*   [3] *Sic.*   [4] *Sic.*   [5] *Sic.*

well iustyfy by the law . And in the answer to this Interragatory[1] is answerd perfytly to the xvij[th].

To the xviij[th] interragatory[2] , whether ther be any statute , etc. , to that the deane sayeth playnly that ther is such a graunt.

To the xix[th] interragatory[3] the deane sayeth he hath demaundyd of my lord marquesse his brother the effect of the sayd graunt , whose answer was , Yow be my brother , I am content that yow and other of my ffrendys[4] shall haue hit according to your said graunt , consydering yow and they aske hit gentilly ; and , as towching other , if they be prowde to aske hit , I am as proude to gyff it.

To the xx[th] and the xxj[th] interragatorys[5] the deane referrith him to the kingis prerogatyf , the which the canons of the house doo sore repyne , wherby theyr infydelyte toward the kingis highnesse may well appere.

To the xxij and xxiij interragatorys[6] , whether ther be any statute , etc, . to that the deane sayeth he neuer ponysshed none but that he will iustyfye to be doon lawfully and according to the statutys.

To the xxiiij interragatory[7] the deane sayeth that honest women may be lawfully kept within the collyge by his lysence , and noon otherwise . Wherfor he desirith that all such that be kept without his lysence may be shortly remouyd , and that such canons as doo kepe them in ther houses withowt the deane his lysence may be ponysshed ffor theyr transgression according to the statutys.

[fo. 71.]

To the xxv interragatory[8] the deane sayeth that he kepith no women in the house , and , as towching canons , respondeant pro se ipsis , quia etatem habent.[9]

To the xxvj interragatory[10] , whether by they[11] abyding , etc. , to that the deane sayeth lykewise as he hath answerd to the vth interragatory.[12]

To the xxvij interragatory[13] and the xxviij interragatory[14] and to iij other that folowith after , the deane sayeth that he supposith hit is trew that the sayd lord William Hastingis was a grett benyfactour to the collyge of Newark , wherfor the deane doith dayly pray ffor the soull of the sayd lord according as he is bound to pray ffor all the benefactours of his house . And fferthermore the deane hath byn and is contentyd to honour the lord Hastingis that now is as oon desending of the blod of a gret benyfactour

---

[1] Sic. [2] Sic. [3] Sic. [4] and yls cancelled.
[5] Sic. [6] Sic. [7] Sic. [8] Sic.
[9] h[ab]eant cancelled, and habent supplied in another hand.
[10] Sic. [11] Sic. [12] Sic. [13] Sic. [14] Sic.

of his collyge . But as towching the lady Hunggerford and Syr Richard Sacheuerell hyr husbond , the deane will neuer receyve them as benyfactours of his house tyll he may knoo that they may doo summe good dede to hit . And as ffor the lady Hunggerford , where she was maryed to oon of the lord Hastingis , she vtterly renownsith the name of the lady Hastingis , and callyth hyr selff lady Hunggerfford , wherfor I take hyr as noon of that blod.

To the next interragatory[1] folowing these aboue rehercyd the deane sayeth that where hit is askyd whether the lord Hastingis ffoundyd a nother obitt for dame Kateryn his wyffe , the trewith is she was graundmother to the lord George and ffoundyd the said obitt in hyr whydohed , wherfor the *deane owght to haue more ffauour* , considering he is desendid of the blod of a benyfactour to the house . And fferthermore ffor ffauour to be shewyd to the sayd deane , the troith is that he is comme of the stok lynially ffrom him that ffyrst ffoundyd the house.

To the last interrogatory saue iiij the deane sayeth that it lay not in the powre of Syr Richard Sacheuerell to discharge the deane and the canons of theyr desmys[2] , but it stode in the kingis grace pleasure , my lord cardynall , and other lordis [fo. 71*d*] boith[3] spirituall *and temporaul*[4] , knyghtis of the sheer and burgeses of the commyn house , and other belonging to the body of the same , ffor to graunt the prouiso ffor the discharge of the same dysmes . Wherfor in this mater syr Richard Sacheuerell is to be takyn as a well willer and a good speker for the collyge , and no benyfactour to hit.

To the next interragatory[5] that folowith the same the deane sayeth that Sacheuerell in that mater dyd rather harme than good , ffor he causid the collyge to release ther graunt to the king , and they haue none avauntage by the graunt of the said benyfice , considering the ordinary will not consent to the improperacion of the sayd benyfice *for certayn causes reasonably moving his conscience therin , as he will further declare iff he be called therto* . *And furthermore*[6] the king sayd to Sacheuerell his own fface that he neuer spake to his grace , but that syr William Compton[7] dyd prefer this mater , which was but his dewty , considering he was steward of this house and hath a ffee of the same . Wherfor Sacheuerell is not worthy to haue thank in this mater but oonly ffor his goodwill , in case that he[8] meynt well.

To the next interragatory[9] , whether the sayd lady Hungger-ford , etc. , to that the deane sayeth that he knoith not of no such

[1] *Sic.*   [2] I.e. *dismes.*   [3] *temporall and* cancelled.
[4] In another hand.   [5] *Sic.*
[6] Interlined above a line thickly cancelled.
[7] Sir William Compton, d, 30 June 1528, courtier of Henry VIII and founder of the family of Compton, earls and marquises of Northampton.
[8] A letter cancelled.   [9] *Sic.*

thing , nor of no such place as is ffor the buryall of the sayd lady appoynted in lykewise as is in the sayd interragatory[1] rehercyd . And as ffor the mynde of the said lady , the deane is nothing prevy to , but thinckith that she will say what she lystith and do as she will . Notwithstounding , if she be disposyd to any benyfytt to the house , the deane is well content that she shall haue as large and amply prayer as euer any nobill man or woman had ffor a lyke benyffytt doon to the house.

To the last interragatory[2] saue oon the deane sayeth that he hath euer intentyd to remove the lady Hunggerford owt of the collyge of Newark , but not of no envyous , extryme and malycious mynde , as hit is supposyd in the sayd interragatory[3] , ffor the troith is the deane vsith no [fo. 72] such raunkcor and malyce to beer in his mynde agayn any person ; wherfor he wilbe loith to vse him selff so agayn any woman of nobill blod , as my lady Hunggerford is . Wherfor to declare the trew[4] troith of the cause why the deane wuld haue the sayd lady remouyd is oonly ffor the quyetnesse of him selff , his lovers and ffrendis within the collyge of Newark.

To the last interragatory[5] the deane sayeth the fundacion of the viij[th] coryster was stabelysshid by the cost of oon of the canons , and by no cost of the lady Hunggerford , as ffar as the deane is credably infourmyd . How be hit ffor a more perfyt knolyge the deane will ffarther inquyre of the canons his brothern , and so to make a dyrecte and a perfyt answer as the case shall fferther requyre.[6]

[fo. 73.]

BROKESBY.

Magister Ricardus Brokesby , canonicus , in virtute iuramenti examinatus super interrogatorijs ,

Ad primum dicit quod semper consueuerunt locumtenens et capitulum facere huiusmodi concessiones . De auctoritate refert se ad statuta et consuetudinem dicti collegij.

Ad secundum , non cognouit aliam concessionem magistro Sacheuerell factam nisi illas commemoratas in articulo.

Ad tercium , non nouit de aliquo tali.

Ad quartum[7] , non cognouit discordiam inter eosdem antea quam huiusmodi billa erat oblata consilio regis , sed[8] nouit eos in magna familiaritate , et adiuit[9] decanum dicentem in domo domine Hungreford , This love shall neuer be broken betwixt vs , except the devill breake yt.

---

[1] Sic.　　　[2] Sic.　　　[3] Sic.　　　[4] Altered from trewith.
[5] Sic.　　　[6] Fo. 72d is blank.
[7] non and part of another word cancelled.
[8] nouet cancelled.　　　[9] Sic : for audiuit.

Ad quintum , nunquam cognouit divina officia perturbari per eos.

Ad sextum , non nouit nisi vt postea sequetur.

Ad septimum dicit quod audiuit quod decanus erat iuratus per procuratorem.

Ad viij dicit quod est tale statutum.

Ad nonum , apparet per scripturam sua manu factam quod non soluit.

Ad decimum dicit quod est tale statutum.

Ad vndecimum dicit quod aparet per manum decanum[1] quod recepit vltra huiusmodi xl s.

[fo. 73d.]

Ad duodecimum dicit quod[2] talis composicio bis est facta , et quod decanus vltra dictam summam xx li. recepit anuatim fenum , focalia , prebendam[3] , et obitus villanos.

Ad decimum tercium dicit quod ipse credit quod decanus cum maiori parte potest eligere precentorem , alias non . Ad secundam partem eiusdem dicit quod decanus voluit ita fecisse , sed non cepit effectum . Modus suus in eadem electione erat furiosus et[4] rigorosus , et plura[5] verba canonicis ibidem protulit , vocando magistrum Bekansaw false periured preste , magistrum Dale ffalse churle , magistrum Wigston false preste , et istum deponentem lewyd preste , vel alia similia in effectu.

Ad decimum quartum , non nouit tale statutum.

Ad decimum quintum dicit quod decanus voluit vendidisse magistro Gerard[6] annuitatem iiij li. x s. pro cxx li. Maior pars capituli negauit , alias ipsa concessio processisset , et[7] iste *dicit quod*[8] decanus dixit publice , Si negaueritis , potius negatis propter maliuolum animum quam propter proficuum collegij

Ad decimum sextum dicit quod est tale statutum , et eciam patet per mandatum episcopi pro installacione canonici.

Ad decimum septimum dicit quod decanus imposuit huic deponenti silencium[9] in pleno capitulo , dum loquebatur *iste* contra venditionem annuitatis supradicte , dicente decano that iff this deponent wold not hold his peace , he wold shue it to the king and his counsaile.

Ad decimum octavum dicit quod habent talem concessionem.

[1] *Sic :* for *decani.*
[2] *est* cancelled.
[3] *Ad decimum quartum dicit quod* cancelled.
[4] *re* cancelled.
[5] *Ad* cancelled at beginning of intermediate line.
[6] *annuita* cancelled.
[7] *quantum* cancelled.
[8] *credit* cancelled.
[9] *coram* cancelled, *in* interlined and cancelled, *toto* cancelled.

Ad decimum nonum nescit respondere . Dicit tamen quod aliqui de canonicis habuerunt et aliqui non non[1] habuerunt huiusmodi damas.

[fo. 74.]

Ad vicesimum dicit quod est tale statutum.

Ad vicesimum primum dicit quod decanus non erat de numero capituli , nec erat electus iuxta tenorem istius statuti.

Ad vicesimum secundum dicit quod in correccione canonicorum huiusmodi correccio spectat ad decanum et maiorem partem capituli in certis casibus , sed non[2] in omnibus.

Ad vicesimum tercium dicit quod decanus correxit Thomam Wales , sed an hoc potuit per statutum dubitat.

Ad vicesimum quartum dicit quod sic consuetum est.

Ad vicesimum quintum dicit quod non.

Ad vicesimum sextum dicit quod divina non disturbantur *per* illos.

Ad vicesimum septimum[3] , affirmat articulum.

Ad vicesimum octavum et vicesimum nonum , audiuit contenta in eodem.[4]

Ad tricesimum , dubitat.

Ad tricesimum primum , tricesimum secundum[5] , et tricesimum tercium et tricesimum quartum , affirmat contenta in eisdem.

Ad tricesimum quintum dicit quod magister Sacheuerell cum alijs procurauit huiusmodi exemptionem.

Ad tricesimum sextum dicit quod ipse magister Sacheuerell cum alijs obtinuerunt licenciam regiam pro huiusmodi appropriacione.

Ad tricesimum septimum dicit quod ita audiuit.

[fo. 74d.]

Ad tricesimum octavum nescit dicere.

Ad vltimum , audiuit contenta in eodem.

[fo. 75.]

SWILLINGSTON.[6]

Magister[7] Petrus Swillyngton , *canonicus* , iuratus et examinatus ,

Ad primum articulum dicit quod sic erat obseruatum omnino vt in articulo continetur ex quo iste iuratus erat canonicus istius collegij.

---

[1] *Sic.*   [2] *ob* or *ab* cancelled.   [3] *dicit* cancelled.
[4] *Sic* : for *eisdem.*   [5] *and* cancelled.   [6] *Sic.*
[7] *G* cancelled.

Ad secundum dicit quod non habet nisi duas concessiones , on of the stewardeshipe and a nother of the grange by the olde fee and the olde rent , vt credit.

Ad tercium[1] , credit quod non.

Ad quartum , non nouit aliquam maliciam in hac parte.

Ad quintum he seith that ther was a litle besinesse on Relikis Sunday bitwix the dean and sume of my lady seruauntis , as he hath bifor deposide , but ther was no seruyce stuppide.[2]

Ad sextum respondet vt sequitur.

Ad septimum , credit quod sic , per se vel per eius procuratorem.

Ad octavum dicit quod sic ordinatur per statutum.

Ad nonum nescit deponere.

Ad decimum , credit quod sic.

Ad vndecimum dicit quod sic per composicionem.

Ad duodecimum dicit quod sic.

Ad decimum tercium , credit quod non est tale statutum quod decanus cum minori parte faceret eleccionem , nec fecit talem eleccionem . Et quo ad vltimam partem , dicit that he spake hasty wordis[3] and vnkynde wordis to master Gilberte[4] *and to master Dale* ; et non recordatur de werbis.[5]

Ad decimum quartum , refert se ad statutum.

Ad decimum quintum dicit that the dean and sume of the canons wold[6] haue grauntide to master Gerard , and sume wold nat , and soo it went nat out.

Ad decimum sextum dicit quod sic.

[fo. 75d.]

Ad decimum septimum dicit that the[7] deane sume tyme hathe commaundid them to silence , and sume tyme with hasty wordis.

Ad decimum octavum , credit quod sic.

Ad decimum nonum , credit that the dean hath spoken for it.

Ad vicesimum dicit quod est tale statutum.

Ad vicesimum primum dicit quod tunc non erat canonicus iste deponens.

Ad vicesimum secundum dicit quod sic.

Ad vicesimum tercium[8] , nescit.

Ad vicesimum quartum , refert se ad statutum.

Ad vicesimum quintum , credit quod non.

Ad vicesimum sextum , credit quod non.

[1]Ad vicesimum septimum , vicesimum octavum , vicesimum nonum[2] , credit.

Ad tricesimum , nescit.

Ad tricesimum primum[3] , tricesimum secundum , tricesimum tercium , credit.

Ad tricesimum quartum , nescit.

Ad xxxv , credit quod magister Sacheuerell fecit labores in hac parte , et eciam magister Swillyngton et alij.

Ad tricesimum sextum , credit quod magister Secheuerell dede make labouris in that behalffe.

Ad tricesimum septimum , audiuit contenta in eodem.

Ad tricesimum octavum dicit et credit quod decanus dedit licenciam in hac parte magistro Gillot , et dicit that my lady may doo much more profight for the college , yf she will , than many such that dwellith with master Gillott.

Ad tricesimum nonum , nescit contenta in eodem.

[fo. 76.]

Magister Hugo Asseton , magister choristarum , iuratus et examinatus , etc.[4]

Ad quartum articulum dicit that he knowith nothing in that mater but vnder the forme folowyng . He seith that George Villeris was at the house of this deponenttis , and this deponent and he came in to the college[5] , and whan they ware interid[6] with in the yattis , the oon seid to the other , Lette vs see Walls , he is in the stokkis , or other leike wordis ; and soo they came in to the house wher he satte in the stokkis , and this deponent satte hym down on a form , and the seid George Villeris went to the ende of the stokkis wher the lokke ded ange[7] , and toike the loike in his hande , and leide his hand vpon a litle keye which dede ange by his purse , seying , I holde xl s. that I cowde vndoo this lokke with this keye . And than seid this deponent , By God, I trowe that ye will nat ; and than seid the seid Georg , No , by the roide , ye shall nat fynde me so madde . Et deponit quod dictus Georgius protulit dicta verba ioco et non alias , nec intendebat sic facere ; et erat presens et ista vidit et audiuit.

Thomas Wals , iuratus et examinatus super quarto interrogatorio ,

---

[1] A capital letter cancelled.   [2] *tricesimum , xxxj* cancelled.   [3] *et* cancelled.
[4] This and the following depositions are answers to the dean's interrogatories and should follow fo. 42d, together with the remaining depositions down to fo. 83.
[5] A stroke cancelled.   [6] *in to* cancelled.   [7] I.e. hang.

Ad quartum interrogatorium dicit that he was in the stokkis , but he seith that he neuer harde ne knewe the wordis conteyned in the first parte of the article . Et quo ad Georgium Villeris dicit quod magister Hughe Asseton and the seid George came to this deponent sittyng in the stokkis in the kicchyng within the porteris house , and askid hym as he dede[1] . And then the seid George[2] dede[3] leye his hand vpon his key whiche dede hang by his purse , seying , I thinke I cowde opyn this lokke with this key ; and than seid master Hugh , I thinke ye will nat . Than seid the seid George , I trowe I am nat so madde . Et dicit iste iuratus that he hard non other wordis on his conscience but thes bifor reherside . And this deponent seith that he seid to the porter , I pray you , lette the stokkis stonde without , for than I trust I shall *nat* sitte long here . And this deponent seith by the[4] vertue of his oithe that he harde noo thretyngis of brekyng of the stokkis of enny seruaunt belongyng to my lady *ne yet enny other persone* . Interrogatus wherfor he seid that , if the stokis war without , *he*[5] trust *that he*[6] shuld nat sitte long ther, and he seith that then , yf he *hade* ben without , his fryndis or sume other wold haue labourid for[7] hym , and therfor he seid soo and for non other cause , and also he thowght that my lord George[8] wold cume that way and to haue hade compassion of hym , yf he hade sitten without.[9]

[fo. 77.]

Johannes Brown, janitor collegij , iuratus et examinatus ,

He saith that abowt viij wekis a goo oon *Thomas Cawardyn*[10] cam to[11] the yates , and wold haue goon furth[12] a bowt x off the clok , the gatis then beyng lokked vp for all nyght ; and by cause this deponent wold not open the yatis he reviled thys deponent and said to hym that he wold lay yt vpon his ffleshe oon the morow . This deponent saith he saw hym not , but a kynnesman off the said Cawardyns beyng then in this deponent his hows , and also other folkis beyng lyke wise in his hows said it was Thomas Cawardyn , and other weys he knew not that it was Cawardyn , but he saith that he called this deponent knave , and he called hym knave agayn.

And also this deponent saith that the same tyme ther was oon other withowt the gatis whome this deponent knew not suerly what he was , but he supposeth that it was oon of master Sacheuerell his seruauntis , and wold haue comme in at the gatis , and this deponent wold not open the gate ; and then he said he wold mete with hym on the morow.

[1] *Sic :* for *how he did.*
[2] *to* cancelled.
[3] *l* cancelled.
[4] Altered from *ther.*
[5] Interlined above *I* cancelled.
[6] Interlined above *I* cancelled.
[7] *me* cancelled.
[8] *we* cancelled.
[9] fo. 76d is blank.
[10] Interlined above *Thomas Cawardyn* cancelled.
[11] *m'* cancelled.
[12] Two letters cancelled.

And also he saith that oon Hyll , seruaunt to master Sacheuerell , cam to the dorre off this deponent , and *the saied*[1] forged a matter vpon[2] this deponent , sayng to the same deponent[3] , Thus thow said when my lady was goon , I pray God she neuer comme ageyn ; and this was the same tyme that Burdet was at this deponentis doore.

fo. 77*d*.

Also he saith that vpon Sanct Andrewe daye last at nyght , after the gatis wer shytt , two of master Sacheuerell his seruauntis cam to the gatis and bad the porter lat them in ; and[4] this deponent , *beyng in his bedd , spooke vnto them and*[5] asked them whose seruauntis they wer , and they said , My lordis seruauntis . And he asked them , Whiche lordis , and they said , My lord off Lincoln is[6] , and that they must come in and speek with oon in the hows . And then this deponent bad hys mayden lat them in , and so she dydd ; and when they wer comme in , she came ageyn to hyr master , and he asked who they wer , and she said it was Burded and Sherard , master Sacheuerell his seruauntis.

[7] Also he saith that abowt viij wekis[8] agoo the wiffe off this deponent shued hym that oon Burdet , seruaunte to master Sacheuerell , pissed every nyght by hyr doore , and she said to[9] hym it was not honestly doon[10] off hym ther to pisse , ther was rowme ynough beside . And then he reviled hyr , callyng hyr kalett , and she called hym knave , and then he called hyr hoore.

And also he saith that he hath been often tymes[11] aferde, and yet is[12] a ferde[13] to comme to the churche to doo his office and to open the gates , and to sparr them.

[fo. 78.]

Brown , janitor collegij , examinatus de causa scientie super depositis per eum coram consilio domini regis ,

To the ffyrst article *off his answer* he saith he knaw that they that were at the gatis and spooke to hym wer master Sacheuerell his seruauntis . He saith he knew oon *off them* that was a ffalconer bilongyng to master Long , and beryth master Sacheuerell his hawkis , with other moo with hym whom he knew not , but he knew the falconer , for he spak to hym and he agayn to hym . And he saw Byrded with his swerd and buckler , and[14] hard hym speek the wourdis deposed by this deponent byfor the counsaile to the first article.

---

[1] Sc. *Hyll*.   [2] I.e. made a false statement about.
[3] *that* cancelled.   [4] *he asked* cancelled.
[5] Interlined above *sent his mayden to the gatis and she asked them* cancelled.
[6] *Sic*.   [7] *Another* cancelled.   [8] *agoo oon Burdet* cancelled.
[9] *the* cancelled.   [10] *for* cancelled.   [11] *so* cancelled.
[12] *so* cancelled.   [13] *that he* cancelled.   [14] *hard hym* cancelled.

To the secund article *off his answer* he saith he saw ser Mershall bledyng , and he saith he hard saye that he was hurte by master Sacheuerell his seruauntis.

Dominus Ricardus Sutton , examinatus de causa sciencie sue super depositis per eum coram consilio domini regis ,

To the first article off his answer he saith he knaweth suche demeanour by suche specialties as he hath declared in the secund and seventh *and other* articles off his answers.

To the secund , he saith the hard Syndall and other say soo , and as¹ the hurtyng off ser Mershall , he saith he hard ser Mershall and other so say.

To the sixt he saith he was in the quere and saw² the said seruauntis standyng at the queer door on Relique Sonday.

[fo. 78*d*.]

To the seventh , he saith he saw not the hurtyng off Chancy , but he hard Chauncy and other moo say soo , and otherwise he knaweth it not.

Thomas Potterton , clericus , examinatus de causa sciencie sue super depositis per eum coram consilio domini regis ,

To the ffyrst he saith he was in the queer , and saw them standyng at the queer door on Relique Sonday.

To the³ iiij he saith he saw George Villers standyng at the stokis⁴ take a key owt off his purse ; and he saith the said George *had*⁵ the lok in his hand.

To the viij[th] he saith he met Syndall rynnyng , and he hard ffolkis and saw a glymmeryng off them ; but he saith he saw noo swerd nor daggar drawen , nor⁶ noo man rynnyng after Syndall.

Willelmus Brown⁷ , examinatus vt supra ,

To the thyrd he saith as farr as he can think yt was⁸ Cawardyn that said to the pourter he wold lay yt on his flesshe.

To the viij[th] he said he saw Hyll goo by my lord dean and made noo⁹ reuerence ; and he saith he hard master Kynnesman saie as is¹⁰ conteigned in his deposicion.

[fo. 79.]

Magister Singulton , capellanus domini decani , examinatus de causa sciencie quinto Decembris anno 1525.

¹ *Sic.* ² *yt* cancelled. ³ *forth* cancelled.
⁴ *having the lock the this thend* (*sic*) cancelled.
⁵ Interlined above *take* cancelled. ⁶ *noon* cancelled.
⁷ *exactus* cancelled. ⁸ *T* cancelled. ⁹ *curtesy* cancelled.
¹⁰ *de* cancelled.

P

To the thyrd article he saith he hard[1] the portar his wiffe say that they wer ser Richard Sacheuerell seruauntis , and that they dydd pysse in at the door.

To the last parte off the viij article he saith he hard say so , but he doith not now remembre off whome he hard yt.

Walterus Snydall , examinatus de causa sciencie super depositis per eum ,

To the ffyrst article deponit de sciencia , quia vidit.

[fo. 79*d*.]

Thomas Chauncy , examinatus de causa sciencie super depositis per eum coram consilio domini regis ,

To the first article he saieth he neuer saw them shulder hym , but he hath seen them goo so nyghe my lord dean that they haue almoste shulder hym[2] . Thother contentis off that article he knaweth to be true , for he hath seen them.

To the sixt he saith he stode by and hard the wordis at the quear door . And to the residue off tharticle after my lord George went doon to the lady Hungreford , he saith is true , for he saw yt and hard yt.

Robertus Dey , seruiens domini decani , examinatus de causa sciencie super depositis per eum coram consilio domini regis ,

Ad primum[3] articulum he saith he was in the[4] churche , standyng at *the secund*[5] pillour *off the cloyster* syde the same tyme , and saw some my ladies seruauntis standyng at the chauncell door , and some off them had theyr handis *either* vpon theyr daggors or swordis , whose[6] naimes he knaweth *not* ; and he hard say my lord dean bad them goo furth off the quere doores . And he hard some *folkys* saie that they *said they* wold stand ther with the deans leve.

To the *thyrde*[7] he saith he hard oon[8] revile the porter off the colledge abowt ten off the clok , callyng hym knave with other wodd[9] wordis conteyned in the article ; and he saith that they that wer in the hows told hym it was Cawardyn . And thother contentis off tharticle he hard , and he can not tell whether he wer *master* Sacheuerell seruaunte or not , but they *that*[10] wer within the hows thought he was master Sacheuerell seruaunt by his[11] revilyng.

[fo. 80.]

Robertus Vernam , seruiens magistri Ricardi Parkar , iuratus et examinatus , dicit quod circiter sex septimanas elapsas quidam

---

[1] *Brown* cancelled.   [2] *and mad* cancelled.   [3] *interrogatorium* cancelled.
[4] Altered from some other word beginning *the*.   [5] *a* cancelled.
[6] A beginning of a word cancelled.   [7] Interlined above *secund* cancelled.
[8] *saie* cancelled.   [9] I.e. wood = mad.   [10] A letter cancelled.
[11] *rewly* cancelled.

Sherard , seruiens magistri Ricardi Sacheuerell , et iste iuratus stabant prope longum murum infra portas collegij , et veniebat quidam famulus domini decani preteriens , nichill loquens neque salutans eos ; et Sherard dixit ei , Thow myght haue bidden vs good even iff thow woldest . And then *the* seruaunte off the dean said ayen to hym , I haue bidden as goode a knave as thow good even or this[1] . Thies or lyke wordis he spak , but he hard hym speek *this worde* knave suerly . And then Sherard drew his sworde and folowed hym *to the corner of the wall* , and the thother ffledd , and here was all that he saw.

[fo. 80*d*.]

Robertus Orton, baylyve off Leicester , sworn and examyned , saith that he hard Robert Vernon , seruaunte to master Parkar , saie[2] afor master Parkar and master prior *off Leicester abbay* that , when Sherard pulled owt his sworde at Walter Snydall ffor to haue strykken hym[3] and folowed hym to the corner off the wall, the said Robert Vernon hanged vpon his arme , orels[4] the said Sherard had doon Snydall a shrewid turn.

[fo. 81.]

Johannes Bromfeld , seruaunte to master Weatewod , saith that vpon sanct Andrew day at evensong tyme this deponent and Thomas Chauncy , seruaunte to my lord George Gray , war goyng owt off the churche , Chauncy goyng bifor and this deponent folowyng , met them thre off my lady Hungreford seruauntis commyng into the churche arme in arme , and oon off them having the holy watter strynkyll in his hand , and so arme in arme entred the churche dore , fyllyng the same ; and so Chauncy cowd not passe but iff he shuld shuldre bak the same Lane . And Chauncy went ffurth his waie and put bak the same Lane , and then this deponent had rowme and so went after Chauncy . And he saith that either off them shuldred other with theyr strenght ; and then Lane asked Chauncy why he shuldred hym , and the said Chauncy said he shuldred hym not . And then Lane said he wold wring hym by the erys lyke a boye , and Chauncy said that Lane wold not wryng hym by the erys iff they wer but they twayn . And then said a nother off my ladys seruauntis that Lane wold doo yt in dede . And thys he saith vpon his honestie and fidelitie.

[fo. 81*d*.]

Thomas Chauncy saith that William Brown , John Bromfeld and this deponent vpon sanct Andrew day at even song tyme wer goyng[5] furth off the churche to drynk at master Weatewodis , and at the holy water stok they met ffour off my ladys seruauntis

---

[1] *in* cancelled.   [2] *bifor* cancelled.   [3] *the said* cancelled.
[4] I.e. or else.   [5] *out* cancelled.

commyng into the churche arme in arme ; and at the holy water
stok they stode all styll , on off them castyng holy water vpon
thother , and fylled the space[1] . And this deponent went bitwixt
the wall and Lane , and Lane *hubbed*[2] hym *with his ellbow* when
he was ayenst hym to the wall , and cald hym boy and said he
wold shake hym by the erys . And this deponent said to *Lane*[3]
ayen that suche a knave as he is wold neyther shake hym by the
erys nor make hym a boy iff he wer a lone . And a nother off my
ladys seruauntis said that Lane wold goo near yt.

[fo. 82.]

William Lane , seruaunte to my lady Hungreford , saith vpon
sancte Andrew day this deponent was goyng into the churche
with thre off his felaes , and at the churche dore , as this deponent
was castyng holy water vpon thother his fellaes , cam Thomas
Chauncy , seruaunte to my lord dean , and Brown his son[4] ; and
the said Chauncy throste this deponent ayenst hys said fellaes .
And then this deponent said , I myght haue goon long by an honest
man or he wold haue done *soo* , and iff thow hubbe me ageyn ,
I will wring the by the erys . And what Chauncy said ayen to hym
he can not tell . And he saith he hath suche strate monicion off
his master and my lady that he dar not medle with enny off my
lordis marqueys and dean his seruauntis for lesyng hys seruice.

[fo. 82*d*.]

Robert Thomlynson , seruaunte to master Singulton , saith that
vpon sanct Andrew daie at even song he was walkyng vpon[5] and
down in the churche sayng even song , and then oon Antony
Harcott , seruaunte to my lady , hubbed hym that he went twise
abowt , and said to this deponent , Horeson , I shall make the
walk further or in a nother place . And this deponent said to them
that stode by[6] , Maisters , I pray you bear record how that my
lordis seruauntis be ordred . And then[7] *a nother of them* bad hym[8]
A way , knave , a waie . And then this deponent said , I will shew
my lord off this ; and Harcott said , Shew thy lord and thy lady
both , I care not ; there[9] beyng present Polterton and Wales and
many other.

[fo. 83.]

Antony Harecot, seruaunte to my lady Hungreford , saith that
vpon sanct Andrew daye he was walkyng in the churche sayng
our lady psalter[10] , and then cam oon Robert Thomlynson , *seruaunte*

---

[1] *so that this deponent cowd not passe well by them* cancelled.
[2] *shoved* cancelled.   [3] Interlined above *hym* cancelled.
[4] I.e. the son of Brown the porter.   [5] *Sic.*
[6] *m'* and another letter cancelled.   [7] *Harcott* cancelled.
[8] *sw* cancelled.   [9] *ly* cancelled.
[10] Interlined above *his even song* cancelled.

to the dean , and hubbed hym on the shulder , and thys[1] deponent went furth and at thother end off walk[2] the said Robert met hym agayn and *kest*[3] his swerd bitwyxt his leggis *in his turnyng* ; and this deponent put hym from hym with his hand and said , Goode fella , her is rowme ynowgh both for the and me . And then the said Robert said he wold tell my lord ; and this deponent said , Iff thow tell not my lady , I care not . And[4] ther stodde by oon *William* Bramley , *William* Burdett , and[5] *cuiusdam*[6] *Sherard* , and the same William Bramley said , Thow art to blame to hubb hym , thow myght haue walked ther this seven *yere* or he had bigon to hubbed[7] the . And the said Robert swere he wold walk ther and aske them all noo leve . And Bramley said ageyn , Thow arte moer lewder , fella ; and the said Robert bad the devyls terde in all theyr[8] tethes , then beyng present Henry Alkar off Leicester abbay . And he saith than as he and his fellaes walk in the churche , dyuerse off my *lord dean his seruauntis*[9] rapp them on the shynnys with theyr swerdis . And he saith that[10] he and his ffellaes haue so sore commaundement off my lady Hungreford and master Sacheuerell that they darr not medle with noon off them for fear off lesyng theyr seruices.[11]

[fo. 84.]

Dominus Willelmus Rede , vicarius.

Quo ad visitacionem domini ,

Dicit quod esset bona concordia inter canonicos et[12] ministros . . . .[13] dominum decanum , et dicit quod dominus decanus reprehendebat istum iu[ratum . .][14] ipsum Doctor Dawiotte et Dawis pro eo quod iste iuratus . . . . pro quodam clerico incarceratus.

Dicit quod janitor non obseruat officium suum debito modo , quia non [deseruit] canonicis et vicariis in missis , et multociens est absens ab offic . . . . diuinis officijs . Et si contingat aliquem canonicum vel vicarium esse . . . . post horam nouenam et aliquando ante si venerint pulsando vt in[trent] ad cameras suas non vult prebere eis introitum nec aperire j[anuam et] multociens facit aliquos eorundem pernoctare in villa contra honesta [tem . . .] cum[15] antea solebat janitor significare locum tenenti v . . . . de talibus tarde et post horam debitam intrantibus ; et non[16] eos peni . . . prout janitor modernus facit.

Quartus clericus impositus per decanum non est idoneus in litteratura et cantu.

---

[1] Altered from *thes* or *theis*.   [2] *Sic.*   [3] Interlined above *put* cancelled.
[4] *then* cancelled.   [5] *Jamys Burton* cancelled.
[6] *Sic :* for *quidam*.   *Ri* written first and cancelled.   [7] *Sic.*
[8] *the* cancelled.   [9] Interlined above *ladyes* cancelled.
[10] *neyther he nor noon* cancelled.   [11] fo. 83*d.* is blank.   [12] *fratres* cancelled.
[13] Edge of leaf torn off for some distance.   [14] *va* or *vt* cancelled.
[15] *antiquitus* cancelled.   [16] A letter cancelled.

Dominus Johannes Dalderby , vicarius ,

Dicit[1] quod libri in choro *sunt multum* insufficientes.

Dominus Thomas Cooper ,

Dicit quod dominus decanus est multum illatus[2] et rigorosus ministris ecclesie eidem decano meliori modo quo poterunt humiliantibus[3] se et[4] genua flectentibus[5].

[fo. 85.]

Reuerent ffather in God , plezyt yow to se refformocyon in theys artycullis fowloyng.

1º In primis , wher as thei cannons and wicaris be bonden to syng the deuine servis of God , ther be dyuers of thei cannons *and vicars* wyche doo myche mor see[6] in the qwer than syng , wherby God serwys ys not well menteinde.

2º Thei second articull ys all our town obbettis ffondyd by beniffactoris in thys chyrche by cause thei land gyfwyn[7] by thei sayd benyfactoris ys dokyd , therefor we join and[8] sarue ij of the towne obbettis to gyder . Whether we doo well in hyt I dowt.

3º They thyrd artycull , whether thei deane and[9] cannons may gyff thei gudis of thei chyrche.

4º They ffort[10] ys of bedmen in thei bedhowse wyche be abull to get ther lywyng schold be[11] exspulcyde and other in ther romthys.[12]

[fo. 86.]

The confession of John Warnere, examynede vpon a booke for the bying of his rume in the bedehous.

[*v s. , ij capons and iiij wodcockis*]. First he confessith he gave to master Robert Mumme ij capons , and to oon serr Nicholas Symsone iiij[th] wodcokis , and to the same serr Nicholas v s.

Towchyng the bying of other mens rowmmys the same John Warnere saiethe that oon Thomas Bryte and John Turnour and John Albert haue bought ther beddis . How be it he saith that he can nat tell what they paide for ther rowme.

Thomas Jervyes , examynede and sworne vpon a booke , confesside that he gave a foyll[13] worth x s. to a frende of his to be preferride to the bedehous.

And towching the bying of other mennys rowmmys he sath that oon John Vyncent , John Thomson , Thomas Byrte and John Halbert haue bowght ther rowmmys . How be it he can nat tell what they paide for for[14] ther rowmmys.

---

[1] o and *quod omnia sunt bene vt credit* cancelled.
[2] *Sic :* for *elatus.*
[3] *s* cancelled.
[4] *j* cancelled.
[5] Fo. 84d is blank.
[6] *Sic.*
[7] *Sic.*
[8] A word cancelled.
[9] *con* cancelled.
[10] I.e. the fourth.
[11] *exsplcyd* cancelled.
[12] *Sic.* Fo. 85d is blank.
[13] I.e. a foal.
[14] *Sic.*

Hugh Bramson , examynede vpon a booke , confessithe that he gave no thing for his rowmme.

And towching the bying of other mennys rowmmys he sath John Downam , Thomas Rothley ,   [1] Rendall , Thomas Coopere , John Turnour , John Halbert , Thomas Dun ,   [2] Turlonde haue bowght ther rowmys , but what they paide for it he can natt tell.

[fo. 86d.]

William Humberston , examynede vpon a booke , sayethe that he paide no thyng for his rowmme.

Also examynede for bying of other mennys rowmys he saith that John Downam bowght his rowme , but he saith he can nat tell what he payde for it.

[xxvj s. viij d.] Richarde Grigorye , examynede vpon a booke, saythe that he bowght his rowme and gave for it xxvj s. viij d.

Also examynede for other mennys rowmmys he saith that Otwell Rallis bowght his rowme : what he gave for it he can nat tell.

[Totum quod habuit] Thomas Brete , examynede vpon a booke , sayeth that he paid for his bede rowme all that euer that he hade.

Also examynede for other mennys rowmys he saith that Otwell Rawlynson bowght his rowmme , Thomas Cooper likewise ; and what they payde for them he can nat tell.

[xiij s. iiij d.] Thomas Huett , examynede vpon a booke , saythe that he gave xiij s. iiij d.

Also examynede for other mennys rowmmys he saith that oon John Halbert bowght his rowmme.

[iij li.] John Downam , examynede vpon a booke , sayth that he gave for his rowme iij li. for the gildyng [fo. 87] of the rodlofte in the college off Newarke.

Also examynede for other mennys rowmme he sayth that he knowith no thing.

[xl s.] Herry Nobyll , examynede vpon a booke for his bede rowme , he sayeth that he gave to oon John Marten , seruaunt with sir William Skevyngton , xl s.

And examynede for other mennys rowmmys he saith that John Halberte , Thomas Cokkis , and Richarde Bonyngton bowght ther rowmmys.

Richard Birde , examynede vpon a booke for his bede rowme , gave no thing for his rowmme.

---

[1] Christian name blank in original.   [2] Christian name blank in original.

And examynede for other menys rowmmys he saithe that oon Otwell Rawlynson and Richarde Bonyngton haue bowght ther rowmys.

[*ij capons*] Thomas Foxson , examynede vpon a booke for his bede rowmme , he saithe that his eme[1] gave a copill of capons.
And examynede for other mennys rowmys he saith that Richard Bonyngton and John Halbert bowght ther rowmmys , but what they paid for them he can nat tell.

[*xliij s. iiij d.*] William Holande , examynede vpon a booke for his bede rowme , he sayth that his father in lawe gave to master Petere Gerrarde xliij s. iiij d.
Also examynede for other men he saithe that John Turnore bowght his rowmme.

[fo. 87*d*.]

Gerves Grocoke , examynede vpon a booke for his bede rowme , he saith that he gave no thing.
Also examynede for other menys rowmys he saythe Richarde Birde bowght his rowme.

John Clownam , examynede , but he hath suche a impediment that he can nat speke.

[*xl s.*] Thomas Hyxson for his bederowme was examynede vpon a booke , and saythe that he gave xl s. by the meanys of his brother.
Also examynede vpon other mennys bede rowmme he saith that John Halbert , Nicholas Nown , Robert Dun solde ther rowmys.

Thomas Thomson , examynede vpon a booke for his bede rowme , he sayth that he gave nothing for his rowmme.
Also examynede for other mennys rowmys , he saith that Richard Bonyngton sold his rowme.

Thomas Spencer , examynede vpon a booke for his bede rowme , he sayth that he gave nothing.
Also examyned for other mennys examynede[2] he saith that John Halbert and Robert Dun[3] bowght ther rowmys.

John Frelove , examynede vpon a booke for his bede rowme , he saith that he gave no thing.
Also examynede for other menys rowmmys he saythe that John Halbert bowghte his bede rowme.

---

[1] I.e. uncle.　　　　[2] *Sic*.　　　　[3] A letter cancelled.

[fo. 88.]

[*xx s.*] John Wrytte , examynede vpon a booke for his bede rowme , he sayth that maister Cristofere Vyllerys xx s. in rewarde.

Also examynede for other mennys rowmys he sayeth that Richarde Bonyngton and Robert Dun bowght ther rowmmys.

[*xiij s. iiij d.*] John Turnour , examynede vpon a booke for his bede rowme , and gave to oon John Burrage xiij s. iiij d. by the commaundement of master John Gilbert.

Also examynede for other mens bede rowmmys he can sey no thing.

[*xl s.*] Richard Middilton , examynede vpon a booke for his bede rowme , he saith that he gave xl s. to a pryst that browght hym in.

Also examyned towching other mens bede rowmmys he can sey no thing but as here sayeng , etc.

[*xl s.*] Thomas Coopare , examynede vpon a booke for his bede rowme , he sayth that oon toike vp in dette to the value of xl s. , the whiche he cowde neuere gette agayn.

Also examynede for towchyng of other mens rowmys , he saith that Richarde Bonyngton , Thomas Cokkis , Thomas Rothley bowghte ther rowmmys.

[*xl s.*] John Vyncent , examyned vpon a booke for his bede rowme the iiij[th] day of May , he saith vpon his othe that he gave xl s. to Water[1] May.

Also examynede for towching of other mennys rowmys , he saith that John Turnour , ² Thomson and John Downam bowght ther bederowmmys.

[fo. 88*d.*]

[*xl s.*] John Thomson , examynede vpon a booke for his bede rowme , he saith that he bowght his rowme for xl s. of oon Fyppis by the consent and knowlege of master Edwarde Burton³ and master Thomas Wyggeston , to whom he seith he gave no rewarde.

[*xj s.*] Richard Grene , examynede vpon a booke for his bede rowme , he saith he gave no thing for his rowme but oon that he gave for his costis for ridyng to London for hit a xj s.

And towching the bying of other menns rowmmys , he saith that John Halberte , Richard Bonyngton , Thomas Rawdeley , Thomas Cokkis , Isabell Bradeley , Amy Van that cam from Wyggiston , Annys Mesam , the baylis woman.⁴

---

¹ *Sic.*
³ A letter cancelled.
² Christian name blank in original.
⁴ *Sic :* sentence unfinished.

[*iij li. vj s. viij d.* , *ij capons*] John Halbert , examynede vpon a booke for his bede rowme , he sayth that he gave to William Smyth xl s. , and to a chaplyn of lord George Grey , beyng dean the same tyme , xxvj s. viij d. , and to master Burton ij capons.

Also examyned for bying of other bede mens rowmmys , he saith that oon Thomas Cokkis and Richarde Bonyngton , Izabell Bradley , bowght , etc.

[*lvj s. viij d.*] Thomas Cokkis , examynede vpon a booke for his bede rowme , he saith that he gave to Robert Smyth of Lyttilworth[1] xliij s. iiij d. , and to Thomas Skevington of Groby lodge xiij s. iiij d.

Also examyned vpon other mens rowmmys , he san sey non.

[*Totum quod habuit*] Thomas Wryte , examyned vpon a booke for his bede rowme , he saith that he gave no thing for [fo. 89] his rowmme , but that he gave to his son all that he hade to speke to Bakyngton to helpe hym.

Also examynede for other , no thing he can *not* say.

[*liiij s. iiij d.*][2] Richard Bonyngton , examynede vpon a booke for his bede rowmme , he saith iiij merkis and xl d. to Broke , master Dale coke , and xij d. to geve his master the wyne.

Also examynede for other men , he can sey nothing.

[*xxvj s. viij d.*] Thomas Rawdely , examynede vpon a booke for his bede rowme , he saith that he gave xxvj s. viij d. to oon Esterton wiff.

Also examynede[3] for other men , he can sey no thing.

[*Seruicium impendit*] John Sharplus , examynede vpon a booke for his bede rowme , he saith that he gave master Burton a shelde of brawne , and he saith that he servide the prior of Wolscroft[4] without any wagis for to cume in to the seid bede rowme.

Also he saith for the gift of other bedemens rowmme that William Hill bowght his rowmme.

[*ij d. and j capon*] Robert Wilson , examynede vpon a booke what he gave for his bede rowme , and he saith he gave master Gerard ij d. and master Darby a capon.

And for other he can say no thing.

William Liche , examyned vpon a booke for his bede rowme , he saith that he gave nothing.

Also examynede for other , he knowith non but such as hath byn and be presentide a fore.

---

[1] Probably for *Lutterworth*.
[2] *Sic.*
[3] *vpon* cancelled.
[4] I.e. Ulverscroft.

[fo. 89d.]

[*v*[1] *s. and a calff.*] Robert Dun , examynede vpon a booke for his bede rowme , he saith that he gave Richard Ball v s. and master Burton a calff.

Also examyned for other mennys rowmmys , he can say no thing.

[*liij s. iiij d.*] Edwarde Warde , examynede vpon a booke for his bede rowme , he saith that he was kepte long from his bede rowme ; wherfor he gave master Jamys Nicolson iiij merkis.

For othermen he can saye no thyng.

Thomas Gote , examynede vpon a booke for his bede rowmme , he saith he gave no thing.
And for other he can saye no thing.

Thomas Peerson , examynede vpon a booke for his bede rowme , he saith he gave no thing.
And for other he can say no thing.

[*xx s.*] William Orpewode , examynede vpon a booke for his bede rowme, he saith that he gave xx s. , the which he laide vpon a awteris ende , and master Redyng prest dede receyve it.
And for other men he can saye nothing.

John Shenton , examynede vpon a booke for his bede rowme , he saith he gave nothing.
And for other men he can sey no thing.

[*iiij capons*] Richard Swetelade , examynede vpon a booke for his bede rowme , he saithe that he gave [fo. 90] to my lord George Grey and to master Burton after his rowmme was given , to either[2] of a copill of capons.
And for other he can sey no thing.

[*xl s.*] Herry Isbell , examynede vpon a booke for his bede rowme , he saith that he gave no thing but to oon that rode vp to London for hym for his costis xl s.
And for other men he can say no thing.

John Bredsale , examynede vpon a booke for his bede rowme , he saythe that he gave no thing nor he knowith of non other.

[*ij capons , xx s.*] John Oisby , examynede vpon a booke for his bede rowme , he saith that he gave ij capons to sir Richard Sutton , and gave to oon Shawberis wiff in stuff to the value worth of xx s.
And for other mens rowms he can sey no thing.

---

[1] Altered from *vj*. [2] *of them* cancelled.

[*xiij s. iiij d.*] William Hede , examynede , he saiethe that he gave to a frynde of his , oon Fryor , to speke to master Burton for his rowme xiij s. iiij d.

And for other men he can say no thing.

[*iiij*[1] *capons*] Robert Thurlande , examynede vpon a booke , he saithe that he gave to master Burton ij capons after he hade his rowme.

And for other men he can saye no thing.

Herry Kilby , examynede vpon a booke , etc. , he gave nothing.
And for other men he can sey no thing.

[fo. 90*d*.]

John Croft , examynede vpon a booke , that he gave nothing.
And for other he can saye no thing.

Thomas Orton , examynede vpon , etc. , he saith he gave no thing.
And for other men he can say no thing.

Robert Starkay , examynede , etc. , he saith he gave nothing.
And for other he can say no thing.

John Hixson , examynede , etc. , he gave no thing.
And for other he can saye no thing.

William Wolleston , etc. , he gave no thing.
And as for other men he can saye no thing.

Cristofere Preston , examynede , etc. , he gave no thing.
And for other he can saye no thing.

William Burton , examynede , etc. , saithe that he gave no thing.
And[2] as for other he can seye no thing.

[*ij capons*] Richard Swethell , examynede , etc. , he saith he gave my lord John and my lord Leonard[3] a copill of capons.

[*x s. and xviij shepe*] Edwarde Osburn , examynede , etc. , he saith that he gave John Carvare of Witwike x s. and xviij[th] sheipe , and promyside[4] to recompence the seid Edwarde ; but he hade neuer j d.

Thomas Stanford , examynede , and he saithe that he gave no thing. And for other he can sey no thing.

Nicholas Payn , examyned , etc. , seith that he gave no thing.
And for other he can seye no thing.

---

[1] *Sic.*   [2] *s* cancelled.
[3] For Lord Leonard Grey see p. 139, note 6. Lord John Grey was another of the seven sons of Thomas, marquis of Dorset.
[4] *Sic.*

[fo. 91.]

[*lj s. viij d.*] William Hill , examynede, etc. , he saith that he gave to oon Richard Ryve iiij markis saue xx d.

And for other he can seye no thing.

[*ij capons*] William Garland , examynede , etc. , he saith that he gave a copill of capons after he hade his crosse[1] to master Gillott.

[*xx s.*] Nicholas Nown , examynede , etc. , he saith that he gave to Harryngton sone in law xx s. towarde his exhibicon to his study of scole.

And for other he can sey no thing.

Thomas Coke , examynede , etc. , he gave no thing.
And for other he can sey no thing.

[*xliij s. iiij d.*] Robert Rendall , examynede , etc. , he saith that he gave xl s. to oon William Smyth for his bede rowme , and xl d. to a nother man to gyve to master Gerarde.

Richard Wattis , examyned , etc. , he seith he gave no thing.

John Anstey , examyned , etc. , he seith he gave no thing.

William Wellis , examyned , etc. , he saith he gave nothing.

Robert Wynkill , examyned , etc. , he saith he gave nothing.

xl s.] Otwell Rawlynson , examyned , etc. , he sayeth that[2] gave to master Petere Gerard xl s. for his bederowm.[3]

f. 92.

[*A chafer*] Elizabeth Phyppis , examyned , etc. , she saith that she gave to master Gerarde a chaffer.[4]

And for other she can nat tell.

Joan Buxy , examyned , etc. , she saith that she gave nothing.
And as for other she can nat tell.

[*xliij s.*] Amy Van , examyned , etc. , she sayth that she gave to maister Harington xl s. And also she saith that she gave to ser Robert Weston , priest to master Burton , iij s. to pray for hir and for his laboure that he toke.

And as for other she can sey no thing.

Annes Colton , she can nat here.

Annes Jerves , examyned , etc. , she saithe that she gave no thing.

---

[1] I.e. the cross on the bedesmen's livery. There is no special direction for this in the statutes.

[2] *Sic.* [3] Fo. 91*d* is blank. [4] I.e. a chafing dish.

Elizabeth Butler , examynede , etc. , she saythe that she gave no thing.

Margarette Shepley , examyned , etc. , she can nat here.

Annes Grene , examyned , etc. , saieth she gave no thing.

Emme Berwike , examyned , and she gave nothing.

[*xxxiij s. viij d.*] Annes Mesam , examyned , etc. , she saith that she gave Robert Clerke v[1] nobillis , and to the baylis wiff a pott of ale and a henne.

[*xxxiij s. iiij d.*] Elizabeth Marten, examyned , etc. , she saieth that she gave to Raffe Fox [2] my brother seruaunt , v nobillis.

[fo. 92*d*.]

Alis Pete , examyned , etc. , saith tha[3] she gave no thing.

Margarett Cooper , examyned , etc. , saith that she gave no thing.

Margarett Coope , examyned , etc. , saith she gave no thing.

Alice Chace , examyned , etc. , saith that she gave no thing.

Johan Englishe , examyned , etc. , saith that she gave no thing.

Annes Buxton , examynede , etc. , saith that she gave no thing.

Amy Staynour , examyned , etc. , saith that she gave no thing.

Margarett Appulgate , examynede , etc. , sayth that she gave no thyng.

Cecilie Blande , examyned , etc. , saith that she gave no thing.

[*vj acre terre.*] Johan Fletcher , examyned , etc. , saith that she gave vj acres of lande lying in Knyfton[4] to the vse of the place of the college of Newarke.

Alice Annabill, examyned , etc. , she saith that she[5] cam in at the desire of master Rogere Ratcliff , and she gave no thing.

Annes Oden , examyned , etc. , saith that she gave no thing.

Margaret Philip , she can nat goo.[6]

Johan Odam , she is sicke.

Johan Wayn , she is a fole and can nat speke.[7]

---

[1] *merkis* cancelled.   [2] Blank in original.   [3] *Sic.*
[4] ? Knighton.   [5] Something cancelled.   [6] I.e. walk.
[7] Ff. 93, 93*d* are blank.

APPENDIX

INJUNCTIONS ISSUED BY BISHOP LONGLAND AFTER HIS VISITATION
OF THE NEWARKE COLLEGE IN 1525

The following injunctions, which occupy ff. 47-50*d* of Reg.
XXVI, refer to the visitation of which the official report closes
the present volume. An English translation of them has already
appeared as a sequel to the account of the visitation in the present
writer's history of the Newarke Hospital and College, pp. 183-96.
They are not complete, and it would appear that one or two more,
together with the final protocol of the document, were left to be
copied into the register later. The references to statutes should
be compared with the text of the various bodies of statutes as
given in the above history.

NEWARKE COLL. LEICESTER INJUNCTIOS [1525]

Reg. XXVI, f. 47

Johannes , permissione diuina Lincolniensis episcopus , dilectis
nostris in Christo venerabili viro domino Georgio Gray , decano
collegij noui operis Leicestrie et eiusdem collegij capitulo salutem ,
graciam et benediccionem . Cum nos vestrum collegium tam in
capite quam in membris visitaremus , inprimis inuestigauimus
si erga Deum cultus diuinus , vite integritas , et morum honestas
obseruarentur , deinde si statuta clarissime memorie fundatoris
vestri inuiolabiliter apud vos tenerentur , ac demum si prospere
actum fuerat circa predia et possessiones vestras ac reliquam rem
domesticam , et ex hijs que nobis in dicto visitacionis negotio
intimata sunt compertum habemus in re diuina multum criminis
a quibusdam perpetratum fuisse , in statutorum obseruantia sic
esse a verbis et mente fundatoris recessum et nonnulla statuta ,
bonum vestri collegij inprimis concernentia , quasi per non vsum ,
aut malam obseruantiam eorundem videantur abrogata . Rem
insuper familiarem , item possessionum et prediorum forinsicorum
curam sic neglectam inuenimus , vt nisi de maturo oportunoque
remedio prouideatur de statu huius collegij propedien[1] actum
fore timendum esset . Nam mala vbi semel coaluerint , et per
longum vsum , inueteratamque consuetudinem radices posuerint ,
habitumque non de facili mobilem repererint , nunquam aut saltem
maxima cum difficultate extirpantur . Et cum varia sint genera
malorum in hoc collegio serpentia , nouaque incomoda indies
tamquam propagines ex veteribus pullulant , operiprecium nobis
videtur (quantum cum Deo possumus) maiores radices et ausas[2]
peccandi tollere , ac postea mala que ex illis procedebant viribus
carebunt . Ex multis ergo que in nostra visitacione proposita sunt ,

---

[1] *Sic:* for *propediem.*   [2] *Sic:* for *causas.*

et ex quorum vsu collegium vestrum in obscuram condicionem venit , pauca (cum singula notare nimis prolixum foret) tetigimus , et iniuncciones subsequentes a vobis omnibus sub pena contemptus obseruandas transmittimus.

Inprimis quidem ex inquisicionis ordine intelleximus quod sex erunt choruste[1] in vestro collegio ad nominacionem cantoris per decanum si idonei fuerint admittendi , qui in habitu et tonsura sub regimine cantoris ad modum chorustarum in ecclesia Sarisburiensi ministrent in ecclesia vestra , et ut eo melius diuinum officium apud vos celebraretur , regia vobis impartita est auctoritas , qua , omnibus locis (paucis dumtaxat exceptis) aptos et doctos in cantu puerilos[2] eligere , et ut vobis inseruiant cogere possitis . Bone etiam memorie dominus Rogerus Fysbroke[3] , olim vestre ecclesie canonicus , quartum addidit clericum per decanum nominandum , qui animam suscipiendi sacros ordines haberet , et singulis diebus profestis scolis , in festis nouem leccionum et dominicis aliisque festiuis diebus choro sub superuisione cantoris inseruiret . Decanus tamen vestri collegij ad quem huiusmodi chorustarum nominacio nullo modo spectat duos insimul[4] pueros in leccione et cantu penitus indociles , in senarium chorustarum numerum contra ordinem statuti nominauit , ac quartum clericum indocilem et in cantu quarum[5] choro deseruire nullo modo habilem similiter instituit , ac similes posthac in cultus diuini derogacionem admittere existimatur . Volentes igitur ante omnia cultus diuini racionem habere , iniungimus decano huius collegij sub pena contemptus quod dictos duos pueros ac quartum clericum contra verba statuti receptos , et rei diuine promouende penitus inidoneos , infra mensem post datam presentium amoueat , ac cantorem vestri collegij in locum eorundem alios pueros in cantu et lectura habiles subrogare sinat , ipseque decanus ad quem nominatio quarti clerici spectat , talem eligat ac preficiat qui ad sacerdocij ordinem aptus , et cultui diuino necessarius existat.

Comperimus etiam fundatoris vestri piam voluntatem in centum pauperum ac decem mulierum recepcione multum vulneratam fuisse , diuites et non pauperes , fortes et non debiles , sanos et laborare valentes in dictum centenarium numerum per pecuniarum interuentum receptos [f. 47d] fuisse contra statutum , cuius verba sunt : Si quis pauperum de infirmitate conualuerit ita quod per laborem possit sibi victum acquirere et vestitum , expellatur de dicto loco , et alius debilis et pauper in loco eius surrogetur . Ne igitur diuitibus et laborare valentibus pia fundatoris vestri elemosina , que ab eo pure et libere data est , venalis proponatur , iniungimus decano vestri collegij sub pena contemptus , ac eius conscienciam in hac parte apud Altissimum oneramus

---

[1] *Sic :* for *choriste.*   [2] *Sic :* for *puerili.*
[3] *Sic :* for *Fyshwyke.*   [4] Written *insil'.*
[5] *Sic,* but the word in the original draft was evidently *ignarum.*

quod omnes diuites fortes , victum et vestitum per labores acquirere valentes , de domo pauperum infra mensem proxime sequentem expellat , ac loco eorundem pauperes , debiles , et pij fundatoris vestri elemosina dignos absque venalitate per se aut suos seruos exercenda substituat , et quod deinceps tales omnino admittat pauperes , quales postulat statutum et nullo modo alios sub pena contemptus . Decem insuper mulieres tantum et non plus predictis centum pauperibus iuxta vim statuti ministraturas et nullo modo canonicis aut alicui eorundem inseruientes habere volumus et mandamus . Et quum statuto vestro precipitur quod singulis septimanis vnicuique pauperi septem denarij et vnus obolus persoluantur , atque vos (nescimus qua causa , saltem iusta) oboli septimanalis soluciones usque in finem anni differtis , et si interim pauperes aliqui mortui fuerint , summa que ex dictis obolis crescit inter vos diuiditur cum ex statuti vndecimi verbis decernitur omnem huiusmodi pecuniam premortuis viris et feminis debitam inter superstites diuidendam esse , iniungimus igitur decano et canonicis huius collegij quod de cetero obulos pauperibus masculis et femellis debitos simul cum aliis septem denariis septimanalibus distribui faciatis , nec huiusmodi summam ex obulis antedictis resultantem in vestros vsus quoquo pacto sumatis . Iniungimus insuper decano huius collegij ac in eius absentia suo locumtenenti quod mulctam vnius denarij ad fabricam ecclesie vestre iuxta statuta applicandi tocies a vicario qui missam in solennibus festis et diebus festiuis coram pauperibus celebrat quocies post finitam missam ad chorum non redit , rem diuinam ibidem cum ceteris ministris promoturus.[1]

Cum canonica obedientia decano huius collegij tam vigore statuti 18 quam iuris communis disposicione , tamquam ecclesie et collegij vestri presidi , ab omnibus canonicis et ministris vestre ecclesie debetur , que quidem obediencia in tribus maxime consistat , j. reuerentia exhibenda , mandato suscipiendo et iudicio subeundo , accepimus decanum huius collegij vt plurimum sub virtute obediencie , que facientes contra iuste et legitime imperantem obligat ad peccatum mortale , canonicis huius collegij dum capitularia tractantur negotia silentium indicere , minatoria verba proferre , et illo aliisque modis illicitis nec decentibus eniti , ut officiariorum elecciones et alia negotia nonnulla , que consensu maioris partis capituli diffiniri debent , sua voluntate paucis aut nullis contradicentibus set per metum tacentibus procedant . Verum sicut decano iuste imperanti omnino subuenire debemus ut vos subditi suum quod legitime iussum est impleatis , ita et iniuste mandanti iuste resistere ac contradicentibus auxilium prestare congruum est , ne ex coacto consensu vel taciturnitate que consensum aliquando importat aliquid decernatur aut fiat , quod in dampnum vestri collegij grauiter et irreparabiliter redundet ,

[1] The sentence is without a finite verb : *exigat* should be added.

in virtute igitur sancte obediencie iniungimus decano huius collegij ,
quod de cetero iuxta verba statuti 37^{mi} maturo et debito modo
regat et dirigat canonicos , vicarios et alios ministros dicti collegij ,
nichil imparet[1] fieri sub virtute obediencie nisi quod iustum est ,
nichil decernat aut diffiniat in causis collegij vbi plurimorum
consensus vigore statuti requiritur , nisi omnibus libere consentientibus quorum consensus precedere ex statuto postulatur ,
non conuicijs aut minis que metum et quandoque contemptum
generant canonicorum consensus inquirat , set verbis honestis et
humanis negotium explicetur , et singulorum voluntates inuesti-
gentur , fieri enim aliter potest ut veritas aut collegij vtilitas , que
singulorum sentenciis recitatis (si libera loquendi detur facultas)
elucere et constare possit , per meticulosum[2] [f. 48] silentium
supprimatur et pereat , vel graue dampnum imminens collegio non
reueletur , et exemptum perniciosum est admittere ut in
officiariorum eleccionibus aliisque publicis et communibus negociis
vestri collegij communia impediantur voces et suffragia cum
huiusmodi cause omnes tangunt et iuxta iuris regulas ' Quod
omnes tangit , debet ab omnibus approbari ' , et econtra
prospicere debemus , ne ex nimia licentia loquendi malum aliquod
proueniat , nam ut inquit Salustius , omnes licentia facti sumus
deteriores , dum itaque curamus vt libera set vnicuique canonico
in communibus collegij negociis aliisque suis causis sententia et
animi sui honesta declaratio , petulantiam , procacitatem ,
garrulitatem , proteruum et irreuerentem dicende sentencie modum
omnibus et singulis inhibemus . Et iniungimus omnibus vobis
canonicis vicariis et ministris huius collegij sub pena contemptus ,
quod canonicam vestro decano exhibeatis obedienciam , mandatis
eiusdem canonicis iustis et honestis (quatenus statuta vestri collegij
ad hoc vos obligant) in omnibus sitis obtemperantes et obedientes ,
ac quod vos canonici omnes diebus sabbatinis , legitimo cessante
impedimento , per decanum , si presens fuerit , alias per eius
locumtenentem approbando capitulo adsitis , negotia capitularia
ibidem fideliter , prudenter , pacifice , honeste , charitatiue et
quiete absque iurgiis et conuiciis tractantes.

Non immaturo sed sano digestoque consilio ordinatum est
quod collegium vestrum muris , clausuris et duabus portis muretur ,
statutumque est ut sit vnus laicus vel clericus coniugatus seu alius
honeste conuersacionis et fame bone seruiens , qui portas clausure
vestre ecclesie et collegij debite custodiat , aperiat , et claudat ,
diurnis ac nocturnis temporibus , atque in diuinis officiis decano
ceterisque canonicis deseruiat , et virgam albam coram eis gerat .
Comperimus tamen in hac nostra visitacione dictum seruientem
portas collegij aliquando intempestiue et ante congruam horam

---

[1] *Sic :* for *imperet.*
[2] I.e. timid, the true sense of the word ' meticulous,' so unintelligently misused
to-day.

clausisse , et aliquos ex ministris ecclesie per maliciam exclusisse ,
qua causa ut accepimus nonnulli ex ministris ecclesie in scandalum
et contra statuta vestri collegij in villa sepius pernoctarunt ,
aliosque permittit post debitas et congruas horas ad libitum exire
et intrare quo murmur non parum pululat inter collegas , negligit
insuper diuinum officium exequentibus virga alba precedere , et
eisdem inseruire , ac quod lites inter decanum et canonicos ex
iniqua lingua maliciose consueuit suscitare . Intelleximus insuper
quod preter illas magnas portas que fundacione primeua vobis
omnibus communes erecte sunt , quasdam alias priuatas portas
in posterioribus partibus domorum vestrarum in muris collegij
vestri exscisas habetis , per quas (ut fama est) secretus et clandestinus
habetur ingressus et egressus virorum et mulierum tam diurnis
quam nocturnis temporibus in magnum scandalum vestrum et
collegij antedicti , iniungimus vobis decano , et in absentia eiusdem
eius locum tenenti in virtute obediencie et sub pena contemptus ,
quod seruientem collegij cui portarum custodia committitur primo
per monicionem , secundo per stipendij subtraccionem , et demum
sub pena amittendi officium suum , ad diligentiorem , honestiorem
et magis indifferentem ac modestiorem officij sui execucionem
tam in verbis et responsionibus suis quam in portarum debita
custodia , ac inseruiendo executoribus diuini officij inducatis et
compellatis . Et quod a prima die Aprilis hora nona temporibus
nocturnis porte claudantur , et in sexta aurore hora vel ante , sic
quod post horam quintam fuerit usque in primum diem Octobris
aperiantur , et a primo die Octobris usque in Aprilem statim post
horam octauam in nocte firmentur et in sexta hora denuo aperiantur
in aurora , mandantes insuper quod omnes canonici , vicarij et
ministri huius collegij ante clausuram portarum ad collegium
reuertantur , nec in villa Leicestrie pernoctent sub pena statuti[1]
tociens quociens in illud peccatum fuerit absque remissione vel
indulgentia aliqua infligendum . Iniungimus insuper vobis [f. 48d]
decano et canonicis ac omnibus huius collegij ministris quod citra
festum Natiuitatis sancti Johannis Baptiste proximum omnes
priuatas portas et vias vestras particulares quas in posterioribus
partibus domorum vestrarum habetis , muro lapideo expensis
collegij obstruatis et claudatis , et quod deinceps nullas nouas
priuatas portas aut ostia faciatis , set solummodo pateat vobis et
venientibus ad vos ingressus et egressus per duas illas communes
a fundacione collegij ordinatas et in statuto vestro nominatas.

Vbi fundator vestri collegij omnes canonicos alios a decano
et ministros eiusdem ad residentiam in eadem continuam et
personalem exceptis quibusdam temporibus et sub modificacione
quadam in statutis limitata artauit et penas contrafacientibus
imposuit , decano eciam quinque mensibus et non ultra ex certis
causis abesse a collegio et integrum salarium recipere permisit ,

[1] The number of the statute is left blank.

compertum habemus in hac nostra visitacione ordinaciones fundatoris vestri in hac parte grauiter violatas fuisse , ac pecuniarum subtracciones mulctarumque imposiciones contra absentes in statutis descriptas nullatenus factas fuisse , vnde , cum admissionum vestrarum in dictum collegium tempore vnusquisque quod fidelis erit dicto collegio et quod omnia statuta eiusdem integraliter obseruabit iuratus sit , non videmus quomodo iniuste profundentes vestri collegij pecunias , et hiis easdem soluciones qui illos nullo titulo vendicare possint periurium non incurratis manifestum . Frustra edita sunt apud vos statuta si pro libito vestro eadem quociens volueritis immutare possitis . Iniungimus igitur vobis decano et canonicis huius collegij sub pena periurij quod fideles deinceps sitis vestro collegio , et quod statuta vicesimum tertium et vicesimum quartum in hac parte edita secundum verum , planum litteralem , et gramaticalem sensum , in personis vestris deinceps absque fraude conseruetis , et ab alijs faciatis inuiolabiliter obseruari , penasque et mulctas ac pecuniarum subtracciones que in dictis statutis absentibus decano canonicis et ceteris ministris distribuuntur absque dolo , parcialitate , remissione aut indulgentia aliqua toties imponatis et fieri sustineatis , quocies secundum verba statuti negocium exigit et casus huiusmodi emergit.

Circa rem diuinam comperimus nonnullis eciam in causis succurrendum esse , nam quidam diuinorum tempore , quasi extranei forent , in togis absque habitibus in naui ecclesie deambulant , et iussi diuinis interesse , monitis parere contempnunt , alij dum in choro psallunt absque pausacione debita , absque deuocione congrua , nimis propere et festinanter omnia agunt , et sua acceleracione nimia rem diuinam miro modo interturbant , alijs a diuinis officijs absentibus penas in statutis appositas et in presentium solacium , collegijque vtilitatem applicandas , locum decani tenens frequenter remittat, hora insuper sexta diuinorum inchoacioni ex statuto prefixa non seruatur , libri in choro opera et superuisione cantoris singulis annis reparandi , longo vsu pene inutiles fiunt , vinum quo celebratur acetosum aut insipidum existit . Vicarius qui missam diue virginis celebrat , officia matutinalia eiusdem cum[1] chorustis dicere recusat , Sex vicarij qui misse eiusdem diue virginis interessent , adesse nolunt , continua insuper presentia canonicorum et aliorum ministrorum que in statuto xxviij^{uo} et xxix^{o} exigitur , in diuinis non adhibetur . Statuta etiam vestra que interesse diuinis vos obligant , sicut accepimus interpretamini , quod momentanea presentia vestra vos ne diutius ibidem moremini excusat , set in hijs omnibus multum a recto consciencie tramite et [fo. 49] fundatoris vestri voluntate aberratis , nam verba legis cum effectu accipi et interpretari debent , que licet quandoque ciuilem et benignam recipiant interpretacionem , verba tamen statutorum non ita , sed strictam habent significa-

---

[1] A blank space left for the number of choristers.

cionem , et vbi officium , beneficium , vel sacerdotium , aliquod onus habet annexum , sicut vestris sacerdocijs et ministerijs vt ex statutis est impositum , verbum ' interesse ' strictius est iuris interpretacione sumendum , quam ut breui temporis momento corporalem in choro exhibendo presentiam satis interfuisse diuinis existimemini , et quamuis quod continuum dicitur legislatoris iuditio sic interpretatur ut interpellacionem aliquam paciatur , callida tamen interpretacio facienda non est , sed talis ut cessent fraudes et negligencie ; cum itaque vos omnes canonici ac vicarij huius collegij clerici sitis in sortem domini electi , ad hoc principaliter in numerum huius collegij recepti ut pensum et onus diuini obsequij singulis diebus ad laudem et honorem Dei subeatis et exequamini , et ideo diuinis interesse omnes tam canonici quam vicarij statuti verbis obligamini , quis sane mentis homo iudicaret tam bonum , tam deuotum , tam prudentem fundatorem vestrum , qui omnia ad Dei honorem et laudem et ad suum meritum in collegio fecit , existimasse momentaneam presentiam vestram in diuinis Deo honori , rem diuinam promouere , aut sibi in meritum cedere ? Quis insuper crederet fundatorem vestrum aliqualem presentiam vestram in diuinis , licet minimam , pro tanto salario conduxisse ? Si igitur qui plus accipit in eo magis debitor con- stituitur , quomodo vos canonici ad pensum diuini officij solummodo vocati , et vicariis pinguius stipendium percipientes sana consciencia (nisi vrgente necessitate) a diuinis abesse aliquo tempore possitis ? Iniungimus igitur vobis decano canonicis et ministris huius collegij quod statuta vicesimum octauum et vicesimum nonum secundum voluntatem et mentem fundatoris vestri et iustum verborum sensum accipiatis , et deinceps obseruetis , et quod (cessante legitimo et ingenti impedimento) in choro diuinis adsitis continue dum ipsa celebrantur , nisi quis bona fide et consciencia preparet se ad missam celebrandam , quam fieri volumus inter versiculum ' preciosa ' ad primam et incepcionem alte misse , sic quod nulla fiat ficta occasio qua quis se indebite a diuinis subtrahat , sub penis statutorum predictorum , quas volumus incurrant tociens quociens offendentes huiusmodi statuta fiunt[1] . Vicarius qui missam diue Marie virginis celebrat nisi cum chorustis matutinis intersit mulctam in statutis inflictam agnoscat . Cantor ad librorum curam , prout iuramento tenetur respiciat , et inutiles libros aut statim sufficienter reparet , aut nouos (ne propter defectum librorum diuina aliquo modo impediantur) expensis collegij comparet . Vinum purum et salubre celebrantibus administret . Iniungimus insuper decano et eius locum tenenti ac cantori huius collegij quod misse Simonis Symeon et alie ad quas vel fundacione primeua , vel reali composicione tenemini , omni modo iuxta institucionem earundem celebrari faciatis , penas que in statutis negligentibus aut absentibus dum diuina aguntur impositas , secundum

[1] *Sic :* for *fuerint.*

statutorum ordinem et verba eorundem imponatis , exigatis et disponatis sub pena.

In statutis etiam vestris habetur quod decanus nullo modo se absentet a dicta ecclesia , nisi alio canonico per ipsum deputato , qui vices eius gerat , et missas pro eo celebrare , necnon matutinas et vesperas in festis principalibus dicere se promittat , nec vllo statuto exprimitur quod alicui canonicorum necessitas imponi possit si recusauerit in absencia decani vices eiusdem supplere , ex quo videretur quod libere possit vnusquisque canonicus offitium locum tenentis recusare , et decanum ad continuam et personalem residenciam perpetuo propter defectum locum tenentis constringere , nos ergo considerantes iniquum esse , ut decanus cui ex statuto quinque menses absentie impartiuntur deterioris sit condicionis quam aliquis ministrorum dicti collegij qui tali necessitate non artatur [fo. 49d] , ac si decanus supra quinque menses abesse velit hoc sibi cum diminucione salarij ad xls. expresso statuto permittitur , et ex hijs alijsque multis argumentis conijcere possumus decanum ad corporalem residentiam compelli non debere , set pocius fundatorem voluisse quod canonicus idoneus si volens vices decani in eius absentia supplere nollet , saltim inuitus ad hoc inducatur . Si ergo talis euenerit casus quod nullus ex canonicis rogatus velit huiusmodi officium subire , cum congruum non existit ut passim vel infimus canonicus ut seniores regat ad huiusmodi officium assumatur , iniungimus quod is locum decani absentis absque contradiccione aliqua subeat , qui iudicio decani et maioris partis canonicorum magis idoneus in hac parte iudicabitur . Nec volumus quod hic semper et continuo pro locumtenente habeatur qui semel in illud officium eligitur . Sed semper de tempore in tempus cum de nouo decanus ex racionabili causa recesserit , nouiter eligat locumtenentem , si ex decani rogatu canonici locumtenentis officium subire pro tempore negauerint.

Comperimus insuper quosdam ex canonicis et ministris huius collegij tabernas in villa Leicestrie contra statuta et canonicas sancciones ac contra honestatem clericalem etiam usque ad ebrietatem exercuisse , et ex nimia cum mulieribus familiaritate in villa Leicestrie et locis vicinis infamiam incurrisse , conuenticulas , confederaciones , rixas et jurgia et aliquando etiam pugnas fecisse , mulieres insuper seruitrices in domibus canonicorum continue morari , et alias mulieres ad domus eorundem frequentum[1] accessum contra statutum 45 et 83 habuisse in magnum scandalum dicti collegij , penas nonnullas in statutis impositas in hac parte frequenter incurrendo . Iniungimus igitur vobis decano et omnibus canonicis ac ministris dicti collegij sub penis statutorum eiusdem , ac sub pena contemptus quod deinceps frequentatores tabernarum seu congregationum prohibitarum non sitis , mulierum consortia declinetis , conuenticulas , confederaciones , rixas et iurgia nullo

[1] *Sic :* for *frequentem.*

modo faciatis , nec mulieres seruitrices , aut alias suspectas in
domos vestras de die aut aliquo pacto , neque honestas aut non
suspectas de nocte recipiatis , aut pernoctare in domibus vestris
permittatis , nisi fuerint nobiles aut mater vel soror , nec iste vltra
tres noctes apud vos aut aliquem vestrum maneant , nec frequenter
sic veniant , ne scandalum inde generetur collegio , set ut decet
sancte matris ecclesie ministros mundos ab omni corporis et
animi inquinamento in odore bone fame et conuersacionis honeste
vosmetipsos conseruetis.

Licet statuto quinquagesimo primo cauetur quod preposito
semel electo administracio omnium bonorum spiritualium et
temporalium ad vestram ecclesiam spectantium committi debeat ,
nullusque alius in administracione eorundem se intromittere
deberet , ac statuto sexagesimo sexto habetur quod oblaciones
quascunque ad ipsam ecclesiam vestram pertinentes , et omnem
pecuniam de ecclesijs manerijs et alijs locis vestris prouenientem ,
et de rebus ecclesie predicte colligendam recipiat decanus , cantor
et vnus de senioribus canonicis ecclesie predicte , et per modum
indenture describant , et fideliter reponant in vna cista sub tribus
clauibus diuersis conseruandam , quarum vna penes decanum ,
alia penes cantorem , tercia penes thesaurarium remanebunt ,
libera facultate omnia et singula soluendi ipsi preposito reservata ,
intelleximus tamen ex visitacione nostra predicta , quod decanus
vestri collegij officio prepositi sepenumero se ingerit , predia et
firmas colonis sub sigillo suo proprio dimittit et locat , pro prosecu-
cione causarum collegij ex erario pecunias nonnullas exegit et
recepit , cum huiusmodi munus preposito racione officij sui
necessario incumbat , fenum quod in vtilitatem collegij venderetur
suis vsibus propria auctoritate occupat et consumit , de communi
cista absque fideiussoribus aut caucione idonea multas pecunias
mutuo accepit , ac iam dudum sexaginta libras (inuitis et contradicentibus cantore et thesaurario) per simplicem billam memoriam
facientem quod decanus sexaginta libras de cista communi
percepisset extraxit et retinere [fo. 50] penes se contendebat ,
viginti aureos quos paulo post suam installacionem ciste communi
inferre debuisset hucusque non soluit. Vos insuper decanus et
canonici fines maneriorum et redditus dominij et ecclesie de
Cranesby[1] aliosque nonnullos prouentus iuxta tenorem statuti
sexagesimi sexti communi ciste inserendos[2] inter vos singulis annis
diuiditis , et ecclesiam Dei vestraque maneria huiusmodi prouentibus
reparanda in ruinam incidere permittitis , et quidam ex vobis
per capitulum nequaquam missi causas collegij dicitis vos tractasse
et excessiuas expensas allocari postulatis , in maximum vestri
collegij detrimentum et in periculum iurisiurandi tempore admissionum vestrarum prestiti , nos igitur contra tot mala in scandalum
et detrimentum huius collegij regij longo tempore conualescentia

[1] *Sic :* for Cranesly, i.e. Cransley, Northants.   [2] *Sic :* for *inferendos.*

remedium oportunum apponere cupientes , iniungimus decano huius collegij et suis successoribus sub pena periurij quod[1] deinceps officio prepositi se intromittat , nec pecunias aliquas de cista communi nisi propter euidentem collegij vtilitatem aut necessitatem et communi consensu omnium quorum interest extrahere aut occupare presumat , set statuta in hac parte edita omnino in persona sua obseruet , et ab alijs faciat obseruari . Iniungimus insuper vobis decano et canonicis huius collegij quod deinceps salario et porcione vobis singulis respectiue concessis et in statutis limitatis contenti sitis , nichil amplius vobis de bonis , rebus , aut prouentibus vestri collegij vendicantes sub pena predicta . Iniungimus etiam preposito dicti collegij in virtute iuramenti sui tempore assumpti officij sui prestiti , quod debitores collegij quoscunque in ius vocet , et vel ad debita soluenda absque mora iuris remedijs compellat , aut saltim idoneis caucionibus alias indempnitati collegij in hac parte prospiciat.

Significatum etiam nobis est quod ecclesia vestra collegiata in tecto grauem minatur ruinam , ac etiam ut plurimum canes venatici , quorum apud vos solet esse magna multitudo , ecclesia deturpatur . Cum ergo domum Dei decet sanctitudo , et mundum congruit esse locum illum vbi Deus exoratur , peccati venia imploratur , corpus Christi immolatur , et sacramenta ministrantur , iniungimus decano , cantori et preposito huius collegij quod canes et accipitres per seruientes suos aut alios ab ecclesia excludant , et quod ecclesiam in tectura cum debita acceleracione reparari faciant.

Ex statuto 89º habetur , quod tam decano quam canonicis et vicarijs ecclesie vestre , antequam installentur vel realiter inducantur , ordinaciones et statuta huiusmodi intelligibiliter exponantur vel distincte legantur cisdem , decanusque in sui installacione seu induccione , quilibet canonicus et vicarius in induccionibus seu installacionibus eorundem ad sollerter procurandum vtilia , vitandumque et omittendum invtilia ecclesie collegiate predicte ad sancta Dei euangelia corporaliter tacta iuramenta prestabunt in forma ibidem tradita ; set huiusmodi iuramento non obstante , decanus vestri collegij , ut ex visitacionis tenore cognouimus , cum quoddam benefitium nuper vacabat quod de patronatu vestri collegij fuerat , quia maioris partis canonicorum voluntati super facienda presentacione consentire noluit , collationem eiusdem in episcopum loci per lapsum semestris temporis transtulit , in magnum preiuditium dicti collegij , amittendo hoc suo facto ius patronatus et vtilitatem collegij pro illa vice ; et cum statutum corrodia aut annuitates vendi per decanum aut canonicos omnino vetat , decanus tamen temporibus transactis instabat multumque elaborauit ut pro pecunia in manibus soluenda cuidam congremiali vestro annuitas quedam perpetua concederetur ,

---

[1] *Sic :* for *ne.*

quamuis in simili casu collegium vestrum ad solucionem quatuor librarum perpetuis annis pro ducentis marcis receptis obligetur , et pecunia recepta nec restat [fo. 50d] nec qualiter consumpta sit euidens ratio habetur , cum hec et nonnulla alia in detrimentum et preiudicium collegij manifestum , ac dilapidacionem bonorum et possessionum eiusdem tendentia contra decanum obijciuntur , ac premissa fieri contra suum iuramentum allegatur , decanus se violati iurisiurandi reum non esse affirmat , quia nullum iuramentum corporale prout statutum exigit ante vel in sua inductione ad procurandum vtilia , evitandumque invtilia collegij memorati (ut dicit) prestitit , nec speciale iuramentum cuiquam ad curandum in animam suam fecit . Cum ergo valde periculosum est non solum possessionem decanatus sui ingredi , forma statuti in adipiscenda possessione eiusdem penitus spreta , neglecta et postposita , set etiam postquam dictus decanus de facto possessionem decanatus predicti adeptus fuerat , bona et iura dicti collegij notabiliter in peiorem statum reducere (saluis nobis et vestro collegio in hac parte omnibus iuris remedijs) ne interim status collegij per decanum in aliquo ledatur , iniungimus decano quod infra octo dies proxime sequentes coram omnibus canonicis et ministris vestri collegij iuramentum quod in statutis 89 et 90 describitur corporaliter iuxta verba statuti prestet , et quod de cetero presentacionem aliquam ad vacans beneficium quod de patronatu vestri collegij erit consensu maioris partis canonicorum decretam nullo modo detractet , set eandem sigillo communi muniri consentiat et fieri procuret , annuitate aliqua nisi secundum formam statuti nullo modo collegium oneret sub pena iuris.

INDEX OF PERSONS AND PLACES

Brewer, Bruar, John, chantry priest, Newarke college, 183–4, 6n

Brewster, Eustace (Newnham), 27n

Brice, see Bryce

Bride, Byrde, Isabel (Stixwould), 103, 105

Bridges, John, *Hist. Northants.*, 73n

Brigeman, see Burwell

Brockden, see Brokden

Brodley, see Bradeley

Brokden, Brockden, William (St. James', Northampton, later abbot), 31, 32

Broke, cook of John Dale, 234

Brokesby, Brokisby, Brokysby, Richard, canon of Newarke college, 5, 7, 125–8, 132, 133n, 137–40, 142, 153, 160–1, 163, 185, 218

Bromehall, John, vicar choral Newarke college, 6n, 141, 164, 165

Bromfeld, John, 227

Brommesgrave, Richard (Oseney), 40

Brondes, Brownes, 25n

Broughton, Hunts, 89n, 94

......, Hugh (Ramsey), 90, 92

Brown, John, porter of Newarke college, 223–5

......, William, 139, 185, 225, 227, 228

Browne, Brown, Thomas (Thornton), 114, 115

Brownes, see Brondes

Browyng, Bruane, Joan (Nuncoton), 37

Bruar, see Brewer

Bruch, Bruche, see Breche

Bryan, Nicholas (Oseney), 40

Bryce, Brice, Robert (St. Frideswide's), vicar of Fritwell, 48

......, ..., ..., prior of Bicester, abbot of Nutley, 48n

Bryte, see Brete

Buck, Bucke, Dorothy (Nuncoton), 27

Buckenhall, see Bucknall

Buckingham, archdeaconry of, 38, 41n, 48, 107n

......, rural deanery of, 16n, 38n, 41n, 57n

Buckminster, Leic., Buckmynster, church, 45n ; vicar of, see Clayton

Buckmynster, Bukmynster, Robert (Owston), 44–6

Bucknall, Buckenhall, Linc., church, rector of, 102, *and see* Sheffelde

Bukerfeld, Richard (Lincoln college), 57

Bukmynster, see Buckmynster

Bull, Thomas, fourth clerk in Newarke college, 139, 141

Buntyng, John (Newnham), 27n

Burdet, Burdett, Byrded, William, 224, 229

Burges, John, bishop's commissary, 32, 95

Burgoyn, master, king's auditor, 157

Burne, Ashwell, John, prior of Newnham, 27

Burnham, rural deanery of, Bucks., 16n

Burrage, John, 233

Burrough-on-the-Hill, Leic., Borow, church of, 44, 45

Burton, see Black Bourton, Dorton

......, Edward, canon of Newarke college, 5, 125, 128, 131, 136, 140, 143, 146–50, 152, 154, 155, 157, 167, 169–71, 173–5, 186, 198, 201

......, John, prior of St. Frideswide's and abbot of Oseney, 40, 47, 48

......, Robert (Owston), 45, 46

......, Thomas (Ramsey), 89n, 90

......, William, 236

Burton Overy, Leic., 45n

Burwell, Berwell, Cambs., cell of Ramsey, 89n ; warden of, see Halywell

......, Brigeman, John (Ramsey), 84, 89n, 94

Bury, Hunts, 89n

......, Bery, John (Ramsey), 91, 92

Burystead, Hunts, Berysted, 94

Butcher, Butchard, John, vicar choral of Newarke college, 6n, 142, 146, 171–2

Butleigh, Som., church, rector of, see Trevet

Butler, Butteler, Boteler, Balthazar (Brasenose college), 54

......, Elizabeth, 238

......, William (Tattershall), 112

Butterwick, Linc., 30n

Butterwik, James (Nocton Park), 29, 30

......, Thomas, abbot of Thornton, 114

Buxton, Annes, 238

Buxy, Joan, 237

Byard, Bayarde, Bayerd, John (Lincoln college), rector of Norton-juxta-Twycross, 57, 60, 61

Bydenham, Byddenham, Thomas (Newnham), 27n, 28

......, William (Newnham), 28

Byfield, Northants, church, rector of, see Knightley

Bygon, see Biggin

Bykleswade, John (Newnham), 28

Byllingborogh, Whytewelle, John (Ramsey), 90

Bynsey, see Binsey

Byrde, see Bride

Byrded, see Burdet

Byrte, see Brete

Byshope, Margaret, 24–6

......, Thomas, 24–6

C

Calcote, John (St. John's, Northampton), 33

......, *see also* Calton

Calendar of Papal Letters, 34n

.... Patent Rolls 34n, 38n, 58n, 83n

Caley, Calley, Richard (St. James', Northampton), 31, 32

Wigston, Wyggiston, Leic., 233
......, Wiggiston, Wyggeston, Roger, 210
......, ..., ..., Thomas (Newarke college), 2, 5, 124–8, 132–4, 137, 156–8, 175, 200–3, 209, 233
......, ..., ..., William, 210n
Wikisley, Wixley, John, of Oxford, 10, 11
Wilcockes, ——, steward of Little Marlow, 8
William of St. Clare, archdeacon of Northampton, 33
Williams, Willyams, Joan (Studley, later prioress), 107
Williamson, John, chantry priest of Newarke college, 178–9, 6n, 7
Willoughby, Linc., 114, 115
Willyams, see Williams
Willye, Anne (Littlemore), 11, 12
Wilmer, 154
Wilson, John, chantry priest of Newarke college, 6
......, Robert, 234
......, William, chantry priest of Newarke college, 6n, 182–3
Wimbish, Essex, Wymbishe, church of, 95
Winbery, Nicholas (Wroxton), 121
Wintringham, Hunts., 95n
......, John (St. Neots), 95, 96
Wircetur, William (St. Frideswide's), vicar of Churchill, 48
Withcote, Leic., Withcocke, Withcok, 44, 45
Witlesey, Thomas (St. John's, Northampton), 35
Witney, rural deanery of, Oxon, 41n
Witwike, see Whitwick
Wixley, see Wikisley
Wodd, Woddes, John (Stoneley), 106
Wodhall, Wodall, Wodwall, John (Oriel college), 75
Wodlowe, see Wadluff
Wollaston, Northants., stewardship of, 155, 156, 158
Wolleston, William, 236
Wolsey, Thomas, Cardinal, archbishop of York, 'my lord Cardynall', 38n, 109, 217
Wolston, John (Owston), 45, 46
......, Woston, William (Owston), 45, 46
......, see Olveston
Wooborn, see Bishops Wooburn
Wood, Antony, City of Oxford, 58n
Woodhurst, Hunts., 93n

Woodstock, Oxon, rural deanery of, 41n, 57n, 58n
Woolwich, Kent, 17n
Worcester, diocese of, 73n, 75n
Worcestershire, 72n, 75n
Worksop priory, Notts., canon of, vicar of Sheffield, 102n
Worminghall, Bucks., Wormenhall, church, 48 ; vicar of, see Oxford
Wright, Robert (Wellow), 117, 119, 120
......, William, 22
Wroxton priory, Oxon, 120, 121 ; prior of, see Smyth ; canons of, see Banbury, Clark, Cockes, Hauley, Heynys, Jeffes, Penyall, Robynson, Smyth, Winbery
Wryte, Thomas, 234
Wrytte, John, 233
Wycombe Magna, Bucks., High Wycombe, 26
Wyggeston, see Wigston
...... Hospital Records, 210n
Wyggiston, see Wigston
Wymbishe, see Wimbish
Wymondley priory, Herts., 21–2 ; prior of, see Dorchester, Weston ; canons of, see Dorchester, Stokton, Turner
Wymund, master of St. John's and St. Mary Magdalen hospital, Northampton, 33
Wynagot, 79n
Wyncot, Lettice (Studley), 108n, 110
Wynkill, Robert, 237
Wynter, Elisabeth (Littlemore), 11, 12
......, Joan (Littlemore), 11
......, Juliane (Littlemore), 10, 11
Wytlesey, Thomas (St. James', Northampton), 31.

Y

Yaxley, rural deanery of, Hunts., 16n
Yemans, Yomans, Alice (Studley), 108n, 110
Ynckerfeld, see Hinkerseld
Yong, John, dean of Newarke college, 209
......, William, prior of Wellow, 117, 119, 120
York, archbishops of, see Rotherham, Wolsey
......, Alan (Thornton), 114, 115
......, John (Thornton), 114
Yorke, York, William (Wellow), 119, 120

INDEX OF COUNTIES AND COUNTRIES

NORTHAMPTONSHIRE

Barnwell
Brackley
Brackley deanery
Byfield
Cransley
Desborough
Fawsley
Helmdon
Hemington

Irthlingboro'
Kettering
Lilford
Northampton
Oundle deanery
Oxney
Peakirk
Peterborough and
  abbey

Piddington
Raunds
Slipton
Stoke Bruerne
Titchmarsh
Warmington
Wollaston

NORTHUMBERLAND

Bamburgh

NOTTS

Inkersall (or Derbyshire)
Newark-on-Trent

North Collingham

Worksop priory

OXFORDSHIRE

Aston deanery
Bampton
Banbury prebend
Beckley
Bicester priory
Bicester deanery
Binsey
Black Bourton
Bloxham
Botley
Caversham
Chastleton
Chipping Norton
Chipping Norton
  deanery

Churchill
Cold Norton
Combe
Cowley
Cuddesdon deanery
Dorchester
Elsfield
Forest Hill
Fritwell
Hampton Gay
Headington
Henley deanery
Hook Norton
Kidlington
Littlemore priory

Marsh Baldon
Marston
Oseney abbey
Oxford
Shiplake
Steeple Aston
Steeple Barton
Stoke Lyne
Studley priory
Waterperry
Watlington
Weston-on-the-Green
Witney deanery
Woodstock deanery
Wroxton priory

RUTLAND

Langham
Oakham

Rutland deanery
Tickencote

Uppingham

SOMERSET

Butleigh

STAFFORDSHIRE

Lichfield

SUFFOLK

Cratfield
Dunwich deanery

Heveningham
Ipswich

Suffolk, archdeaconry
  of
Ubbeston

SURREY

Englefield

SUSSEX

Chichester diocese

INDEX OF SUBJECTS

FOR VOLUMES I–III

Frater—*cont.*

......, due observance of, II, 95, 99, 105, 142

......, goblets from, removed to abbot's hall, III, 39

......, Latin to be spoken in, II, 166

......, neglect of, for private meals, II, 90; III, 68, 69

......, ..., forbidden, II, 95

......, order of sitting in, III, 100

......, readings in, directions for, III, 20, 31, 110, 117

......, ..., omitted, III, 19, 20

......, silence not observed in, III, 100

......: *see* Head of house

Fraterer, negligence of, III, 84

Friars, cures served by, 69, 132

......, resort of, to nunnery, II, 90

......, formerly monk, curious proceedings of, 7, 8

......: *see also* Curate

Frivolity, idle conversation, II, 183; III, 79

......, forbidden, II, 96

G

Gaming, 44, 92, 113; III, 31, 85, 88, 112, 113

......, forbidden, II, 138, 186

......, penalties for, III, 31

Gardens of canons, II, 176

......, in secular college, doorways into, III, 187

Garnerer, unsatisfactory, II, 73–5

Gate-keeper, Janitor, complaints concerning, II, 90, 109; III, 148

......, daughters of, dissolute, II, 139, 140

......, deposition by, III, 223–4

......, shortcomings of, III, 128, 164, 172

......, threats to, III, 172, 175, 176

Gates, keeping of, III, 13, 83, 128, 136, 187

......, left open, II, 119

Grain, distributions of, 55, 57, 101, 104, 105, 107, 108

Grammar: *see* Instructor

Grants, making and sealing of, procedure in, III, 130, 131

Guest-house, evening meetings in, II, 83

......, scholars in, III, 81

Guest-master, insufficient provision of goods by, III, 81

......, provision of, II, 81

Guests, insufficient provision for, III, 85, 118

Guild, accounts of, not rendered, 66

Guild-house, dilapidated, 33

......, priests, *see* Chaplains, Service

Gutter left uncleaned, 57

H

Habit, academic, statute concerning, III, 51, 52

......, of clerks, directions for, III, 111

......, religious, not used, II, 76

Habits, religious, distribution of, unfair, II, 87

......, ..., novelties in, III, 78

......, ..., regulations for, II, 166

......, ..., stipends to be used for, II, 113

......, ..., torn and unclean, II, 70

Hand-bell wanting, 31

Harvesting: *see* Field-work

Hawks: *see* Dogs, hounds, etc.

Haymaking: *see* Field-work

Head, infirmities of, coverings for, II, 110, 111

Head of house, Abbot, etc., accounts not rendered by, II, 82

......, ..., presentation of, by, II, 89, 90

......, administration of, satisfactory, II, 96, 124

......, appointment of obedientiary by, III, 87

......, bequest appropriated by, II, 155, 193

......, commons appropriated by, III, 78

......, compurgation, cleared by, II, 162

......, convent, separation of, from, III, 102

......, ..., disregard of, by, III, 82

......, deceased, garments of, divided, II, 126

......, defence of rights of house by, II, 72

......, disobedience to, II, 74, 75, 82

......, election of, expenses of, II, 97

......, enclosure of park by, III, 79

......, entertainment of strangers by, II, 188

......, favouritism shown by, II, 90

......, frater, observance of, by, II, 89

......, goods of house appropriated and misused by, III, 9, 50

......, immoral conduct of, II, 9, 10, 12

......, impatience of, III, 77

......, incontinency, accused of, III, 23, 24, 26, 31

......, independent action of, III, 10, 108

......, influence, undue, exercised upon, III, 38

......, irreverence of, in church, III, 11, 69, 81, 88, 100

......, kindred of, expense of, to house, II, 103, 104, 142, 162

......, ..., lay, to be removed, III, 109

......, ..., in monastery, III, 23, 39

......, lay-folk dwelling with, III, 102

Rectory, vicarage, benefice or house, barn, etc.—*cont.*

......, ..., ..., laid waste by tree-cutting, etc., 79

......, ..., ..., of moieties, 106

......, ..., ..., money given for, 81

......, ..., ..., none, 99, 101

......, ..., ..., ready for repair, 106

......, ..., ..., repairs of, charged on incumbent, 20

......, ..., ..., secular clergy unwilling to serve, 67

......, ..., ..., thatching in need of repair, 80

......, ..., ..., unoccupied, 73

......, ..., ..., used as alehouse, 2, 46; II, 47

......, ..., ..., windows broken, 124

Refectory: *see* Frater

Reform, no, necessary, III, 14–16

Rent, rents, collection of, III, 16

......, ..., lost, II, 84

......, ..., unpaid, 106

Repairs, charged on parishioners, 9, 19, 42

......, faulty, 38

......, ordered or promised, 3, 4, 9, 10, 12, 14–17, 20, 21, 23, 25–7, 31, 34, 35; II, 9, 10, 16, 30, 104, 108, 175

......, term asked for, 33

......, undertaken, 5, 10, 20, 114, 115, 180; III, 122

......: *see also* Churches, fabric, Rectory

Requiem: *see* Obits

Revenues of monastery, 4, 70, 71, 80, 105, 153, 168; III, 96, 108

......, ..., sum total of temporal, III, 41, 48

...... of benefice, composition of, 70

Rochet, wanting, 25

Rogationtide: *see* Procession

Rule, monastic, expounded in English, II, 118

......, ..., and constitutions, publication of, II, 185

......, ..., reading of, II, 115, 117

S

Sabbath, agricultural work on, 77

......, not kept holy, 86

......: *see also* Baker, Butchers, Crops

Sacraments, last, neglected, II, 50

......: *see also* Curate, Incumbent

Sacrist, accounts of, III, 116

......, appointment of, II, 94

......, injunction to, III, 21, 26

......, negligence of, II, 94; III, 49, 81, 93

......, office of, in decay, III, 81

Sacrist—*cont.*

......, payment of, ordered, III, 49

......, removal of, from office, II, 97, 98; III, 19

Salaries, stipends, of brethren of hospital, III, 45

......, ..., complaint of withdrawal of, II, 88, 169, 170

......, ..., owed by chamberlain, III, 84

......, ..., unequal, II, 113

......, ..., unpaid, III, 10, 12, 86

......, ...: *see also* Clerk, Head of house, Novices, Steward

Sale of property of college, III, 130, 144, 145, 147, 149–51, 154, 155, 157, 161

Saucers, III, 79

School, founder of, III, 92

Schoolboys, shoes of, direction for, II, 135

Schoolmaster, negligent, III, 109, 147, 148

Scolding, 90

......: *see also* Head of house

Seal, common, alienation of, III, 143

......, ..., custody of, II, 106

......, ..., misuse of, III, 10, 39, 188

Secrets of chapter, revelation of, II, 143, 162, 182, 183; III, 46, 47, 78, 85–7

......: *see also* Chapter

Seculars, *see* Layfolk

Seniors, consent of, to arduous business, necessary, II, 148

Sequestration: *see* Vicarage

Sermons: *see* Preaching

Servants, absence of, with relations, II, 74

......, behaviour of, III, 17

......, in college, correction of, III, 188

......, ..., disputes between, III, 129, 143, 145, 149, 153, 156, 158, 160, 162, 164, 166, 168–72, 174, 180–5, 187, 224

......, female, married, II, 126

......, influence of, II, 180, 181, 192, 195

......, insolence of, III, 84

......, need of, III, 13

......, negligent, III, 88

......, in religious houses, II, 89, 147, 148, 150, 185, 186, 189, 191–3

......, unsatisfactory, useless, II, 192; III, 13, 110

......, of visitors, II, 149

Servers, II, 147

Service, divine, absence from, 17, 24, 32, 43, 57, 59, 119, 122, 131, 136, 137, 140; II, 6, 12, 13, 32, 56, 60

......, ..., attendance at, ordered, III, 161

......, ..., hindered by chantry masses, 61

......, ..., celebration of, neglected, 47, 107